PHILOSOPHIE DES MATHÉMATIQUES

COMITÉ ÉDITORIAL

Emmanuel CATTIN

Sandra LAUGIER

Michel MALHERBE

assisté de
Gaël KERVOAS

TEXTES CLÉS

PHILOSOPHIE DES MATHÉMATIQUES

Logique, preuve et pratiques

Textes réunis et présentés
par
S. GANDON et I. SMADJA
avec le concours de S. CABANACQ

Traductions par
Jean FICHOT, Brice HALIMI, Baptiste MÉLÈS,
Jean-Baptiste RAUZY, Ivahn SMADJA

PARIS
LIBRAIRIE PHILOSOPHIQUE J. VRIN
6, place de la Sorbonne, V°
2017

© *Librairie Philosophique J. VRIN*, 2017
Imprimé en France
ISSN 1639-4216
ISBN 978-2-7116-2654-0

www.vrin.fr

INTRODUCTION

Le présent ouvrage est le second volet du volume de la collection « Textes Clés » consacré à la philosophie des mathématiques. Le premier tome, sous-titré « Ontologie, vérité, fondements », réunissait des textes concernant principalement le problème de la nature et de l'existence des objets mathématiques, et la question connexe du statut de la vérité en mathématiques et du type de justification qu'elle requiert. En simplifiant les choses, on pourrait dire qu'il regroupait des contributions plutôt centrées sur les grandes questions héritées de la tradition philosophique. Le second tome, que nous présentons ici, sous-titré « Logique, preuve, pratiques », s'attache davantage à ce qui fait la texture des mathématiques et aux interactions entre mathématiques et logique. L'ouvrage rassemble des contributions qui invitent à réfléchir en prenant davantage en compte les pratiques mathématiques, et qui, de ce fait promeuvent souvent l'émergence de nouvelles questions philosophiques.

L'objectif de ce volume n'est pas de couvrir exhaustivement l'ensemble du domaine. Il est, plus modestement, de proposer aux lecteurs francophones des traductions d'articles récents qui sont représentatifs de la richesse et de la diversité des approches contemporaines. Plus précisément, cet ouvrage vise deux types de public : des étudiants, enseignants, chercheurs en philosophie intéressés par les mathématiques, d'une part ; des étudiants, enseignants, chercheurs en mathématiques intéressés par la philosophie, d'autre part. Or ces deux lectorats ont des visions et des attentes vis-à-vis de la philosophie des mathématiques fort différentes.

En effet, ceux qui connaissent, même de façon partielle et fragmentaire, les œuvres des philosophes de la tradition ont généralement une idée assez précise de ce que le terme recouvre. Les questions liées à l'existence et à la réalité des idéalités mathématiques, les problèmes concernant l'application des mathématiques à la nature, les interrogations suscitées par la nécessité des lois mathématiques, peuvent ainsi être mentionnés comme relevant par excellence de la philosophie des mathématiques. Platon, Aristote, Descartes, Leibniz, Kant, Husserl (pour ne citer qu'eux) ne se sont-ils pas tous confrontés à ces questions? N'ont-ils pas tous discuté, repris et amendé les solutions apportées par leurs prédécesseurs? Lorsque l'on adopte la perspective propre à l'histoire de la philosophe, il semble que les réflexions des philosophes sur les mathématiques aient, au fil du temps, fini par constituer un domaine de la philosophie, structuré par ses oppositions et ses problématiques propres.

Mais l'évidence que la philosophie des mathématiques forme bel et bien un champ de recherche spécifique et autonome se dissout dès lors qu'on adopte la perspective du mathématicien du début du XXIᵉ siècle. En effet, les mathématiques, telles qu'elles sont pratiquées aujourd'hui, manifestent, à un haut degré, une forme de réflexivité, qui fait que toute question, si elle a un sens, doit faire l'objet d'un traitement authentiquement mathématique. Ce point explique la méfiance que de nombreux mathématiciens éprouvent spontanément à l'égard de l'idée même d'une réflexion philosophique sur les mathématiques (qui en tant que telle leur serait donc extérieure). Les mathématiques, pense-t-on, se suffisent à elles-mêmes : une fois que l'on a trouvé ou compris la solution d'un problème, on se serait totalement acquitté de la tâche que l'on s'était assignée, on aurait atteint, de façon pleine et entière, sans reste, l'objectif qu'on s'était fixé. Comment dès lors interpréter le fait que l'on puisse se rapporter aux mathématiques aussi en « philosophe » ? Que reste-t-il à dire après que le problème a été résolu ? De deux choses l'une, en effet : soit la question posée a un contenu mathématique assignable, et alors elle peut et donc doit faire l'objet d'un traitement purement mathématique ; soit le problème abordé n'a pas de sens, mathématiquement parlant, et il convient alors de le considérer comme une question externe, qui ne concerne en rien les mathématiques. L'alternative ne laisse que peu de place à l'idée même d'une philosophie des mathématiques. Un autre facteur explique pourquoi, du point de vue des mathématiciens, la philosophie des mathématiques est aujourd'hui davantage un problème qu'une évidence : l'absence d'unité et l'extrême fragmentation apparente des mathématiques des XXe et XXIe siècles singularise la situation présente par rapport à celle qui prévalait par le passé. Toute réflexion générale sur les spécificités de la connaissance mathématique présuppose une forme d'unité que l'on pouvait effectivement admettre jusqu'au XVIIIe (voire peut-être même au XIXe siècle), lorsque les mathématiques étaient définies comme la « science de la quantité », mais qui n'est plus de mise aujourd'hui après les bouleversements tant scientifiques, que sociologiques (la professionnalisation de la discipline et sa diversification en de nombreuses sous-disciplines), qui ont affecté le champ au tournant du XIXe et du XXe siècles, et qui n'ont fait que s'amplifier depuis lors. Au philosophe qui s'interroge sur la spécificité et le statut des sciences mathématiques, il faut donc immédiatement demander de quelles mathématiques il parle. Les conclusions qu'il défend sont dès lors toujours suspectes de valoir au mieux localement, pour une zone particulière du champ, mais pas pour l'ensemble de la discipline. Il n'y a peut-être plus de connaissance mathématique, reconnaissable par certains traits caractéristiques (a prioricité, nécessité, rigueur, etc.), mais seulement un enchevêtrement de pratiques distinctes et entremêlées. Comment dans ces conditions revendiquer la légitimité d'une philosophie des mathématiques ?

Qu'il y ait une philosophie des mathématiques semble une évidence pour le lecteur philosophe, apprenti-philosophe ou enseignant de philosophie. Ce n'en est pas une pour le mathématicien, l'apprenti-mathématicien et l'enseignant de mathématiques. Les deux tomes de ce volume visent à croiser les questionnements des uns et les interrogations des autres, de manière à jeter un pont entre ces deux communautés de lecteurs. Aux lecteurs « philosophes », s'intéressant à la philosophie des mathématiques après avoir lu des auteurs classiques de la tradition philosophique, nous voudrions montrer comment les changements internes aux mathématiques ont, selon les cas, renforcé la pertinence de certaines questions classiques, rendu obsolète au contraire la formulation de certains autres problèmes, ou encore renouvelé le champ même du questionnement, en introduisant de nouvelles perspectives et orientations. Aux lecteurs « mathématiciens », se tournant vers la philosophie des mathématiques avec des demandes et des intérêts venant de la pratique des mathématiques contemporaines, nous souhaiterions suggérer que les frontières entre questionnements philosophiques et questionnements mathématiques sont en réalité souvent poreuses, qu'elles se déplacent au gré des réélaborations successives des théories mathématiques, et que ce sont finalement des pans entiers de mathématiques que l'on rend inintelligibles à vouloir séparer trop vite le bon grain mathématique de l'ivraie métaphysique.

En simplifiant à l'extrême, le premier tome, sous-titré « Ontologie, vérité, fondements », répondait plutôt aux

des parties du domaine de la structure d'interprétation). Son argument principal est que les mathématiciens, lorsqu'ils parlent d'un sujet mathématique particulier (l'arithmétique de Peano, l'analyse réelle, etc.), ont en fait toujours en vue une certaine structure, à « isomorphisme près », et que cette structure ne peut être distinguée de versions alternatives lorsqu'on en reste au premier ordre (le théorème de Löwenheim-Skolem est ainsi le point de départ de la réflexion de Shapiro). Il faut donc, pour respecter ce trait essentiel de la communication mathématique, renoncer au primat du premier ordre, donc également, en un certain sens, renoncer au primat de la formalisation (car il n'y a pas de système de déduction complet pour la logique du second ordre dotée de sa sémantique standard). Dans « What rests on what ? The proof-theoretical analysis of mathematics », Solomon Feferman, partant d'une certaine lecture des résultats d'incomplétude de Gödel, cherche à renouveler l'approche fondationaliste, en en relativisant la portée et en en démultipliant les modalités. Il s'agit alors de construire un cadre théorique à la fois flexible et unifié qui permette d'articuler dans une présentation d'ensemble cohérente les principaux résultats obtenus en théorie de la démonstration, depuis Hilbert, dans le contexte de programmes de recherches variés : constructivisme, prédicativité, « reverse mathematics », etc. La notion clé qui porte cette unification est la notion de « réduction au sens de la théorie de la démonstration » (*proof-theoretic reduction*), laquelle permet une analyse à la fois rigoureuse et souple de la pratique mathématique en tirant parti du spectre entier des relations possibles qui peuvent lier les langages, les théories formelles et les cadres fondationnels. En ce sens, le texte de Feferman répond à une attente suscitée dans le premier tome. Dans la dernière partie « Fondationalismes revisités », nous n'avions en effet envisagé que le logicisme et l'intuitionnisme, renvoyant ainsi l'examen du formalisme de Hilbert et de sa postérité au tome suivant. Nous verrons que la démarche de Feferman dans l'article présenté ici justifie pleinement ce choix, dans la mesure où la théorie de la démonstration, issue des travaux de l'école de Hilbert, « digère » en quelque sorte les grands programmes fondationnels du passé, dont elle peut désormais articuler les résultats dans une même trame, grâce à cette analyse tripartite en termes de langages, de théories formelles et de cadres fondationnels.

La section 6 finale, baptisée « Perspectives », est d'une tonalité un peu différente [1]. Au lieu de se concentrer sur les rapports entre logique et mathématiques tels qu'ils se sont constitués et ont évolué après le reflux des grands projets fondationnels de l'entre-deux-guerres, cette partie s'intéresse à la question de savoir si les changements survenus dans les mathématiques au XXᵉ siècle peuvent ou non avoir un impact direct sur notre conception des mathématiques. On pourrait penser que les problématiques très larges et générales héritées de la tradition, les questions vénérables ayant trait à l'ontologie des objets mathématiques ou celles qui concernent le caractère *a priori* de la connaissance mathématique par exemple, s'appliquent tout aussi bien aux mathématiques d'aujourd'hui qu'aux mathématiques du passé. Les deux contributions rassemblées dans cette dernière section montrent que l'on peut en réalité mettre en doute une telle affirmation. Dans « Structure in Mathematics and Logic : A Categorical Perspective », Steve Awodey cherche à établir que les différentes versions du structuralisme, telles qu'elles ont été élaborées par les philosophes comme Michael Resnik, Stewart Shapiro, Geoffrey Hellman

---

1. À la différence des cinq premières présentations de sections, dont nous sommes les auteurs, la présentation de cette section 6 a été écrite par Sylvain Cabanacq.

(pour ne citer que ceux-là) aboutissent à une impasse, faute d'avoir su articuler leurs discours au schème logico-mathématique sur lequel elles prennent appui. En adoptant le cadre de la théorie des modèles, les philosophes structuralistes voient leurs intuitions théoriques se briser sur la question de savoir quel statut accorder à la théorie des ensembles (qu'on ne saurait réduire, eu égard au rôle qu'elle joue dans la théorie des modèles, à une structure parmi d'autres). La situation n'a cependant rien d'irrémédiable : Steve Awodey montre qu'une autre approche, celle de la théorie des catégories, développée par les mathématiciens après la seconde guerre mondiale, offre l'environnement propice à un développement cohérent des intuitions structuralistes. Selon l'auteur, les mathématiciens n'ont pas attendu les philosophes pour élaborer une philosophie des mathématiques en phase avec leur pratique, et une avancée mathématique de première importance (l'émergence du cadre catégorique) aurait donc aussi dû avoir (ou du moins, devrait avoir) des conséquences en philosophie des mathématiques. L'article « The Four-Color Problem and its Philosophical Significance » de Thomas Tymoczko porte sur un tout autre sujet. Analysant la preuve célèbre donnée par Appel, Haken et Koch du théorème des quatre couleurs publiée dans le *Illinois Journal of Mathematics* en 1977, Tymoczko prétend que, dans la mesure où pour vérifier certaines étapes cruciales du raisonnement, il est inévitable de recourir à des ordinateurs modernes ultra-rapides (et à d'autres ordinateurs pour vérifier le travail des premiers), cette démonstration comporte une lacune qui n'est comblée que par les résultats d'une expérimentation mûrement réfléchie. L'admission par la communauté mathématique de la preuve d'Appel, Haken et Koch fait ainsi du théorème des quatre couleurs la première proposition mathématique qui soit connue *a posteriori*, et cette évolution (qui est allée en s'amplifiant depuis puisque les ordinateurs sont de plus en plus présents dans la recherche mathématique) nous obligerait à réviser la distinction traditionnelle entre mathématiques et sciences de la nature. D'une certaine façon, ces deux articles illustrent la porosité de la frontière entre questions mathématiques et problèmes philosophiques, mais en un sens inverse l'un de l'autre. La contribution de Steve Awodey vise à montrer que des questions d'abord identifiées comme philosophiques, ayant trait à l'ontologie des objets mathématiques, peut recevoir un traitement mathématique. Le texte de Thomas Tomyczko vise au contraire à établir que certaines évolutions récentes dans les pratiques mathématiques nous obligent à nous défaire de certaines de nos intuitions les plus ancrées en philosophie des mathématiques.

Le contenu des articles rassemblés dans ce second tome présuppose parfois des connaissances sur les mathématiques et leur histoire qui excèdent ce que l'on peut attendre d'un lecteur intéressé par le sujet. Or acquérir cette connaissance n'est pas chose facile. On trouve dans le commerce de nombreux manuels introductifs correspondant à tel ou tel domaine des mathématiques. Mais il faut généralement avoir une connaissance plus approfondie de certaines parties des théories en question, avoir en tête également certains éléments d'histoire qui éclairent le développement de ces théories, pour saisir la nature des problèmes soulevés. Pour pallier la difficulté, on peut, bien entendu, se tourner vers des ouvrages plus spécialisés. Mais, outre l'importance de l'investissement que cela représente, il n'est pas non plus certain qu'on y trouve ce que l'on était venu y chercher. Plus avancés et plus spécialisés, les ouvrages ont également souvent des partis-pris et des objectifs plus affirmés – ceux-ci peuvent rejoindre les préoccupations qui animent l'auteur de l'article que l'on est en train de lire, mais ils peuvent tout aussi bien grandement en éloigner, et dans ce dernier cas, ne pas permettre une saisie fine du propos. En réalité, ce qui manque dans la littérature, ce sont des présentations de niveau intermédiaire, dont l'objectif explicite est de décrire l'arrière-plan scientifique et historique sans lequel une intelligence des problèmes élaborés dans les articles est impossible. Nous avons cherché dans les trois textes introduisant aux sections à accomplir ce travail. Le but de ces présentations, qui sont plus longues et plus riches que dans le premier tome, n'est pas de délivrer un résumé des textes qui suivent; il est de donner au lecteur des informations sur les contextes larges dans lesquels ces contributions s'inscrivent. En bref, nous avons voulu dans ces textes regrouper des informations qui se trouvent éparpillées dans des ouvrages fort divers, qu'il n'est pas toujours aisé d'identifier et d'avoir sous la main. Nous espérons ainsi faciliter l'accès aux articles, et parvenir ainsi à transmettre ce goût pour un domaine de la philosophie, que l'on peut légitimement trouver rigoureux et austère, mais qui, paradoxalement peut-être, est aujourd'hui extrêmement ouvert.

PREMIÈRE PARTIE

CONCEPTS ET CONTEXTES :
DE LA LOGIQUE AUX MATHÉMATIQUES

PRÉSENTATION

Les deux articles réunis dans cette section représentent, chacun à leur manière et en dépit d'orientations différentes, une même veine dans la philosophie nord-américaine contemporaine, une veine qui, vue d'Europe, pourrait être identifiée comme l'« école de Pittsburgh » en philosophie des mathématiques. Les questions qui alimentent ce courant de recherches ont leur source dans deux papiers de Kenneth Manders [1] qui mettent en avant la nécessité d'un changement de perspective radical.

> Les traditions épistémologiques fondées sur la logique [*écrit Manders*] ont beaucoup de mal à assigner un rôle aux extensions de domaine. On ne peut pas utilement traiter les extensions de domaine comme des inférences à l'intérieur d'un contexte théorique fixé, ni non plus comme l'instauration motivée par des raisons strictement extra-mathématiques d'un nouveau contexte théorique qui ne serait pas lié aux autres. La discussion philosophique de ce sur quoi se fondent les contextes théoriques n'a jamais pris en compte les relations entre les contextes. Mais les relations entre les contextes sont centrales ici : nous étendons les domaines

1. Il s'agit de K. Manders, « Logic and Conceptual Relationships in Mathematics », in *Logic Colloquium'85*, Holland, Elsevier, 1987, et de K. Manders, « Domain Extensions and the Philosophy of Mathematics », *Journal of Philosophy*, 86, 1989, 553–562.

parce que cela accroît notre compréhension du cadre
original [1].

Le *working mathematician* a en effet souvent l'intuition
que tel ou tel problème exige d'être envisagé de telle ou telle
manière, dans tel ou tel cadre théorique. Lorsque les
contextes appropriés n'existent pas encore, ce sont alors les
problèmes eux-mêmes qui suscitent la formation des
« théories cadres » et « tirent » en quelque sorte le processus
de croissance des mathématiques. Selon Manders, les jugements de ce type ne relèvent pas simplement de l'appréciation subjective mais engagent certaines normes objectives,
celles qui guident les processus d'extension de domaine, et
qu'il revient à la logique d'identifier précisément. Dans cette
perspective, loin de considérer que les concepts mathématiques ne font sens qu'en vertu de stipulations linguistiques
comme le pensait Carnap, il faudrait au contraire leur reconnaître une sorte de sens inhérent, qui serait masqué ou
dévoilé selon que les contextes théoriques dans lesquels ils
sont enchâssés leur seraient ou non appropriés. Par analogie
avec les questions de philosophie du langage relatives
aux espèces naturelles, Mark Wilson propose d'appeler
« essentialisme caché », cette « doctrine selon laquelle un
cadre insoupçonné détermine secrètement le "vrai sens" de
certains termes mathématiques » [2]. L'enjeu philosophique
principal consiste alors à mieux comprendre la relation entre
les concepts et les contextes en mathématiques, de façon à
identifier « les facteurs cachés qui poussent les disciplines à
se reconstituer en arrangements et en regroupements qui

---

1. K. Manders, « Domain Extensions ... », *op. cit.*, p. 561.
2. M. Wilson, « Frege : The Royal Road from Geometry », *Noûs* (26) 2,
1992, 151.

"respectent mieux" et d'une manière plus riche le sens des concepts en cause »[1].

À la suite de Manders, les deux auteurs dont nous présentons ici les textes ont cherché à répondre à ces questions en partant tous les deux, de manière assez caractéristique, d'une relecture contextuelle du logicisme de Frege. Mark Wilson[2] et Jamie Tappenden[3] contribuent en effet avec d'autres à renouveler l'interprétation de l'œuvre du logicien d'Iena en prenant le contrepied d'un point de vue assez répandu selon lequel les motivations profondes de l'entreprise logiciste auraient été exclusivement philosophiques, et non mathématiques. Cette thèse, telle qu'elle est par exemple articulée par Philip Kitcher[4] revient à opposer le programme théorique de Frege aux recherches fondationnelles des mathématiciens eux-mêmes, si l'on en

1. M. Wilson, « Frege : The Royal Road … », *op. cit.*, p. 152. Sur la question des extensions de domaines, voir également M. Buzaglo, *The Logic of Concept Expansion*, Cambridge, Cambridge University Press, 2001.

2. On peut mentionner, en plus de l'article cité dans la note précédente, M. Wilson, « Ghost World : A context for Frege's Context Principle », *in* E. Reck, M. Beaney (eds), *The Routledge Companion to Frege*, Routledge, 2006, p. 157-175.

3. Voir notamment : J. Tappenden, « Geometry and Generality in Frege's Philosophy of Arithmetic », *Synthese* 102, 3, 1995, 319-361 ; J. Tappenden, « Extending Knowledge and "Fruitful Concepts" » : Fregean Themes in the Foundations of Mathematics », *Noûs* 29, 4, 1995, 427-467 ; J. Tappenden, « The Caesar Problem in its Historical Context : Mathematical Background », *Dialectica* 59, 2, 2005, 237-264 ; J. Tappenden, « Proof Style and Understanding in Mathematics I : Visualization, Unification and Axiom Choice », *in* P. Mancosu *et alii* (eds), *Visualization, Explanation and Reasoning Styles in Mathematics*, Berlin, Springer, 2005, p. 147-214 ; J. Tappenden, « The Riemannian Background to Frege's Philosophy », *in* J. Ferreiros, J. Gray, *The Architecture of Modern Mathematics*, Oxford, Oxford University Press, 2006, p. 97-132.

4. P. Kitcher, *The nature of mathematical knowledge*, Oxford University Press, 1983.

excepte le mouvement de « rigorisation » de l'analyse au XIXᵉ siècle, dont Frege aurait davantage rendu compte *ex post* qu'il n'y aurait lui-même contribué. L'exigence de rigueur promue en propre par Frege n'aurait donc eu d'autre justification que de permettre d'établir un point philosophique – à savoir que les vérités mathématiques sont connues *a priori* – de manière parfaitement indifférente au contexte mathématique de l'époque. Mais cette conception étroite de la rigueur et des fondements logiques des mathématiques consistant à séparer les préoccupations fondationnelles de la pratique mathématique effective, pourrait bien avoir conduit à systématiquement sous-interpréter, voire mésinterpréter, l'œuvre de Frege, faute de saisir le sens de ce qu'il cherchait à faire.

Wilson[1] attend d'une lecture contextuelle du logicisme frégéen qu'elle bouscule vigoureusement de fausses évidences, en nous faisant prendre conscience du fait que les premiers initiateurs de la rigueur ensembliste n'y ont été amenés eux-mêmes que par une réflexion approfondie portant sur le processus de croissance conceptuelle inhérent aux mathématiques effectives. Les procédures de la géométrie algébrique cartésienne ont en effet constitué un puissant facteur interne de transformation qui a conduit au cours du XIXᵉ siècle à l'extension de la géométrie euclidienne à la géométrie projective complexe. Le domaine géométrique traditionnel s'est ainsi progressivement enrichi de nouvelles « entités fantomatiques », les points à l'infini et les points imaginaires, dont le statut demeurait incertain bien qu'ils aient peu à peu gagné *de facto* droit de cité comme corrélats du nouveau cadre théorique que l'on adoptait pour

1. *Cf.* M. Wilson, « Frege : The Royal Road ... », *op. cit.*

la géométrie. Très concrètement, l'algèbre permet de spécifier les « points » d'intersection d'une droite et d'un cercle, même lorsqu'ils ne se coupent pas au sens de la géométrie élémentaire. Les géomètres projectifs avaient pris l'habitude, à la suite de Poncelet, d'identifier ces points d'intersection comme points fixes des involutions induites sur la droite et le cercle, par leur situation respective dans le plan. De même qu'on ne voit pas les fantômes, mais qu'on entend très distinctement les bruits des chaînes qu'ils traînent, de même les points imaginaires ne nous offrent pas d'autre prise que la manière dont ils permettent de mettre en relation, au moyen des involutions, les points bien réels de la droite. Plutôt que de simplement *postuler* ces points imaginaires, le pas décisif de von Staudt a alors consisté à les *définir*, à partir de ce qui est disponible dans le domaine euclidien, comme des objets abstraits qu'on peut extraire logiquement du concept d'« involution sur la droite ». La thèse de Wilson est que le logicisme de Frege a sa source dans l'idée d'appliquer à l'arithmétique et aux différents systèmes de nombres, le type de méthodes développées par von Staudt pour rendre compte des procédures d'extension dans le domaine de la géométrie. C'est en cherchant à codifier précisément le procédé logique implicite dans ce genre d'extensions par définition que Frege aurait été finalement conduit à un principe de compréhension du type du célèbre axiome V, mais seulement en dernier ressort, après avoir d'abord exploré puis repoussé une autre possibilité liée à l'exigence méthodologique que les commentateurs appellent le « principe du contexte ». Frege énonce en effet au § 60 de ses *Fondements de l'arithmétique* qu'« il faut toujours faire porter l'attention sur une proposition complète ; [*que*] c'est là seulement que les mots veulent dire quelque chose. … [*et qu'enfin*] il suffit qu'une proposition prise comme un tout ait un sens, [*pour que*] ses parties reçoivent par là même un contenu. »[1] La question centrale est alors de savoir comment dériver des critères d'identité exacts pour de tels objets abstraits à partir des conditions usuelles d'identification pour les concepts, c'est-à-dire en fin de compte à partir des conditions d'identification des pensées en tant qu'elles sont susceptibles de décompositions alternatives en constituants qui ne reçoivent leur sens qu'à partir des propositions complètes. Dans l'exemple que Frege discute, la proposition « la droite *a* est parallèle à la droite *b* » est ainsi remaniée en une autre proposition de même sens, « la direction de la droite *a* est identique à la direction de la droite *b* ». Si l'on restitue le contexte géométrique implicite de ces analyses, le problème spécifique que posent aux yeux de Frege les définitions contextuelles apparaît alors en pleine lumière. Au lieu de « direction d'une droite », le géomètre projectif entend « point à l'infini ». Mais alors la cohérence générale de l'entreprise d'extension par définition suppose, dans le cas de la géométrie, qu'on redéfinisse en termes de points et de droites euclidiennes ce que signifie pour une droite d'être composée de points, ou pour un point d'« être sur » une droite, s'il faut désormais compter parmi les points, aussi bien les « points à l'infini » que les « points imaginaires », c'est-à-dire logiquement parlant, des « directions » et des « involutions ». Mais si maintenant les définitions contextuelles sont introduites une par une, sans considération préalable de compatibilité logique, alors les critères d'identité des objets deviennent flous. Et c'est pour

---

1. G. Frege, *Die Grundlagen der Arithmetik : Eine logisch-mathematische Untersuchung über den Begriff der Zahl*, Breslau, Wilhelm Koebner, 1884 ; trad. fr., *Les fondements de l'arithmétique*, Paris, Seuil, 1969.

cette raison que, selon Wilson, Frege fut amené en cours de route (§ 66-68 des *Fondements de l'arithmétique*) à changer de pied et à opter pour des définitions extensionnelles qui garantissent d'un seul coup les lois de l'identité pour les objets abstraits [1].

Dans la série d'articles mentionnés plus haut [2], Jamie Tappenden poursuit cette lecture contextuelle de Frege en mettant successivement l'accent sur plusieurs autres thèmes centraux dans l'œuvre du logicien. Dès la toute première page des *Fondements de l'arithmétique*, la rigueur dans les preuves est liée à l'exigence méthodologique imposant d'identifier les limites de validité des propositions démontrées. En mettant en avant trois moments décisifs dans la réorganisation conceptuelle des mathématiques de l'époque, Tappenden [3] montre en particulier que le problème de la généralité relative de la géométrie par rapport à l'arithmétique constituait l'une des préoccupations majeures des mathématiciens allemands dans la période de formation du jeune Frege à Göttingen. La question de la priorité conceptuelle de l'arithmétique sur la géométrie se présentait d'abord dans le contexte des discussions portant sur le statut des coordonnées en géométrie. Après que von Staudt eut développé une technique pour introduire des coordonnées numériques dans un espace projectif sans faire appel à des notions métriques, Klein utilisa ce même procédé pour

---

1. Selon Wilson, Frege aurait eu raison d'abandonner la première stratégie, et les tentatives néo-fregeennes de Hale et de Wright (voir R. G. Heck, « Introduction au Théorème de Frege », 1998, traduit dans le premier tome de ce volume) visant à reconstituer les extensions au coup par coup par des définitions contextuelles, via des principes d'abstraction appropriés, seraient vouées à l'échec.

2. Voir la note 3, p. 29.

3. Dans « Geometry and Generality ... », *op. cit.*

construire des modèles de géométries non-euclidiennes. Les objections qui ne tardèrent pas à fuser pointaient le risque de circularité de la démarche : si les coordonnées numériques en cause (en tant qu'elles sont fondées sur la notion de rapport anharmonique) incorporent en dernière analyse une notion de distance euclidienne, y recourir pour construire des modèles de géométries non-euclidiennes pouvait en effet poser problème. Un autre enjeu important de l'époque concerne la manière dont on peut étendre la géométrie analytique de l'espace euclidien au-delà des trois dimensions. Historiquement, cette généralisation s'est faite selon deux orientations foncièrement différentes, de sorte qu'en schématisant, il est assez légitime de distinguer deux grandes conceptions auxquelles seraient associés les noms de Riemann et Grassmann d'un côté et de Plücker de l'autre. Partant de l'espace à trois dimensions, on peut en effet développer une géométrie abstraite en prenant désormais comme « points », non plus les points familiers de la géométrie, mais des n-uplets de nombres ou d'autres entités abstraites auxquels on impose une structure analogue à celle de la géométrie traditionnelle. Mais on peut aussi, comme le fait Plücker, envisager non seulement les points, mais aussi les autres formes géométriques (droites, plans, sphères) comme éléments de l'espace qu'on détermine alors au moyen de coordonnées, de sorte que, comme le dit Frege, « on arrive à des géométries de plus de trois dimensions, sans jamais quitter le sol ferme de l'intuition »[1]. Enfin, l'un

---

1. G. Frege, « Geometrie der Punktpaare in der Ebene », 1883, réédité in G. Frege, *Kleine Schriften*, I. Angelelli (ed.), Hildesheim, Georg Olms, 1967, p. 94 ; trad. angl., « Lecture on the Geometry of Pairs of Points in the Plane », *in* G. Frege, *Collected Papers*, B. McGuiness (ed.), Oxford,

des traits les plus marquants de la période concerne la réception des méthodes riemanniennes et les efforts croisés (de géomètres comme Clebsch, ou d'algébristes comme Weber et Dedekind) pour en désintriquer le contenu algébrique du contenu géométrique, de façon à en reformuler les résultats en termes purement géométriques ou purement algébriques. Comme tous ses contemporains, Frege fut confronté à ces questions de démarcation, mais la réponse qu'il y apporte est spécifique et consiste à s'appuyer sur l'élaboration de la logique quantificationnelle pour établir la parfaite généralité de l'arithmétique par opposition à la généralité seulement relative de la géométrie.

Parallèlement[1] Tappenden met en lumière l'importance dans l'œuvre de Frege du thème de la fécondité des définitions et des concepts. Après avoir montré comment des concepts aussi fondamentaux que celui de congruence des nombres par rapport à un module, ou de continuité d'une fonction en un point, peuvent être représentés dans des expressions formelles du langage de la *Begriffsschrift*[2] et former ainsi un socle pour les inférences, Frege identifie en effet explicitement cette question de la fécondité des concepts comme un enjeu central de son projet logiciste : « Tous ces concepts se sont développés dans la science et ont fait preuve de leur fécondité. Ce que nous pouvons percevoir en eux peut de ce fait élever une prétention

Blackwell, 1984. Cette citation de Frege est commentée dans J. Tappenden, « Extending Knowledge and "Fruitful Concepts" … », *op. cit.*, p. 332.

1. Dans « Extending Knowledge and "Fruitful Concepts"… », *op. cit.*

2. G. Frege, *Begriffsschrift : Eine der aritmetischen nachgebildeten Formelsprache des reinen Denkens*, Halle, Louis Nebert, 1879 ; trad. angl. *in* J. van Heijenoort, *From Frege to Gödel : A Sourcebook in Mathematical Logic, 1879-1930*, Cambridge, Harvard University Press, 1967, p. 5-82 ; trad. fr. C. Besson, *L'idéographie*, Paris, Vrin, 1999.

beaucoup plus haute à la prise en considération que ce que peut bien montrer le mouvement ordinaire des pensées. Car la fécondité est la pierre de touche des concepts, et l'atelier scientifique est le vrai terrain d'observation de la logique »[1]. Tappenden prend comme point de départ de son analyse le célèbre § 88 des *Fondements de l'arithmétique* dans lequel l'auteur établit une distinction essentielle entre les définitions qui ne consistent qu'en combinaisons booléennes de propriétés et celles dont la structure logique incorpore en outre un jeu de dépendances entre quantificateurs emboîtés. Si comme les concevait l'ancienne logique, les concepts devaient se réduire à de simples conjonctions ou disjonctions de caractères, alors rien de véritablement neuf ne pourrait jamais émerger par la seule force du raisonnement logique. En supposant que les caractères soient représentés graphiquement par des aires planes comme dans les diagrammes de Venn, nous ne ferions que sélectionner des arcs le long de frontières déjà tracées dans le réseau de lignes préalablement disponibles. S'il doit y avoir une fécondité des définitions, ce doit être au contraire, pour reprendre la métaphore de Frege, au sens où nous serions amenés par le jeu des inférences à tracer des lignes nouvelles qui délimiteraient de nouveaux concepts et permettraient d'étendre notre connaissance. Il fallait donc être en mesure de rendre compte d'une « connexion plus intime, presque organique, entre les caractères », comme dit Frege, ce que permettent précisément les emboîtements de quantificateurs. La définition dans le style ε-δ que Weierstrass a donnée de la continuité d'une fonction de la variable réelle constitue l'illustration standard

---

1. G. Frege, « La logique calculatoire de Boole et l'idéographie », 1880-1881, *in* G. Frege, *Écrits posthumes*, Paris, Jacqueline Chambon, 1999, p. 43.

de cette thèse frégeenne que les propositions mathématiques peuvent accroître notre connaissance sans cependant cesser d'être analytiques[1]. Tappenden défend ainsi l'idée que la possibilité d'étendre notre connaissance est objectivement inscrite dans la structure logique des définitions fécondes, une fois qu'elles sont couchées dans l'idéographie. Plus généralement, Frege conçoit l'arithmétique au sens large comme une science dont les propositions sont obtenues par ce procédé de décomposition et de recomposition purement logique des concepts féconds, ce qui leur confère la plus grande généralité. Mais l'analyse du procédé logique en quoi consiste « l'extension inférentielle de notre connaissance » fournit une notion précise et formelle qui est elle-même supposée rendre compte d'une notion intuitive de « fécondité », primitivement ancrée dans la pratique mathématique.

Toujours dans le même article « Extending Knowledge and "Fruitful Concepts" », Tappenden montre comment les mathématiques de l'époque ont fourni à Frege à la fois les motivations et les paradigmes qui ont guidé l'élaboration de son programme logiciste. L'exemple le plus frappant est sans doute celui du principe de dualité en géométrie projective. Frege était parfaitement au fait de ces questions.

---

1. Voir notamment P. Kitcher, *The nature of mathematical knowledge*, *op. cit.*; M. Friedman, *Kant and the Exact Sciences*, Harvard University Press, 1992. En rendant explicite la dépendance quantificationnelle, on peut du même coup distinguer les concepts apparentés de «convergence simple» et de «convergence uniforme», lesquels diffèrent par l'ordre des quantifications. Dans le cas des deux concepts de convergence, que Frege a effectivement cherché à accommoder dans le symbolisme de la *Begriffsschrift*, seule la définition de la convergence uniforme incorpore une structure quantificationnelle susceptible de fournir les inférences nécessaires à la preuve du théorème de Weierstrass (Une suite uniformément continue de fonctions continues sur un intervalle donné converge vers une fonction continue).

Dès ses années d'études à Göttingen, il suit les leçons de
Clebsch, et plus tard, à l'occasion de diverses recensions
d'ouvrages, il développe un point de vue critique informé
par ses propres recherches logiques et fondationnelles, sur
les pratiques mathématiques de son époque. En géométrie
analytique plane, l'équation d'une droite $(ux + vy + 1 = 0)$
est une équation linéaire dans laquelle on distingue les
variables (x, y) et les paramètres (u, v). Le fait géométrique
fondamental est l'incidence du point (x, y) sur la droite
(u, v). Si, comme on en a l'habitude, les variables sont
interprétées comme des coordonnées de point, l'équation
est alors interprétée comme lieu géométrique de points
collinéaires, c'est-à-dire comme une droite dont les paramètres fixent la direction. Mais l'on peut tout aussi bien lire
la même équation, en inversant les rôles des variables et des
paramètres, c'est-à-dire en regardant désormais les nouvelles
variables (u, v) comme des coordonnées de ligne, et les
coordonnées de point comme les nouveaux paramètres (x, y).
Dans ce cas, l'équation est interprétée comme un faisceau de
lignes toutes concourantes en un même point. On peut donc
décrire le même fait géométrique de deux points de vue
différents selon que nous choisissons les points ou les lignes
comme éléments fondamentaux. Le principe de dualité
énonce alors qu'à certaines conditions, en particulier si
aucune notion métrique n'est introduite, des énoncés valides
pour des configurations de points peuvent être transférés à
des configurations de lignes. Si l'on s'interroge maintenant
sur les limites de validité du principe de dualité, il apparaît
clairement que c'est la syntaxe même de l'équation linéaire
qui en décide : « le principe de dualité vaut du fait de ce

qu'on peut voir comme une symétrie linguistique dans la formulation la plus générale »[1]. Inversement, lorsqu'on impose des restrictions sur le domaine de variation des variables, ce qui a lieu par exemple lorsqu'on introduit des considérations métriques, la dualité n'a plus lieu. Le principe de dualité vaut donc en vertu du degré de généralité propre à la géométrie projective, généralité qui est représentée dans la syntaxe de l'expression. Le transfert des propositions des configurations de lignes aux configurations de points offre ainsi l'exemple d'une forme de raisonnement où l'on décompose et recompose les énoncés selon leur articulation syntaxique, en sorte que de « nouvelles frontières » sont délimitées et notre connaissance de ce fait étendue.

Si le principe d'une interprétation contextuelle de l'œuvre de Frege devait être accepté, comment faudrait-il alors rendre compte de l'économie interne du système logique de Frege, en particulier du fait que l'axiome V et la définition du concept de nombre en termes d'extensions de concept ne servent qu'à dériver le « principe de Hume » ? Comment comprendre qu'une fois ce principe acquis, il ne soit plus fait appel aux extensions de concept dans la mise en œuvre du programme logiciste ? Sur ce point, Wilson et Tappenden divergent. Là où le premier[2] voit dans ce « redoublement » et dans les exigences spécifiques qui sont invoquées pour le justifier (ce qu'on appelle le « problème de Jules César »), une confirmation de l'hypothèse selon laquelle Frege aurait changé d'avis en cours de route sur la

---

1. J. Tappenden, « Extending Knowledge and "Fruitful Concepts" … », *op. cit.*, p. 444.
2. Dans M. Wilson, « To Err is Humean », *Philosophia Mathematica* (3) 7, 1999, 247-257.

marche à suivre pour atteindre ses fins logicistes, le second [1] y repère un trait commun aux « nouvelles » mathématiques de l'époque, guidées par le principe méthodologique, mis en œuvre par Riemann et Dedekind, selon lequel les objets doivent être introduits de telle manière qu'ils soient indépendants des modes ou des formes de représentation particuliers dont ils sont susceptibles. Dans cette dernière veine, Tappenden [2] précise que le logicisme de Frege s'inscrit dans un contexte mathématique très fortement marqué par l'opposition tranchée entre deux styles de mathématiques, deux méthodologies, et plus spécifiquement deux « programmes de recherches » concurrents en analyse complexe, celui de Riemann et celui de Weierstrass, et que face à cette alternative, Frege aurait résolument pris fait et cause pour le premier de ces programmes, dont il se serait approprié certaines des idées directrices.

Wilson et Tappenden partent tous deux de l'analyse contextuelle de l'œuvre de Frege pour développer par la suite un questionnement philosophique original qui dépasse très largement les simples enjeux liés à l'interprétation du logicisme. Pour situer l'un par rapport à l'autre les programmes théoriques dans lesquels nos deux auteurs sont engagés et dont les textes que nous traduisons ci-après dessinent les orientations respectives, il peut être éclairant de montrer comment ils font sens, chacun à leur manière, des mêmes tensions internes à la pensée de Frege. Dans un

---

1. Dans « Proof Style and Understanding in Mathematics I : Visualization, Unification and Axiom Choice », *in* P Mancosu *et alii*, 2005, *op. cit.*

2. Dans J. Tappenden, « The Riemannian Background to Frege's Philosophy », *in* J. Ferreiros, J. Gray, *The Architecture of Modern Mathematics, op. cit.*

passage célèbre d'un texte posthume daté du printemps 1914, Frege revient sur la question des définitions en soulignant une difficulté liée à leur appréciation logique et épistémique.

> D'un point de vue logique, [*la définition*] apparaît comme quelque chose de tout à fait inessentiel et superflu. ... Toutefois, il est impossible de considérer que l'activité définitionnelle n'a absolument aucune importance, lorsque nous songeons à l'effort intellectuel considérable qui est requis pour produire une bonne définition. ... Lorsque nous considérons ce qui se passe vraiment dans notre esprit, lorsque nous faisons des efforts intellectuels, nous nous rendons compte qu'une pensée qui se présente à notre conscience est loin d'être claire dans toutes ses parties. Par exemple, lorsque nous employons le mot « intégrale », sommes-nous toujours conscients de tout ce qui appartient à ce mot? Je crois que ce n'est que très rarement le cas. Habituellement, c'est seulement le mot qui est présent à notre conscience, sans doute conjointement au savoir plus ou moins obscur que ce mot est un signe, qui a un sens, et que nous pouvons quand nous le voulons, nous souvenir de ce sens. Mais nous nous contentons le plus souvent de savoir que nous le pouvons. Si nous voulions nous souvenir de tout ce qui appartient à ce mot, nous ne pourrions pas aller de l'avant. Notre conscience n'est tout bonnement pas assez vaste. Nous avons souvent besoin d'employer un signe auquel nous associons un sens très composé. Un tel signe apparaît, pour ainsi dire, comme un réceptacle, pour le sens, à telle enseigne que nous pouvons l'emmener avec nous, tout en étant toujours conscients du fait que nous

pouvons ouvrir ce réceptacle si nous avons besoin de ce qu'il contient [1].

Dans l'appendice « *The Wages of Sinn* » à « Extending Knowledge and "Fruitful Concepts" », Tappenden pose explicitement le problème de la cohérence dans le corpus frégeen entre les textes de la période de la *Begriffschrift* et des *Fondements de l'arithmétique* à partir desquels il élabore son interprétation, et ceux qui sont postérieurs à la distinction entre sens et référence, dans lesquels Frege nie explicitement que les définitions puissent permettre une extension de notre connaissance. Pour résoudre cette tension, il ne serait d'aucune utilité d'invoquer la distinction, introduite par Frege lui-même, entre définitions « constructives » qui introduisent un signe nouveau pour fixer le sens d'un signe complexe, et définitions « analytiques » qui résultent de l'analyse du sens d'un signe préexistant et enveloppent en quelque sorte un axiome. Car le problème se présenterait de la même manière dans les deux cas. Dans le texte que nous présentons, Tappenden prend à bras le corps ce thème de la fécondité des définitions et de l'extension de notre connaissance mais il s'émancipe désormais du cadre restrictif de la sémantique frégeenne (source de tensions internes au programme logiciste) tout en s'orientant vers une analyse directe (sans le crible frégeen) des contextes et enjeux méthodologiques liés à la pratique mathématique. L'analyse frégeenne de la fécondité des inférences déductives aurait

---

1. « La logique dans les mathématiques » (printemps 1914), *in* G. Frege, *Écrits posthumes*, Paris, Jacqueline Chambon, 1999, p. 248. *Cf.* « Logik in der Mathematik », *in* G. Frege, *Nachgelassene Schriften*, H. Hermes, F. Kambartel, and F. Kaulbach (eds), Hamburg, Felix Meiner, 1969 ; trad. angl. *in* G. Frege, *Posthumous Writings*, H. Hermes, F. Kambartel, and F. Kaulbach (eds), Chicago, Univeristy of Chicago Press, 1979.

ainsi seulement valeur de paradigme en nous invitant par exemple à prendre conscience des limites des conceptions nominalistes "à la Field" selon lesquelles la connaissance mathématique ne serait au bout du compte qu'une connaissance de type logique cantonnée au seul inventaire des dépendances et des compatibilités logiques (Qu'est-ce qui peut être inféré de quoi? Quelles propositions, prises ensemble, sont-elles consistantes? etc.) Si seules les limites de nos capacités cognitives nous empêchaient de discerner dans les prémisses dont nous partons, les conclusions que nous pouvons logiquement en déduire, les mathématiques ne seraient en effet qu'un vaste assemblage de tautologies qui ne nous paraîtraient riches de contenu que parce que nous ne sommes pas omniscients[1]. Mais précisément la leçon que nous pouvons tirer de l'œuvre de Frege pour la philosophie des mathématiques d'aujourd'hui consisterait à nous inspirer de son programme théorique pour proposer une interprétation radicalement différente qui permette de rendre compte du fait que les preuves mathématiques ne sont pas seulement logiquement correctes, mais qu'elles accroissent notre connaissance et fondent notre compréhension des propositions en vertu de traits objectifs des concepts employés. Quel sens attachons-nous aux jugements qui, dans la pratique mathématique, nous font préférer telle définition d'un concept à telle autre, et quels critères sont-ils en jeu dans l'évaluation de ce que nous considérons alors comme la « bonne définition » pour ce concept? Selon l'analyse de Tappenden, il apparaît que la « définition naturelle » est celle qui redécoupe pour ainsi dire le contenu de manière à permettre l'enchâssement adéquat du concept dans un

---

1. Voir H. Field, *Science without Numbers : a defense of nominalism*, Oxford, Blackwell, 1980, partiellement traduit dans le tome 1 de ce volume.

contexte plus général que le contexte d'origine, en sorte que certaines des propriétés essentielles de ce concept, jusque là masquées, deviennent explicites. Le symbole de Legendre, par exemple, qui se présente à première vue comme un procédé notationnel artificiel n'ayant d'autre fonction que de comprimer en un seul énoncé une disjonction de cas, permet en fait de reconfigurer la preuve de réciprocité quadratique en ouvrant la voie à une reconceptualisation de la fonction arithmétique sous-jacente. La réciprocité quadratique n'est plus alors envisagée comme un problème portant *prima facie* sur deux nombres premiers, mais comme un problème concernant la décomposition d'une certaine équation dans une extension du corps des rationnels. Dans cette perspective, le symbole de Legendre se présente désormais comme un cas particulier du symbole d'Artin qui, étant parfaitement ajusté au contexte général, fournit du même coup la « définition réelle » recherchée. Ce qui apparaissait très artificiel dans le domaine restreint est en quelque sorte requalifié *ex post* à la lumière du contexte approprié. Le caractère « naturel » ou non d'une définition n'est donc pas lisible dans sa syntaxe immédiate, mais dépend au contraire de tout un spectre de considérations épistémiques relatives la corrélation des contextes.

À partir du même texte de Frege sur les « signes comme réceptacles des sens » qu'il commente dans son livre *Wandering Significance*[1], Wilson met en lumière un tout autre aspect de la question dont l'analyse précise conduit à repenser profondément les rapports entre syntaxe et sémantique. On sait qu'en mathématiques, le fait de disposer d'une bonne notation ou d'un calcul bien construit suffit le

---

1. M. Wilson, *Wandering Significance : An Essay on Conceptual Behavior*, Oxford, Clarendon Press, 2006, chap. 8, v, p. 503-508.

plus souvent à transformer nos pratiques inférentielles les plus exigeantes en une simple routine syntaxique. La codification précise des règles inférentielles sous la forme de techniques algorithmiques bien huilées justifie le mot célèbre d'Euler selon lequel la plume surpasse l'intelligence. Mais pouvons-nous nous en remettre aveuglément à de telles procédures de pilotage automatique syntaxique? L'idée frégeenne des « signes-réceptacles » suggère une sorte de compromis : d'un côté la mécanisation de l'inférence et l'encapsulement du sens dans les signes du calcul sont nécessaires pour que nous puissions « aller de l'avant » et faire preuve d'initiative inférentielle, mais de l'autre nous devrions toujours en contrepartie être en mesure d'expliciter la pensée vraie cachée sous le formalisme. Les définitions "à la von Staudt" des points à l'infini et des points imaginaires ont fourni à Frege le modèle de ce genre de justification où les assertions d'un langage efficace (géométrie projective) peuvent être décodées en « pensées vraies » sous-jacentes (euclidiennes). Mais y a-t-il une telle strate sémantique univoque de « pensées vraies » dans laquelle les seules syntaxes acceptables devraient pouvoir être ancrées? Dans le texte dont nous présentons ici la traduction, Wilson montre, à partir d'exemples empruntés à l'histoire des mathématiques et de la physique, qu'il peut y avoir conflit entre la forme logique de surface et la sémantique « active » sous-jacente, la seconde opérant secrètement en orientant l'initiative inférentielle dans de toutes autres directions que celles que prescrit la première. Ces cas où la syntaxe et la sémantique apparentes sont concurrencées par une syntaxe et une sémantique « actives » suggèrent alors une forme d'« agnosticisme sémantique » qui conduit à privilégier l'examen minutieux des facteurs propres par lesquels s'opère effectivement le guidage inférentiel. À mesure qu'il affine son analyse, Wilson invite à envisager la concurrence grammaire apparente/grammaire active non plus comme un aspect transitoire et instable de notre développement linguistique, mais comme un trait constitutif et positif des dispositifs parfois très complexes que produit notre ingénierie linguistique [1]. Le format sous lequel les grammaires actives se présentent le plus souvent correspond à ce que Wilson appelle une « grammaire contrainte », c'est-à-dire non pas la superposition de deux grammaires indépendantes entre lesquelles il faudrait choisir, mais plutôt un dispositif linguistique grâce auquel on s'assure que la sémantique des énoncés est dépendante du contexte de discours dans lequel ils sont insérés. De ce point de vue, les grammaires actives effectives sont des bricolages sanctionnés par le succès inférentiel.

Le texte qui suit ouvre ainsi la voie à un programme philosophique ambitieux que Wilson se propose de mener à bien dans *Wandering Significance*. Contre ce qu'il appelle la « théorie classique » selon laquelle les concepts ont un contenu sémantique stable que nous pouvons *saisir* par introspection mentale et qui *fixe* certains traits saillants de notre environnement, Wilson privilégie une approche

---

1. De ce point de vue, il y a une certaine parenté entre le type d'approche développée par Wilson et certaines des idées du second Wittgenstein. Dans la préface à son livre, Wilson reconnaît qu'il puisse y avoir certaines ressemblances locales mais se défend de toute affinité plus profonde, pour autant que « la trajectoire de long terme [de Wittgenstein] tend vers un coin bien différent de l'espace des phases que la [sienne propre] » (*Wandering, op. cit.*, p. xx). Wilson se démarque ainsi nettement d'un certain nombre de thèmes persistants chez Wittgenstein, comme par exemple « une certaine croyance mystique que les archétypes de jeux de langage se montrent d'eux-mêmes aux philosophes à la manière de la morphologie des plantes de Goethe » (*Ibid.*).

bottom-up qui consiste à partir d'une analyse précise de la manière dont nos concepts fonctionnent effectivement. Cette attention au détail révèle le plus souvent que nos concepts présentent une structuration interne spécifique qui répond au fait que leur domaine d'application se subdivise en plusieurs régions distinctes, en sorte que des contextes différents soutiennent des jugements et des pratiques inférentielles différentes. L'intuition directrice consiste alors à chercher à explorer et à décrire précisément la structure des corrélations de contextes qui ont été implémentées dans nos dispositifs linguistiques pour orienter correctement nos stratégies inférentielles. Pour rendre compte de la richesse des cas concrets, Wilson propose toute une variété de modèles de corrélation : "atlas", "patchwork", "feuilletage", etc.[1]. Dans un "atlas", on représente le même territoire, mais avec des conventions de projection différentes (Mercator, Lambert, Goode, etc.) qui mettent en relief des propriétés différentes et correspondent donc à des usages différents. Dans un "patchwork", les diverses pièces ne sont plus liées entre elles par de simples ressemblances de famille, mais bel et bien rattachées ou cousues les unes aux autres par leurs bords. Chaque région d'application est alors organisée à partir d'un centre où les critères spécifiques s'appliquent parfaitement, et s'étend vers une périphérie où ils se superposent aux critères des régions adjacentes. Dans le cas d'un concept empirique comme *dur*, il y a ainsi toute une variété de

---

1. Sur ces modèles, voir R. Brandom, « Platforms, Patchworks and Parking Garages : Wilson's Account of Conceptual Fine-Structure in *Wandering Significance* », *Philosophy and Phenomenological Research*, 82 (1), 2011, 183-201 ; M. Wilson, « Of Whales and Pendulums : A Reply to Brandom », *Philosophy and Phenomenological Research*, 82 (1), 2011, 202-211.

procédures et de tests pour reconnaître quelque chose comme *dur* (presser, comprimer, cogner, gratter, inciser, frotter, etc.), et ces procédures ne sont pas les mêmes selon qu'il s'agit de métal, de plastique, de caoutchouc, de céramique, etc. (*cf.* Wilson *Wandering, op. cit.*, chap. 6, IX). Dans un "feuilletage" enfin (notion qui renvoie, de manière plus visuelle, comme le propose Brandom, à l'image d'une "rampe d'accès" qui s'enroule sur elle-même de niveau en niveau), on a affaire à une corrélation spatialisée des contextes locaux, dont le paradigme est fourni par le concept mathématique de surface de Riemann et les techniques calculatoires du prolongement analytique (*Wandering, op. cit.*, 6, VI, p. 312-319). Wilson ne se contente pas de décrire ces structures, il cherche à identifier les bricolages linguistiques qui les produisent et les motivations qui soustendent ces bricolages, lesquelles se ramènent toujours en fin de compte aux gains en efficacité inférentielle qu'on en escompte. Pour réaliser ce programme, la philosophie d'aujourd'hui doit selon lui pleinement tirer parti de notre « héritage scientifique ». Mais à la différence des positivistes du début du XXe siècle dont Michael Friedman souligne qu'ils s'inscrivaient eux aussi, si l'on veut, dans une perspective « anti-classiciste », qu'ils associaient cependant à la conviction que la logique constitue « une plate-forme objective rigoureuse pour articuler le contenu conceptuel indépendamment de toute présentation mentale simplement subjective »[1], Wilson conteste que la logique puisse jouer ce rôle et revendique « un point de vue résolument externaliste » qui cherche à élucider « notre position computationnelle *de facto*

---

1. M. Friedman, « Logic, Mathematical Science and Twentieth Century Philosophy : Mark Wilson and the Analytic Tradition », *Noûs* 44, 3, 2010, 536.

dans la nature dans l'espoir de forger des stratagèmes sophistiqués qui puissent fonctionner plus efficacement »[1]. Il n'y a donc pas une unique « plate-forme » objective – la logique – qui nous permettrait d'articuler d'hypothétiques « pensées vraies » sous-jacentes, mais une grande variété de « plates-formes conceptuelles multifonctions » dont les structures linguistiques élaborées nous permettent d'avoir prise, d'un point de vue cognitif et pratique, sur la complexité des choses.

Les avantages que présente le recours aux « grammaires contraintes » sont peut-être plus sensibles encore en physique qu'en mathématiques, dans la mesure où la motivation principale qui met en branle l'ingénierie linguistique y a très clairement sa source dans le besoin d'éviter l'embourbement dans une physique impraticable et l'exigence corrélative de réduire le nombre des variables descriptives. C'est en analysant des exemples empruntés à l'histoire de la mécanique que Wilson est amené à élaborer sa théorie des « façades théoriques » à partir d'une analogie avec l'âge d'or des productions cinématographiques hollywoodiennes où de fantastiques décors en carton-pâte reconstituaient Babylone ou Rome, en créant une illusion quasi-parfaite par un assemblage des pièces et un angle de prise de vue judicieusement choisis. De la même manière, dans l'élaboration scientifique, on a souvent affaire à de telles « façades théoriques », c'est-à-dire des pans de doctrine qui ne s'emboîtent pas véritablement en une théorie unifiée, mais en donnent seulement l'impression si toutefois on ne prête pas attention

---

1. M. Wilson, « What Can Contemporary Philosophy Learn from Our "Scientific Philosophy" Heritage », *Noûs* 44, 3, 2010, 566.

aux jointures des différentes pièces. Wilson[1] prend l'exemple de la collection de méthodes et d'outils mis en œuvre pour la description et le traitement calculatoire des phénomènes physiques, qu'on rassemble sous la dénomination de « théorie newtonienne » ou de « mécanique classique ». La rhétorique unitaire constitutive de la « façade newtonienne » a tendance à masquer le fait que ce sont souvent les stratégies descriptives bricolées qui réussissent le mieux. Le genre de routine qui consiste à éviter activement de se coltiner la complexité physique est précisément selon Wilson, ce qui a conduit Hume à sa célèbre analyse de la causalité. Le philosophe écossais fut en effet amené à délaisser les authentiques processus causaux susceptibles de se présenter dans un cadre newtonien, *i.e.* les systèmes planétaires ou les trajectoires paraboliques dans un champ de pesanteur uniforme, au profit de processus dont les mathématiques sont beaucoup plus simples que les systèmes d'équations différentielles auxquels se ramènent les premiers, mais dont toute notion de causalité a été préalablement expurgée : à savoir 1) les « mécanismes » composés d'engrenages, de roues dentées, de bielles et de tiges rigides d'une part, et 2) la « physique des boules de billard » de l'autre. L'effet de « façade » consiste alors à valider ce tour de passe-passe en faisant croire que tous ces phénomènes seraient faits du même bois causal. Wilson nous invite à nous demander quels seraient les éléments mathématiques dont nous aurions réellement besoin si nous voulions traiter rationnellement des phénomènes d'impact par exemple. La liste serait longue. Il faudrait avoir les moyens de décrire les distorsions induites et les tensions internes qui en résultent

---

1. Dans « Theory Façades », *Proceedings of the Aristotelian Society*, 104 (1), 2004, 273-288.

DE LA LOGIQUE AUX MATHÉMATIQUES

(équations aux dérivées partielles – XIXe siècle), la formation et la propagation des ondes de choc dans les milieux solides (analyse fonctionnelle – XXe siècle), sans parler des échanges entre formes d'énergie et des conditions aux limites. Comme rien de tout ce qui serait nécessaire à une bonne description n'était disponible du temps de Hume, le stratagème consiste à coller deux « patchs descriptifs » distincts sur l'histoire causale des boules de billard, avant et après l'impact, en évacuant purement et simplement les phénomènes effectifs de compression et de dilatation qui ont lieu pendant le petit intervalle de temps où il y a réellement contact. Malgré le hiatus, le rapiècement des deux patchs donne une image globalement satisfaisante de l'impact parce qu'on dispose de règles précises pour ajuster l'input et l'output sans faire appel à rien d'autre qu'à des grandeurs physiques macroscopiques et à un « coefficient de restitution » qui encapsule tout le contenu empirique qu'on a cherché à escamoter. Impact, mécanisme et gravitation sont ainsi rapiécés de manière à constituer un "patchwork" ou une "façade théorique" qui nous permet de naviguer souplement en ajustant nos stratégies inférentielles et computationnelles selon les contextes. Cet exemple suffira à nous convaincre que le pouvoir explicatif des modèles de corrélation entre contextes "à la Wilson" constituent bien plus que de simples métaphores, mais fournissent plutôt de véritables outils d'analyse, qu'il s'agisse de la physique ou des mathématiques.

JAMIE TAPPENDEN

| CONCEPTS MATHÉMATIQUES ET DÉFINITIONS [1]

> Voilà quelques règles de la division & de
> la définition. Mais quoiqu'il n'y ait rien de
> plus important dans les sciences que de
> bien diviser & de bien définir, il n'est pas
> nécessaire d'en rien dire ici davantage,
> parce que cela dépend beaucoup plus de la
> connaissance de la matière que l'on traite,
> que des règles de la Logique.
> Arnauld et Nicole (1683).

1. *Définitions et pratique mathématique*

L'observation élémentaire qui structure cette étude
consiste à remarquer que les mathématiciens font souvent
du fait de trouver la « bonne » définition, la définition
« juste », « correcte », ou encore « naturelle », un objectif de
recherches à part entière, et que la réussite de cette entreprise
peut être comptée comme une avancée significative de notre
connaissance. Des remarques comme celles qui suivent,

1. J. Tappenden, « Mathematical Concepts and Definitions », *in*
P. Mancosu (2008), p. 256-275.

tirées d'un point de vue rétrospectif sur la géométrie algébrique du XXe siècle, sont courantes :

> ... la thèse présentée ici [*est que*] le progrès de la géométrie algébrique se reflète autant dans ses définitions que dans ses théorèmes. (J. Harris, 1992, p. 99)

257 | De la même façon, dans un manuel pour étudiants avancés :

> Le théorème de Stokes a trois caractéristiques importantes en commun avec de nombreux théorèmes majeurs complètement développés :
> a) Il est trivial
> b) Il est trivial parce que les termes qui y apparaissent ont été correctement définis.
> c) Il a des conséquences significatives. (M. Spivak, 1965, p. 104)

Harris parle de l'introduction stipulative d'une nouvelle expression, tandis que la formulation de Spivak, selon l'interprétation la plus naturelle, concerne la définition améliorée d'une expression déjà établie. J'aborderai ici à la fois l'introduction stipulative des définitions et leur raffinement ultérieur, puisque des problèmes semblables sont en cause dans les deux cas.

Pourquoi la théorie de la connaissance devrait-elle porter un intérêt particulier au rôle que joue la définition en mathématiques ? Pour autant que la question soit envisagée d'une façon générale, puisque, bien sûr, en pratique la découverte d'une définition correcte est à bon droit regardée comme une contribution significative à la connaissance mathématique, notre théorie de la connaissance devrait aussi prendre en compte ce fait, si elle est vraiment ce qu'elle prétend être : la (hum !) *théorie* de la (hum !) *connaissance*. La question et la réponse sont parfaitement recevables, mais pour persuader le public philosophique le plus large de l'importance et de l'intérêt des définitions mathématiques, il sera plus efficace – et ce sera aussi un exercice intellectuel instructif – de prendre « théorie de la connaissance » et « métaphysique » dans le sens que leur confèrent les questions saillantes actuellement en discussion : quel rapport la recherche consacrée à la définition mathématique peut-elle avoir avec les débats contemporains ?

2. *Définition mathématique et propriétés naturelles*

Aussi bien les définitions stipulatives de nouvelles expressions que les redéfinitions d'expressions déjà établies sont parfois décrites comme « naturelles ». Cette manière de parler suggère un lien avec les débats métaphysiques qui portent sur les distinctions entre les propriétés, ou les espèces, naturelles et artificielles. Les questions qui concernent la « naturalité » des fonctions et des classifications mathématiques rejoignent en partie les questions correspondantes qui portent sur les propriétés en général dans les cas paradigmatiques. Nous distinguons sans réfléchir « vleu » de « vert » en nous fondant sur le fait que l'un est artificiel et l'autre pas, et nous distinguons pour les mêmes raisons « divisible par 2 » de « est π ou une surface de Riemann de genre 7 ou le compactifié de Stone-Cech de ω » [1] [*].

---

1. Pour les lecteurs qui ne seraient pas familiarisés avec l'arrière-plan philosophique, « vleu » est un prédicat délibérément artificiel forgé par Nelson Goodman. « x est vleu si x est observé avant l'instant t et se trouve être vert ou si x est observé après l'instant t et se trouve être bleu ». Voir la collection Stalker (1994) pour une discussion de ces questions et une bibliographie annotée systématique.

[*] « Vleu » est l'équivalent proposé pour le néologisme anglais « grue » dans la traduction française *Fact, Fiction and Forecast* de Nelson Goodman (trad. fr., *Faits, fictions et prédictions*, Paris, Minuit, 1984). (N.d. T.)

258 | On trouve une présentation de ces questions ayant eu un retentissement particulièrement important dans les écrits de David Lewis [1]. Elle est utile ici moins pour la manière dont elle rend compte positivement de la distinction naturel/non naturel (là-dessus Lewis ne se prononce pas) que pour l'inventaire qu'elle propose de tout ce qui lui est imputable. La plupart des entrées dans cette liste (garantir la distinction intuitive naturel/non-naturel dans les cas où elle est claire, fonder les jugements de similitude et de simplicité, étayer les assignations de contenu, sélectionner les interprétations « attendues » dans les cas de sous-détermination ...) ne sont pas différentes de celles qui valent pour les propriétés et autres déterminations mathématiques [2]. Dans un cas au moins (le problème de « Kripkenstein » [*]), la naturalité ne sera d'aucun secours à moins que certaines fonctions mathématiques ne soient comptées comme naturelles. Dans un autre – la distinction entre les lois de la nature et les généralisations accidentellement vraies – il est difficile d'imaginer comment une explication des propriétés naturelles pourrait être utile à moins qu'elle comprenne au moins

---

1. Voir par exemple D. Lewis (1986), en particulier p. 59-69. Taylor (1993) constitue une vue d'ensemble critique utile des articles de Lewis sur les propriétés naturelles ; Taylor propose ce qu'il appelle une conception « végétarienne » qui se base sur des principes de classification plutôt que sur des propriétés objectives.

2. Parfois des distinctions moins imposantes que « naturel/non naturel » sont en cause. Dans le traitement que Lewis donne des propriétés intrinsèques, la distinction naturel-non naturel ne fait rien d'autre que d'établir de manière sûre une distinction entre propriétés disjonctives et non disjonctives. Quelqu'un pourrait très bien regarder cette dernière distinction comme viable tout en rejetant la première. Dans ce cas, l'exemple du symbole de Legendre discuté dans la section III illustre la complexité même de la distinction la plus modeste.

* Le mot-valise « Kripkenstein » a été forgé pour désigner la lecture hautement originale que Kripke a proposée des *Investigations philosophiques* de Wittgenstein. (N.d.T.)

quelques propriétés, fonctions et relations mathématiques. Les critères mis en œuvre en pratique pour reconnaître le caractère de loi et la simplicité des lois ont souvent trait à la forme mathématique : est-ce qu'une relation peut être formulée comme une équation aux dérivées partielles ? Est-elle du premier ou du second ordre ? Est-elle linéaire ? Le rôle des propriétés naturelles dans le raisonnement inductif pourrait marquer un défaut d'analogie, mais comme je l'indique plus bas, les choses ne sont pas aussi claires. Il va de soi que l'usage qui est fait des propriétés « naturelles » pour étayer certaines analyses des relations causales est un point sur lequel les mathématiques semblent hors de propos, bien qu'une fois encore, comme nous le verrons, la question soit compliquée. En bref, on ne peut pas rendre compte de manière complète de la distinction naturel/non naturel sans traiter des propriétés mathématiques.

Il est évident que les perspectives d'un accord harmonieux entre ce que nous prenons comme base pour rendre compte de la naturalité mathématique et le traitement des propriétés physiques dépendront du tableau métaphysique d'ensemble. Si l'on prend comme base la forme de notre activité classificatoire, comme dans l'article de Taylor (1993, p. 81-100), ou des considérations qui tiennent à l'équilibre de la réflexion, comme dans le livre d'Elgin (1999), il n'y a aucune raison de s'attendre à ce qu'il y ait un profond défaut d'analogie. Des théories postulant des universaux objectifs, causalement actifs, pourraient représenter un défi plus important à toute tentative d'harmoniser les cas mathématique et non mathématique. Cependant, bien que ces questions soient compliquées, elles se ramènent principalement à deux choses : premièrement, quelle différence (s'il y en a une) découle-t-elle du fait que les propriétés du monde physique interagissent par le biais de relations causales contingentes, mais non les propriétés

mathématiques ? Deuxièmement, dans quelle mesure est-il plausible de mettre de côté les distinctions entre naturel et non naturel qui | se présentent dans la pratique mathé-
259 matique comme des questions « simplement pragmatiques » de « commodité mathématique » ?[1] Là non plus, nous ne pouvons pas évaluer l'importance de la pratique mathématique pour les questions métaphysiques, à moins que nous nous fassions une idée plus précise des choix théoriques qui y sont impliqués. Pour pouvoir avancer, nous avons besoin d'illustrations suffisamment substantielles pour faire voir clairement combien les jugements de naturalité peuvent être riches et complexes dans la pratique mathématique. Les deux sections suivantes esquisseront deux exemples.

3. *Fécondité et définition stipulative : le symbole de Legendre*

La remarque de Spivak suggère que la fécondité est l'un des critères permettant d'identifier les termes « correctement définis », au sens où ils étayent des résultats « triviaux » aux « conséquences significatives ». Que les conséquences soient « significatives » est une composante importante du tableau d'ensemble. (Tout théorème aura une infinité de conséquences, tirées d'inférences triviales comme $A \vdash A \& A$.) Mais alors qu'est ce qui rend une conséquence « significative » ? Je ne traiterai pas de tout ici, mais un point sera particulièrement pertinent dans la suite : en pratique, une conséquence sera considérée comme significative, si elle contribue à résoudre des questions importantes de la forme « pourquoi ? ». L'évaluation du caractère explicatif des argu-

---

1. C'est une cheville argumentative qui sert de pivot dans l'article de Sider (1996, p. 283-301) pour ne citer qu'un seul exemple. La discussion de ces arguments nous mènerait au-delà des limites de cette étude, je l'aborde dans Tappenden (2008).

ments (théories, principes, etc.) et l'évaluation de la
fécondité des définitions (théories, principes, etc.) interagissent d'une manière telle qu'il est difficile de les séparer
chirurgicalement. Je ne suggère pas que les considérations
relatives à l'explication *épuisent* les considérations concernant le point de savoir comment apprécier si une conséquence est ou non significative, ou un concept fécond, parce
qu'il (ou elle) a des conséquences significatives. Je me
contente de cette observation inoffensive que l'explication
est plus facile à caractériser, et qu'elle est mieux explorée,
que d'autres composantes qui entrent dans l'estimation de ce
qui est significatif, et que donc elle est utile à titre de point
de repère. Par contraste, il est tout aussi courant que des
preuves ou des principes soient préférés, parce qu'ils sont
considérés comme plus naturels[1]. Toutefois, | l'idée perti- **260**
nente de « preuve naturelle » constitue un territoire vierge et
demeure encore mal comprise ; on ne clarifierait guère

---

1. Par exemple, de nombreux théoriciens des nombres considèrent la
preuve cyclotomique comme particulièrement naturelle. Frölich et Taylor
(1991, p. 204) sont de l'avis que cette preuve est « très naturelle » (ou plutôt
« 'très naturelle' ».) De la même manière, dans le compte-rendu de la vie
d'Artin par Lenstra et Stevenhagen (2000, p. 48), nous lisons : « la loi de
réciprocité sur Q d'Artin généralise la loi de réciprocité quadratique et on
peut penser que le mystère de cette loi est caché à une plus grande profondeur. C'est tout le contraire qui a lieu : la généralité ajoutée est le premier
pas dans la voie qui mène à la preuve naturelle. Elle dépend de l'étude des
extensions cyclotomiques » (p. 48). Gauss, en revanche, bien que l'une de
ses preuves exploite la cyclotomie, préférait un argument plus direct qui
utilise ce qu'on appelle maintenant le « lemme de Gauss ». Des autres
preuves, il écrivait : « Bien que ces preuves ne laissent rien à désirer pour ce
qui est de la rigueur, elles sont dérivées de sources beaucoup trop éloignées
… Je n'hésite pas à dire que jusqu'à maintenant aucune *preuve naturelle* n'a
encore été produite. » (1808, *Werke* II, p. 1) Gauss aurait pu réviser son
jugement, s'il avait pu voir les recherches qui en résultèrent, étant donné la
conception qu'il se faisait, et qu'il a souvent exprimée, de la « fécondité » de
l'étude des extensions cyclotomiques.

« propriété mathématiquement naturelle » en l'analysant en termes de « preuves mathématiquement naturelles ». En revanche, bien que l'étude de l'explication mathématique soit encore dans l'adolescence, nous en avons appris assez à son sujet pour nous en servir pour nous orienter.

Une illustration de ce qu'est la recherche d'une explication en mathématiques est fournie par le théorème – souvent redémontré – de réciprocité quadratique[1] : si p et q sont des entiers premiers impairs, alors $x^2 \equiv p \pmod q$ admet une solution si et seulement si $x^2 \equiv q \pmod p$ en admet une aussi, excepté lorsque $p \equiv q \equiv 3 \pmod 4$[2]. Dans ce cas, $x^2 \equiv p \pmod q$ admet une solution si et seulement si $x^2 \equiv q \pmod p$ n'en admet *pas*. Gauss, c'est bien connu, en a donné huit démonstrations et de nombreuses autres ont été produites[3]. L'une des raisons pour lesquelles ce théorème attire l'attention est qu'il réclame une explication, même si

---

1. Les faits de base sont disponibles dans de nombreux manuels. L'un d'eux qui témoigne d'une orientation de pensée historique, à savoir Goldman (1998) est particulièrement attrayant. Cox (1989) est un essai écrit de manière engageante, qui ne manque pas non plus de sensibilité historique et couvre un vaste spectre de sujets dans ce domaine. Le premier chapitre est une présentation claire des bases de la théorie des nombres et de son histoire, accessible à quiconque a suivi un ou deux ans de cours de mathématiques à l'université. Les prérequis font un bond significatif pour le chapitre 2 qui couvre la théorie du corps de classes et la réciprocité d'Artin. Le travail de Jeremy Avigad propose une exploration pénétrante des ramifications philosophiques de la théorie algébrique des nombres. Voir J. Avigad, « Methodology and Metaphysics in the development of Dedekind's theory of Ideals », *in* Ferreiros, Gray (2006, p. 159-86) et ailleurs.

2. $a \equiv b \pmod c$ signifie $(\exists n)(a = nc + b)$, ou comme on dit à l'école « a divisé par c donne le reste b ». Lorsque $(\exists x)(x^2 \equiv p \pmod q)$, nous disons que p est résidu quadratique modulo q.

3. 221 preuves utilisant des techniques significativement différentes sont énumérées sur le site http://www.rzuser.uni-heidelberg.de/hb3/fchrono.html. On en trouve copie dans le livre de Lemmermeyer, (2000, p. 413-17).

plusieurs preuves sont déjà connues. Comme le dit Harold Edwards :

> La raison pour laquelle la loi de réciprocité quadratique a exercé une telle fascination sur de si nombreux mathématiciens devrait apparaître d'elle-même. À première vue, il n'y a absolument aucune relation entre les questions « p est-il un carré modulo λ ? » et « λ est-il un carré modulo p ? », et pourtant voici un théorème qui montre que ce sont pratiquement la même question. Les théorèmes les plus fascinants en mathématiques sont sûrement ceux où les prémisses ont la relation la moins évidente aux conclusions, et la loi de réciprocité quadratique en est un exemple *par excellence* … De nombreux mathématiciens ont relevé le défi, présenté par ce théorème, d'en donner une preuve naturelle ou de trouver un phénomène de réciprocité plus englobant dont ce théorème soit un cas particulier.
> (H. Edwards, 1977, p. 177)

On trouve semblable expression d'étonnement assortie d'une demande d'explication et d'élucidation dans le compte-rendu d'un livre consacré aux lois de réciprocité :

> Nous apprenons typiquement (et enseignons) la loi de réciprocité quadratique dans les cours de théorie des nombres élémentaire. Dans ce contexte, elle semble être quelque chose qui relève du miracle. Pourquoi faudrait-il que la question de savoir si p est un carré modulo q ait la moindre relation avec la question de savoir si q est un carré modulo p ? Après tout, le monde modulo p | et le monde modulo q semblent complètement indépendants l'un de l'autre. … Les preuves qu'on trouve dans les manuels élémentaires ne sont que de peu de secours. Elles prouvent bel et bien le théorème, mais ne nous disent pas pourquoi le théorème est vrai. Aussi tout cela semble plutôt mystérieux … et nous restons avec le sentiment que nous passons à côté de quelque chose. Le livre de Franz Lemmermeyer porte sur ce à côté de quoi nous passons. … (l'auteur)

261

défend l'idée que même la loi de réciprocité quadratique devrait être comprise en termes de théorie algébrique des nombres, et à partir de là il nous conduit dans une équipée sauvage à travers des mathématiques très profondes tout en étudiant les tentatives pour comprendre et étendre la loi de réciprocité[1].

La recherche d'autres preuves vise autre chose que la simple explication d'une curiosité frappante. Gauss regardait ce qu'il appelait « le théorème fondamental » comme un exemple de la fécondité de la quête de preuves « naturelles » pour les théorèmes connus[2]. Son instinct était d'une précision stupéfiante. La poursuite de la réciprocité générale se révéla être l'une des veines les plus riches qui aient été

---

1. Compte-rendu de Lemmermeyer (2000) par F. Gouvêa sur le site www.maa.org/reviews/brief jun00.html.

2. On trouve une expression typique de cette attitude dans le passage suivant : « L'arithmétique supérieure présente cette caractéristique que nombre de ses plus beaux théorèmes peuvent être découverts par induction avec la plus grande facilité, mais que leurs preuves ne sont rien moins qu'immédiatement accessibles et ne sont souvent découvertes qu'après de nombreuses recherches infructueuses à l'aide d'une analyse profonde et de combinaisons heureuses. Ce phénomène significatif vient de l'enchaînement de différents enseignements dans cette branche des mathématiques, et partant il arrive souvent que de nombreux théorèmes, dont on a vainement cherché la preuve pendant des années, sont ensuite démontrés de maintes façons différentes. Quand un nouveau résultat est découvert par induction, on doit considérer comme la première exigence de trouver une preuve par *tous* les moyens *possibles*. Mais après une telle bonne fortune, on ne doit pas, en arithmétique supérieure, considérer l'investigation comme close ou regarder la recherche d'autres preuves comme un luxe superflu. Car parfois on ne tombe pas tout de suite sur la preuve la plus belle et la plus simple, et alors c'est juste la compréhension du merveilleux enchaînement des vérités de l'arithmétique supérieure qui constitue l'attrait principal de l'étude et qui conduit souvent à la découverte de nouvelles vérités. Pour ces raisons, la découverte de nouvelles preuves de vérités connues est souvent aussi importante que la découverte elle-même. », Gauss (1817, p. 159-60), cité par May (1972, p. 299).

exploitées dans les deux derniers siècles. Presque une centaine d'années après que Gauss eut perçu la richesse de la réciprocité quadratique, Hilbert ratifia ce jugement en répertoriant la « preuve de la loi de réciprocité généralisée à tout corps de nombres » comme le neuvième de ses problèmes futurs des mathématiques. La solution – la loi de réciprocité d'Artin – est reconnue comme une référence majeure [1].

Gauss reconnut un autre point essentiel : la recherche de preuves pour les lois de réciprocité supérieures, qu'elles soient mathématiquement naturelles ou non, rend nécessaire les extensions au-delà du domaine de nombres original [2]. (Une fois reconnue la réciprocité quadratique, il est naturel d'explorer des équations de degré supérieur. Y a-t-il des lois de réciprocité cubique ? | des lois de réciprocité pour la **262** puissance dix-sept ?) Pour percer le mystère de la réciprocité biquadratique, Gauss étendit les entiers aux entiers de Gauss $Z[i] = \{a + bi | a, b \in Z\}$. Des définitions qui sont interchangeables dans le contexte original peuvent s'écarter les unes des autres dans le contexte élargi ; ce qui peut susciter une analyse qui reconfigure notre conception des définitions dans l'environnement original, lorsque nous utilisons le contexte étendu pour déterminer celle des définitions originales qui faisait réellement le gros du travail [3]. Cet effort

---

1. Voir J. Tate, (1976). Comme le note Tate, l'abondance des faits incorporés dans la réciprocité quadratique n'a pas tari même après deux siècles d'intense exploration.

2. Weil (1974b, p. 105) observe que pour Gauss il n'était pas même possible de conjecturer les lois correctes sans étendre le domaine.

3. Par exemple, la définition d'« entier » requiert un sérieux travail de réflexion. Disons qu'on commence, comme il est normal, par les rationnels Z (un anneau) inclus dans les rationnels Q (un corps). Quel est l'anneau qu'il faudra considérer comme « les entiers » si nous étendons le corps à $Q[\alpha]$? (c'est-à-dire lorsque nous jetons α dans l'arène et prenons la clôture par +, × et leurs inverses. La réponse qui semble évidente est $Z[\alpha]$; c'est ce que Gauss et Kummer ont posé comme « les entiers », et dans les cas particuliers

pour comprendre le phénomène original a donné naissance à
la « théorie du corps de classes » : l'étude des extensions
(abéliennes). L'une des figures centrales du XXᵉ siècle
s'exprime en ces termes :

> … par sa forme, [la réciprocité quadratique] appartient à la
> théorie des nombres rationnels … pourtant son contenu
> pointe au-delà du domaine des nombres rationnels …
> Gauss … reconnut que la loi de réciprocité de Legendre
> représente un cas particulier d'une loi plus générale et
> beaucoup plus compréhensive. C'est pour cette raison que
> Gauss et de nombreux autres mathématiciens n'ont pas
> cessé de chercher encore et toujours de nouvelles preuves
> dont les idées essentielles se transfèrent aux autres
> domaines de nombres dans l'espoir d'approcher une loi
> générale. … Le développement de la théorie algébrique des
> nombres a désormais effectivement montré que le contenu
> de la loi de réciprocité quadratique ne devient compré-
> hensible que si on passe aux nombres algébriques en
> général et que la meilleure manière de s'acquitter d'une
> preuve appropriée à la nature du problème est d'utiliser ces
> méthodes supérieures [1]. (Hecke E., 1981, p. 52-53)

qu'ils ont abordés, ça faisait l'affaire. Mais en général, ça ne marchera pas, et
cela devient un authentique problème d'identifier l'anneau naturel des entiers
pour un corps de nombres algébriques en général. Cette question a été
analysée et résolue, d'une façon qui est encore acceptée aujourd'hui, par
Dedekind (1871). Les détails de base et les références principales se trouvent
dans Goldman (1998, p. 250-252).

1. Jim Milne a attiré mon attention sur une remarque de Chevalley
faisant écho à ce que dit Hecke à propos des « méthodes supérieures » et
parodiant malicieusement Hegel : « L'objet de la théorie du corps de classes
est de montrer comment les extensions abéliennes d'un corps de nombres
algébriques K peuvent être déterminées par des éléments tirés de la
connaissance de K lui-même ; ou, si l'on veut présenter les choses en termes
dialectiques, comment un corps possède en soi les éléments de son propre
dépassement (et ce, sans aucune contradiction interne !). », in Chevalley
(1940, p. 394).

Ceci fournit l'arrière-plan de notre principal exemple d'une définition stipulative mathématiquement naturelle : le symbole de Legendre. L'énoncé de la loi de réciprocité quadratique donné plus haut était morcelé en plusieurs cas, or une bonne hygiène intellectuelle requiert de trouver un énoncé uniforme. Dans ce but, nous définissons le symbole de Legendre $\left(\dfrac{n}{p}\right)$ (où p est un entier premier impair) :

$$\left(\frac{n}{p}\right) =_{déf.} \begin{cases} 1, \text{ si } x^2 \equiv n(\text{mod } p) \text{ admet une solution et } n \not\equiv 0(\text{mod } p) \\ -1 \text{ si } x^2 \equiv n(\text{mod } p) \text{ n'admet pas de solution et } n \not\equiv 0(\text{mod } p) \\ 0, \text{ si } n \equiv 0(\text{mod } p) \end{cases}$$

| Le symbole de Legendre permet de ramener l'énoncé **263** de la réciprocité quadratique à un seul cas :

Pour tous les entiers premiers impairs p et q,

$$\left(\frac{p}{q}\right)\left(\frac{q}{p}\right) = (-1)^{\frac{(p-1)(q-1)}{4}}$$

Le symbole de Legendre ne fournit pas seulement une compression en un seul énoncé, il permet de reconfigurer les preuves, comme dans la reformulation par Dirichlet[1] de la première preuve de réciprocité quadratique de Gauss. Cette preuve n'utilisait rien de plus que l'induction mathématique. Dirichlet a souligné que la fragmentation était le prix à payer pour l'économie de machinerie : Gauss ne prouve pas moins de huit cas différents. En recourant au symbole de Legendre (sous une forme qui le généralise quelque peu), Dirichlet ramène les cas à deux seulement.

---

1. Voir Dirichlet, (1854, p. 139-50 ; *Werke* II, p. 121-38).

La valeur de cette sorte d'unification a été discutée dans la littérature philosophique sur l'explication[1]. En première approche, il pourrait sembler que c'est un cas d'école d'une définition opérant une précieuse unification : le nouvel énoncé du théorème est bref et apparemment uniforme, et la preuve que la définition réduit de nombreux cas à deux seulement. Toutefois, c'est un problème reconnu que seules certaines unifications constituent de véritables avancées. Quand l'unification se fait en recourant à des prédicats qui sont obtenus par « gerrymandering »[*], l'unification peut être spécieuse et n'apporter aucun éclaircissement[2]. Nous ne gagnons rien à produire une « théorie unifiée » des milkshakes et de Saturne en bricolant des prédicats comme « x est un milkshake ou Saturne ».

Alors : le symbole de Legendre reflète-t-il une fonction mathématique naturelle ou un artifice ? Pour apprécier la force de la question, remarquons que notre première impression est probablement que la définition constitue un « gerrymandering » *évident*. Apparemment, nous simplifions

---

1. Voir les articles sur ce sujet dans Mancosu (2008) et Tappenden (2005).

* Le terme « gerrymandering » est emprunté au lexique de l'action politique et désigne à l'origine le redécoupage des circonscriptions électorales afin de favoriser tel ou tel parti. Du fait de son annexion par la philosophie nord-américaine, nous le transposons en français sans chercher à le traduire. (N.d.T.)

2. Kitcher (1989) reconnaît que sa manière de rendre compte de l'explication comme unification rencontre là sa limite et par conséquent ne considère que des motifs qui sont basés sur des prédicats projectibles. De mon côté, je suggère dans Tappenden (2005) que ce fait limite cette conception aux applications où le concept de « projectibilité » fait sens, et les mathématiques semblent être un domaine où ce n'est pas le cas. Mais comme je le note dans Tappenden (2008), j'ai peut-être été trop hâtif. Les pratiques mathématiques de conjecture et de vérification offrent peut-être, davantage qu'il m'a semblé, une base pour une distinction comme celle-ci entre des prédicats inductivement projectibles et inductivement non-projectibles.

artificiellement l'énoncé du théorème en entassant toute la complexité et les distinctions de cas dans la définition multi-cas du symbole de Legendre. La question est particulièrement pressante parce que les discussions portant sur la métaphysique des propriétés regardent souvent les prédicats « disjonctifs » comme étant de prime abord artificiels, ou non naturels, ou « vleuesque » *, ou « Cambridge », ou [insérez ici votre label favori pour "métaphysiquement louche"] [1]. En bref, notre problème consiste à trouver des raisons de principe d'aller au-delà de cette impasse :

THÈSE : Le symbole de Legendre est une stipulation utile qui contribue à la connaissance mathématique. Il permet de donner des énoncés en une ligne pour des théorèmes qui auparavant requéraient plusieurs clauses, et il étaie des preuves reconfigurées en unifiant une | variété de cas **264** ramenée à deux cas seulement. Ceci vient à l'appui du verdict selon lequel il est mathématiquement naturel.

ANTITHÈSE : Le symbole est paradigmatique d'une définition qui n'a de valeur que pour des raisons limitées qui tiennent à des traits accidentels de la psychologie humaine. Le fait qu'il s'agisse d'une solution bricolée et non d'une avancée conceptuelle apparaît dans la syntaxe de sa définition.

Le point d'appui qui nous permet de progresser est que la fonction correspondant au symbole de Legendre fait elle-

---

* Le terme anglais « gruesome » est à la fois un terme du langage courant qui signifie *horrible* et un terme philosophique tiré de « grue » de Nelson Goodman. Nous le traduisons donc à partir de l'équivalent « vleu » en français au détriment du sens d'usage (N.d.T.)

1. Sur le caractère disjonctif des propriétés, voir Sanford (1994, p. 173-192) et Kim (1992, p. 1-26).

même l'objet d'une investigation mathématique[1]. C'est une
question mathématique que celle de savoir si le symbole de
Legendre découpe la réalité mathématique selon ses articulations et le verdict est un oui sans équivoque. Le détail
mathématique est si foisonnant que je n'ai pas assez
d'espace pour le restituer en entier. Pour exprimer l'idée
essentielle, il devrait suffire ici d'en donner un bref aperçu,
en soulignant qu'il y a beaucoup plus à dire si on regarde les
choses de près, et en indiquant quelques références pour
mettre le pied à l'étrier aux lecteurs curieux qui voudraient
en apprendre davantage par eux-mêmes.

Le symbole de Legendre (restreint à p relativement
premier par rapport à l'argument du haut) est une
fonction des nombres entiers vers $\{-1,1\}$. Pour un p
fixé, la fonction est complètement multiplicative (pour tous
m et n, $\left(\frac{mn}{p}\right)=\left(\frac{m}{p}\right)\left(\frac{n}{p}\right)$). Elle est périodique modulo p
($\left(\frac{m}{p}\right)=\left(\frac{m+p}{p}\right)$). Munis de la multiplication, $\{-1,1\}$ et
$\{1,2, \ldots, p-1\}$ (alias $(\mathbb{Z}/p\mathbb{Z})^*$) sont des groupes, donc la
fonction restreinte à $(\mathbb{Z}/p\mathbb{Z})^*$ est un homomorphisme
368 | surjectif. C'est bon signe mathématiquement, car ce sont là
des indicateurs, sanctionnés par l'expérience, qu'une
fonction se comporte bien. Un autre élément positif est que
la multiplication sur $\{-1,1\}$ est commutative (c'est-à-dire
que le groupe est *abélien*). Ce qui est pratique d'ordinaire ;
un siècle de recherches à révélé que cette propriété jouait un
rôle particulièrement pivot ici[2]. On pourrait énumérer de

---

1. Il y a quelques années, dans une première tentative d'articuler
certaines de ces idées, j'ai appelé cela la « conscience de soi » de la
recherche mathématique ; voir Tappenden, (1995a, p. 427-67) et (1995b,
p. 319-361).

2. La théorie du corps de classes et le programme de Langlands diffèrent
précisément sur le point de savoir si le groupe de Galois est abélien. Ce fait
qui semble trivial pour $\{\{-1,1\}, \times\}$ a des conséquences très importantes.

nombreux autres indicateurs de ce genre, mais cette liste en dit assez pour qu'on puisse clarifier certains des critères les plus simples permettant de cerner la « naturalité mathématique » en cause.

Qu'en est-il des considérations relatives aux puissances supérieures ? Faire davantage qu'y jeter un simple coup d'œil requerrait un bagage trop technique, mais un peu du parfum des mathématiques est nécessaire pour expliciter quelles raisons peuvent être données. Pour résoudre le neuvième problème de Hilbert, nous devons généraliser de manière appropriée dans de nombreuses directions, et pour ce faire nous devons reformuler la question. (Par opposition à l'image que l'on peut en avoir en méditant trop longuement sur la logique du premier ordre, l'acte de généraliser consiste en bien autre chose que simplement sélectionner des constantes et les remplacer par des variables. L'articulation des bonnes structures, quand elles peuvent être généralisées, est un processus incroyablement | complexe et il est difficile   **265** de le mener à bien.) [1] Le problème de la réciprocité quadratique pour p et q premiers peut être repensé comme un problème qui concerne les circonstances dans lesquelles nous pouvons décomposer (c'est-à-dire factoriser en facteurs linéaires) une équation dans un corps qui est une extension de Q. Ce qui à son tour peut être vu comme une question au sujet des relations entre Q et le corps $Q[\sqrt{q^*}]$ (où $q^* = q$ ou $-q$ en fonction de q). Les extensions de corps K/F sont classées en fonction du plus petit degré du polynôme sur F qui se décompose dans K. Dans le cas de $Q[\sqrt{q^*}]/Q$, le degré est 2. Le fait fondamental de la théorie de Galois est le suivant : si K est le corps de décomposition du polynôme

---

1. Wyman (1972, p. 571-586) propose une superbe exposition de quelques-unes des reformulations successives nécessaires pour généraliser la réciprocité quadratique.

$\vartheta(x)$ sur le corps F, on peut associer à K/F un groupe noté $Gal(K/F)$ (le *groupe de Galois*) qui encode l'information cruciale à propos de K/F et de $\vartheta(x)$.

Ces énoncés ont été généralisés avec succès de nombreuses manières : nous pouvons considérer des polynômes de degré quelconque, et non plus seulement de degré 2, et leurs groupes de Galois. Nous pouvons considérer non plus seulement les nombres premiers mais des structures plus générales qui partagent la propriété de base des nombres premiers. La considération d'autres corps en plus de Q induit le besoin de généraliser les « entiers (de ce corps) ». Le groupe de Galois est un groupe de fonctions, et nous pouvons définir d'autres fonctions utiles en termes de fonctions de ce genre…, et plus encore. Après cela, et maintes reformulations et généralisations qui se sont étendues sur près de deux cents ans (si on fait commencer l'histoire à Euler), nous arrivons à la loi de réciprocité d'Artin. Elle comporte la réciprocité quadratique, cubique, …, de degré dix-sept, etc., comme cas particuliers. Ce qui est central, c'est une fonction – le symbole d'Artin – fixée par quelques paramètres (le corps de base et l'extension de corps avec les entiers généralisés induits, les entiers premiers généralisés, …) Le mot de la fin, pour nous, est que si l'on fait les bons branchements en mettant à la place des paramètres les valeurs pour la réciprocité quadratique (les corps : Q et $Q[\sqrt{q^*}]$, les entiers généralisés : les entiers ordinaires Z rationnels, l'entier premier généralisé : $p \in Z$ etc.), le symbole de Legendre apparaît ! [1]

---

1. Cox (1989, p. 97-108) décrit comment le symbole de Legendre s'obtient immédiatement comme un cas particulier à partir du symbole d'Artin. Samuel (1970)) exprime avec une belle économie l'idée fondamentale sous une forme moins générale et avec moins de prérequis mathématiques. (Pensez « symbole d'Artin » lorsque Samuel réfère à l'« automorphisme de Frobenius ».)

Maintenant bien sûr, étant donné n'importe quelle fonction dans n'importe quel théorème, nous pouvons toujours en bricoler de *nombreuses* versions plus générales dont la fonction et le théorème de départ sont des cas particuliers. La plupart seront complètement sans intérêt. Les généralisations que nous avons discutées sont mathématiquement naturelles, comme on peut le mesurer de nombreuses manières ; certaines sont subtiles et d'autres évidentes. Le fait fondamental est celui que Gauss avait noté : les recherches qui portent sur la réciprocité quadratique et ses généralisations révèlent de profondes connexions entre des domaines d'une variété surprenante, lesquels semblent initialement n'avoir que peu de choses en commun, et donnent lieu à des preuves qui s'étendent sur ces différents domaines. (Il ne s'agit pas seulement d'arithmétique élémentaire, mais de cyclotomie, de formes quadratiques, d'algèbre générale de plusieurs sortes, d'analyse complexe, de fonctions elliptiques | ...) Le résultat de ces vastes **266** recherches est une collection de théories générales considérées par des mathématiciens (et des amateurs) de bagages et de sous-spécialités différentes comme expliquant la connexion surprenante entre entiers premiers impairs arbitraires. Le jugement selon lequel le symbole de Legendre respecte certaines articulations interagit avec tout un maillage fin de faits et de jugements mathématiques : les conjectures vérifiées, la pratique qui consiste à chercher l'explication et la compréhension, les efforts pour obtenir des versions plus générales de vérités connues (et l'évaluation des généralisations « appropriées » qui étayent cette pratique), les jugements de similitude et de différence, les jugements concernant les faits auxquels on se serait auparavant attendu (la réciprocité quadratique n'est pas de ceux-là), et d'autres encore.

L'histoire de la réciprocité quadratique illustre aussi l'importance du raisonnement inductif en mathématiques. Euler conjectura la loi plusieurs décennies avant que Gauss ne la prouve, sur la base d'une énumération inductive des cas[1]. Ce problème est revisité dans mon article « Mathematical Concepts : Fruitfulness and Naturalness », dans P. Mancosu (2008, p. 390-426), aussi me contenterai-je ici de noter le point essentiel[2]. Dans de nombreux cas, la distinction naturel/artificiel est liée à la projectibilité : les propriétés naturelles (« vert ») fournissent leur appui à des prédictions correctes et non les propriétés artificielles (« vleu »). Il est courant de relier cela, comme dans les travaux importants de Sydney Shoemaker[3], à une thèse sur la causalité. En simplifiant radicalement le tableau brossé par Shoemaker : les propriétés naturelles sont celles qui entrent dans des relations de causalité, et c'est pour cette raison que seules les propriétés naturelles soutiennent vraiment l'induction. Euler et la réciprocité quadratique font apparaître les limites de cette analyse : la correction de l'induction, comme schéma de raisonnement, ne dépend pas de la relation physique de cause à effet. Les propriétés qui étayent le raisonnement inductif correct d'Euler ont autant le droit de prétendre à la naturalité dérivée de la projectibilité qu'une propriété comme « vert ». Ce qui est cohérent avec l'observation que les propriétés mathématiques ne prennent pas part à la causalité au sens où l'entend Shoemaker. Même

---

1. Edwards (1983, p. 285-91), Cox (1989, p. 9-20) et Weil (1984) fournissent une excellente présentation du raisonnement inductif qui conduisit Euler à sa conjecture. On en trouve une discussion particulièrement accessible sur le site des archives Euler, http://www.maa.org/news/howeulerdidit.html.

2. Sur le raisonnement plausible en mathématiques, *cf.* Avigad, « Computers in Mathematical Inquiry », *in* Mancosu (2008, p. 427-48).

3. Shoemaker (1980a, p. 109-35) et (1980b, p. 291-312).

s'il y a bien plus à comprendre au sujet du raisonnement inductif en mathématiques, et même si nous devrions dûment tenir compte de la différence entre jugements mathématiques et jugements empiriques, nous ne devrions toutefois pas en sous-estimer les affinités.

Des questions délicates d'identité et de différence de contenu se posent aussi, comme dans la preuve de réciprocité quadratique de Dedekind (1877/1996). Car ainsi qu'il le dit de lui-même, Dedekind présente « essentiellement la même preuve que la célèbre sixième preuve de Gauss » (1817, *Werke* II, p. 159-164). La dérivation réorganise le traitement des extensions cyclotomiques de la section 356 de Gauss (1801). On peut décrire de manière plausible ce que fait Dedekind en disant qu'il présente le même argument sous une forme conceptuelle en évitant la plupart des | calculs. Le défi pour l'analyste du raisonnement est de **267** trouver une manière de caractériser le type de réussite que constitue ce que Dedekind a réalisé.

Si nous revenons à notre axe principal, la morale que nous pouvons en tirer à propos de la division entre concepts artificiels et non artificiels est la suivante. Qu'un concept soit ou non « disjonctif » d'une manière qui lui confère une artificialité « à la vleu », n'est pas quelque chose que nous pouvons simplement lire dans la syntaxe de sa définition. Cet exemple (ou plutôt, cet exemple plus le reste des mathématiques dont je n'ai fait qu'effleurer la surface) illustre à quel point des jugements portant sur la naturalité et la bonne définition de concepts de base, sont inextricablement imbriqués dans la méthode mathématique.

Rappelons la question qui pour nous fixait le cap : 1) le symbole de Legendre est-il artificiel ou naturel ?, et 2) comment pouvons-nous le savoir ? La réponse est : (1) naturel, et (2) c'est une question mathématique à laquelle on peut donner une réponse substantielle. La richesse et la profondeur de la justification mathématique fournissent la réponse fondamentale à la suggestion selon laquelle on pourrait faire fi de la naturalité mathématique supposée d'une propriété, fonction ou relation, comme d'une simple « commodité pragmatique/mathématique ». Il est difficile de voir en quoi l'acte d'estimer qu'une catégorie donnée est meilleure que d'autres diffère ici des actes apparentés dans les sciences de la nature ou la philosophie. Cette riposte ne ferait pas l'affaire contre qui maintiendrait que *toutes* les distinctions de ce type entre le naturel et le non naturel sont des questions « purement pragmatiques » de « commodité philosophique / physique / chimique / biologique / etc », mais c'est un autre sujet. Ce que nous voulons montrer, c'est que les mathématiques sont sur le même plan.

4. Nombres premiers :
les définitions réelle et nominale revisitées

Nous avons observé que la découverte de la bonne définition d'un mot ayant déjà un sens établi constitue un motif courant en mathématiques. Le symbole de Legendre peut être redéfini à la lumière des connaissances ultérieures pour refléter une meilleure explication des faits. Ceci peut paraître entrer en tension avec une présomption philosophique professée de longue date selon laquelle la définition introduisant une expression est d'une manière ou d'une autre privilégiée quand il est question du sens. Toutefois le caractère peu familier du symbole de Legendre peut laisser penser que ce point est abstrus. Il vaudra donc la peine de considérer un exemple d'une familiarité réconfortante : « nombre premier ». Nous en apprenons la définition originale à l'école élémentaire : $n \neq 1$ est premier s'il n'est divisible que par 1 et n. Dans N, la définition familière est équivalente à celle-ci : $a \neq 1$ est premier si, lorsque a divise un produit bc (en notation usuelle $a|bc$), alors $a|b$ ou $a|c$. Dans des contextes étendus, cette équivalence peut ne plus avoir lieu. Par exemple, dans $Z[\sqrt{5}i] = \{a + b\sqrt{5}i \mid a, b \in Z\}$, 2 est premier dans le premier sens, mais pas dans | le **268** second, puisque $6 = (1 - \sqrt{5}i)(1 + \sqrt{5}i)$; 2 divise 6 mais ne divise ni $1 - \sqrt{5}i$ ni $1 + \sqrt{5}i$.

Une fois ces deux options reconnues, nous devons dire quelle sera celle qui est retenue comme canonique. Le choix dépendra du contexte, aussi prendrai-je la théorie algébrique des nombres comme arrière-plan. Le mot « premier » y est défini au moyen de la *seconde* définition [1]. (On utilise « irréductible » pour la première) La raison pour laquelle on tient la seconde définition pour la bonne est simple : les faits les plus significatifs concernant les nombres premiers se trouvent en dépendre. Pour ce qui est de la réciprocité quadratique, c'est compliqué, aussi ne ferai-je qu'observer que des efforts continus pour expliquer les faits relatifs à la structure des entiers naturels justifient le choix de la nouvelle définition de premier [2]. Supposons que nous décrivions la situation de cette manière : les recherches

1. Ce point est traité en de nombreux endroits, par exemple Stewart et Tall (2002, p. 73-76).
2. Il y a aussi des raisons profondes d'exclure la définition 1. Selon un folklore très répandu, la raison tiendrait à la possibilité de donner un énoncé propre de l'unicité de la décomposition en facteurs premiers ; ce qui reviendrait à faire de l'exclusion de 1 une question de commodité mineure dans l'énoncé des théorèmes. Contre cette façon de voir les choses, un spécialiste de la théorie algébrique des nombres de ma connaissance faisait par écrit la remarque suivante : « … avec l'avènement de l'algèbre moderne et la reconnaissance des différents concepts d'unité et de primalité dans un anneau commutatif général, il devint clair que les unités ne doivent pas être considérées comme des nombres premiers ». L'énoncé de la factorisation unique, de son côté, faisait dans ce contexte l'objet de l'appréciation suivante : « pas particulièrement contraignant ».

portant sur la structure des nombres ont mis à jour ce que sont réellement les nombres premiers. La définition scolaire familière ne capture qu'une propriété accidentelle ; la propriété essentielle est : $a|bc \rightarrow (a|b \vee a|c)$. Ces descriptions de la situation pourraient paraître philosophiquement inacceptables. On pourrait soutenir qu'il est *évidemment* faux de dire que dans $Z[\sqrt{5}i]$, 2 n'est divisible que par lui-même et 1, mais n'est pas un nombre premier, puisque c'est *analytiquement* faux, étant donné ce que « 2 est un nombre premier » *veut dire*. De telles objections nous détourneraient inutilement de notre objet, aussi reformulerai-je le problème en termes extensionnels. La définition originale de nombre premier fixe un certain ensemble $\{2,3,5,7,\ldots\}$ aux propriétés intéressantes. Dans le domaine original N, cet ensemble peut être sélectionné au moyen de l'une ou l'autre définition. La nouvelle définition est la propriété explicative, la propriété qui importe davantage, donc c'est la définition naturelle.

La situation à laquelle on a affaire ici est l'analogue mathématique de celle que Hilary Putnam prend comme exemple dans son célèbre article « *The Analytic and the Synthetic* » (1962). Au XIX e siècle, on pouvait prétendre que l'énoncé « l'énergie cinétique est $\frac{1}{2}mv^2$ » est vrai par définition. Avec la relativité, la nouvelle situation peut être décrite de deux manières différentes. Nous pourrions dire que l'énoncé « l'énergie cinétique est $\frac{1}{2}mv^2$ » n'est pas vrai par définition mais aussi que nous avons appris que l'énergie cinétique n'est pas $\frac{1}{2}mv^2$, ou bien que l'énoncé *était* vrai par définition mais qu'Einstein a changé la définition de « énergie cinétique » pour des raisons de convenance théorique. Aucune de ces deux options ne capture convenablement ce qui s'est passé. Dire que nous avons juste changé d'avis au sujet des propriétés de l'énergie cinétique ne respecte pas le caractère définitionnel de l'équation, mais dire que nous avons adopté une définition plus pratique tout en conservant les mêmes mots ne rend pas justice à la profondeur des raisons | qui poussent à changer de définition **269** et par conséquent échoue à capturer en quoi la nouvelle définition constitue une avancée authentique de la connaissance. Il en va de « premier » comme il en va d'« énergie cinétique » : peu importe au fond que l'on dise que le sens des mots a changé ou que ce sont nos opinions sur les objets qui ont changé. Ce qui compte, c'est que le changement a constitué une avancée dans la connaissance, et nous devons trouver un créneau philosophique pour conceptualiser de telles avancées.

L'idée que la découverte de la bonne définition peut être une avancée significative dans la connaissance n'est pas sans lien avec la distinction classique entre définition « réelle » et définition « nominale ». La « définition réelle » a connu une mauvaise passe dans les dernières décennies. Enriques traite de ce sujet tout au long de son livre *L'évolution de la Logique* (1929) où il narre, en un récit teinté de croyance naïve dans le progrès [*whiggish recounting*], l'émergence de cette idée que la « définition réelle » est vide et que toutes les définitions sont nominales. Les choses semblent en être restées à ce point. Il se pourrait que les présuppositions fermement enracinées que nous devrions retravailler pour raviver la distinction dans sa forme traditionnelle, soient trop nombreuses, mais il serait utile de reconstruire une doctrine minimale pour étayer les distinctions que nous voulons établir et les liens que nous voulons faire. La motivation principale est qu'en mathématiques (et ailleurs), trouver les bons principes de classification peut constituer une avancée dans la connaissance. Il semble que nous ayons assez de prise sur la distinction réel/nominal pour qu'elle soit utile dans ce contexte, et nous n'avons pas besoin d'accepter tout ce qui est compris dans le lot. Il y a par exemple une concession au changement d'attitude qui semble raisonnable.

Puisque nous ne sommes plus sûrs de savoir quoi faire de
l'acte de définir une chose par opposition à un mot, tenons-
nous en à la conception contemporaine selon laquelle les
définitions sont les stipulations des significations pour les
expressions.

Dans son livre classique, *Definition* (1950), Richard
Robinson indique une raison de délimiter soigneusement ce
qui devrait être compris dans un éventuel concept de
définition réelle. Ce concept a été appelé à jouer trop de
rôles différents : Robinson en énumère douze qui diffèrent
de manière importante (1950, p. 189-190). La recomman-
dation qu'il formule est qu'on cesse de parler en termes de
« définitions réelles », et que chaque composante soit traitée
séparément. Mais il se pourrait bien que ce soit une réaction
excessive conduisant à abandonner toute perspective de
sauver certaines des idées précieuses de la tradition. Ces
différentes activités n'en sont pas venues à être associées par
accident, et même si aucun concept ne peut *tout* faire, nous
pouvons identifier un sous-ensemble de rôles qui peuvent
être utilement soudés les uns aux autres. Dans la liste de
Robinson, ces rôles sont : la « découverte d'une clef susceptible d'expliquer une grande quantité de faits », l'« amélioration des concepts », plus la « recherche des essences » et
la « recherche des causes » (si celles-ci peuvent être
interprétées de manière neutre).

Bien sûr, pour pouvoir parler d'« amélioration des
concepts », nous aurons à spécifier un critère d'amélioration.
Mettre sur pied une doctrine de la définition réelle, à la fois
utile et métaphysiquement incontestée, semble prometteur si
270 l'amélioration, telle que nous l'entendons, | inclut partiel-
lement la découverte d'« une clef susceptible d'expliquer
une grande quantité de faits ». C'est à dire, on améliore un
concept si on le rend propre à mieux s'adapter aux explications (ou à des arguments qui sont jugés bons de quelque

autre manière). Le lien entre l'effort pour sélectionner comme réelles certaines définitions spécifiques et la pratique qui consiste à donner des explications est aussi indiqué par la renaissance récente du terme d'« essence », si nous comprenons « essence » en termes de définition réelle et de rôle dans l'argument. Puisque ce terme d'« essence » est perçu comme métaphysiquement chargé, nous prendrons la définition réelle comme base, et les essences, pour autant que nous souhaitions recourir à cette idée, seront ce que les définitions réelles définissent [1].

L'idée que la définition réelle correspond à la « cause » fait appel à l'observation que, pour Aristote, certains faits mathématiques sont cause de certains autres. Ce n'est pas là la manière dont nous utilisons le terme de « cause » aujourd'hui, on ferait donc mieux de recourir à une notion de dépendance conceptuelle ou métaphysique. Une fois de plus ceci peut être compris en termes de structure d'argument explicatif [2]. Cette option ne conduit pas nécessairement à faire de l'explication mathématique quelque chose de foncièrement différent de l'explication ordinaire. Nous pourrions choisir de rendre compte de l'explication et de la causation comme le fait Kim (1994, p. 52-69), en prenant comme base

1. C'est l'approche de Fine (1994, p. 1-16), quoiqu'on ne qualifierait pas cette conception de « métaphysiquement innocente ». Ce qui nous incite à chercher à rendre compte de ces phénomènes de manière neutre, ce n'est pas l'idée qu'une conception substantielle comme celle de Fine ne serait pas correcte, mais seulement le fait que notre but est d'éviter tout débat supplémentaire tout en fixant un cadre qui permette d'explorer les cas mathématiques en parallèle avec les cas qui relèvent de la science et de la vie ordinaire.

2. Sur ce groupe d'idées aristotéliciennes, *cf.* M. Detlefsen (dans son « Purity as an Ideal of Proof », *in* Mancosu (2008, p. 248-277)). L'idée essentielle qu'il y a une manière, potentiellement éclairante, aristotélicienne dans ses grandes lignes, de comprendre l'« essence » en termes d'explication, a été, depuis quelque temps, mise en avant. [...]

la dépendance. (Nous aurons besoin de rendre compte de la dépendance de toute façon, pour expliciter ce que c'est, pour les faits qui concernent les nombres premiers, de dépendre de la seconde définition, par exemple.) La causation, en tant qu'elle est une sorte de dépendance, étaye l'explication, mais ce n'est pas la seule sorte de dépendance qui le fasse.

Notre thème consistait en ceci que ce sont les faits eux-mêmes qui poussent à la théorisation et doivent donc la guider, aussi devrions-nous regarder comment les cas que nous avons considérés apparaissent sous cet éclairage. Considérer que la définition réelle et l'essence sont des fonctions de l'explication (et d'autres propriétés de l'argument sur lesquelles il est plus difficile de mettre le doigt) pourrait permettre de rendre compte de manière plausible des raisons pour lesquelles la définition algébrique de la « primalité » se signale comme celle qui sélectionne la propriété essentielle de la classe des nombres premiers dans le contexte de la théorie algébrique des nombres. Relativement à une explication de la réciprocité quadratique via la récipro-cité d'Artin, ce qui doit valoir comme la « définition réelle » du symbole de Legendre, c'est bien plutôt sa caractérisation comme cas particulier du symbole d'Artin que la définition par cas initiale. Comme pour « nombre premier », la défini-tion qui joue un rôle central dans les arguments centraux
271 n'est pas celle par laquelle | le symbole est introduit. Dans ce cas aussi, l'investigation ultérieure a mis au jour, et justifié, quelque chose qu'il est raisonnable d'appeler la « définition réelle ».

5. *Connexions prospectives*

5.1. *« Concepts féconds »*

Dans différents écrits, Frege a abordé la question de la valeur des concepts et des définitions. Bien qu'il ne développe pas cette idée de manière systématique, il y a suffisamment d'allusions tentantes pour nous aiguillonner dans notre effort pour reconstruire les doctrines qui les soustendent[1]. L'importance de la « fécondité » dans le choix des théories a été reconnue il y a longtemps. Kuhn (1977) la recense parmi les valeurs théorétiques en science, tout en remarquant que cette idée a été peu étudiée en dépit de son importance. La situation a peu changé dans les décennies suivantes, bien qu'un essai de Daniel Nolan (1999, p. 265-282) pose les premiers jalons en vue d'une analyse de ce qui est vertueux dans cette vertu théorique. Toutefois une analyse plus détaillée des cas qui se sont développés en pratique constitue un prérequisit à de réels progrès en ce domaine.

5.2. Burge sur la « saisie partielle » des significations ; Peacocke sur les « conceptions implicites »

Euler, Gauss et d'autres formaient des pensées vraies au sujet des nombres premiers avant que le concept ne soit proprement défini. Il semble juste de dire que la présentation que Dedekind donne de la troisième preuve de réciprocité quadratique de Gauss présente en effet « essentiellement » ce qui s'y joue, tout en omettant les calculs que Gauss luimême (pour autant que nous le sachions) pouvait estimer essentiels. De tels cas de figure sont des exemples en mal de théorie (spécifiquement, une théorie du contenu partiellement saisi et de l'identité de contenu). Burge, dans son « Frege on Sense and Linguistic Meaning » (1990, p. 30-60) a articulé une théorie du sens qui est construite sur cette idée de « saisie partielle ». Suivant Burge, Peacocke[2]

---

1. *Cf.* Tappenden (1995a).
2. Voir Peacoke (1998a, p. 43-88 et 1998b, p. 121-148).

explore la relation entre les définitions dans le style ε-δ du XIXe siècle et les présentations du calcul à la Newton / Leibniz, et suggère avec une certaine plausibilité que les dernières sont implicites dans les premières. Comme les critiques l'ont établi de manière claire, de nombreuses complications restent à régler[1]. Rey (1998, p. 93-104) note en particulier que Newton et Leibniz ont pu avoir explicitement à l'esprit une conception contredisant le traitement ε-δ. D'un autre côté, ce à quoi s'engagent les chercheurs est complexe, et pourrait comporter une méthodologie qui, suivie jusqu'au bout de manière conséquente, pourrait miner d'autres aspects de la conception que ces mêmes chercheurs ont de ce qu'ils font. (On se souvient ici des épisodes amusants qui émaillèrent le développement de l'axiome du

272 choix, où | des opposants rejetèrent violemment l'axiome tout en se trouvant l'appliquer eux-mêmes tacitement de manière répétée dans leurs preuves.) Peacocke a identifié un problème profond que nous n'avons que commencé à voir clairement. Ici aussi, l'analyse philosophique et l'étude de riches cas tirés de la pratique devront marcher main dans la main.

5.3. *Wright/Hale sur le problème de César*

L'intuition qui inspire le néo-logicisme est que l'arithmétique peut être dérivée d'un principe d'abstraction. Cette position suggère que nous revisitions les réserves de Frege : comment pouvons-nous conclure, de cette définition, que Jules César n'est pas un nombre ? Une stratégie attrayante consiste à détailler et à défendre la réaction naïve : César n'est pas un nombre parce qu'il n'est tout simplement

---

1. Le volume des *Philosophical Issues* contenant les articles de Peacocke en comporte quelques-uns de plus consacrés aux critiques qui lui ont été adressées.

pas le *genre de choses* qui *peut* l'être. En poursuivant cette ligne, Hale et Wright (2001) soutiennent que dans la classification en genres [*sortal classification*], certaines catégories sont disjointes de manière inhérente. Ils se concentrent dans leur brève discussion des modes de réflexion abstraite sur l'individuation et les critères d'identité ; mon impression est que la plupart de leurs lecteurs sont restés sur leur faim. Une bonne manière de dépasser ce face-à-face où chaque parti campe sur ses positions et cherche à faire capituler l'autre simplement en réaffirmant ses intuitions favorites, est d'amasser davantage d'information au sujet d'une grande variété de cas. Le programme logiciste peut avoir besoin de clarifier la structure de la classification naturelle en mathématiques pour une raison supplémentaire : ce qu'on appelle l'« objection de la mauvaise compagnie ». Certains principes d'abstraction ont à l'évidence des conséquences fausses, mais pourraient être exclus si une distinction artificiel/ naturel viable (« Cambridge »/ « non Cambridge » dans le langage de Wright-Hale) pouvait être articulée et défendue. Les abstraits gênants ne sont pas tous sanctionnés de façon convaincante comme non naturels, donc ce n'est pas une panacée. Mais nous ne devrions pas supposer que tous les abstraits problématiques le sont pour la même raison.

6. *En résumé : le principe de Port-Royal*

Les exemples que nous avons vus sont suffisants pour conclure que la définition en mathématiques est une activité plus complexe, et dont les liens avec l'explication, la fécondité de la recherche, etc., sont plus profonds qu'on le pense parfois. Nous avons besoin d'un cadre philosophique qui puisse nous aider à tenir les comptes tandis que nous mettons de l'ordre dans tout cela, et nous guider en ce qui concerne les conséquences éventuelles que cela peut avoir pour les autres domaines de la philosophie. La position philosophique implicite dans ce qui précède présente des affinités avec la position que Penelope Maddy (1997, et ailleurs) a appelé « naturalisme mathématique ». Bien que je m'écarte de Maddy sur certains détails, nous nous accordons sur le fait qu'une riche analyse de la pratique mathématique est une condition *sine qua non* des jugements en philosophie des mathématiques. Les lignes citées en exergue de cet article tirées du traitement de la définition réelle dans la *Logique de Port-Royal*, souffle le nom de « principe de Port-Royal » pour le type de « naturalisme » en cause ici : « rien de plus important dans les sciences que de bien diviser & de bien définir, … [*bien que*] cela dépend[*e*] beaucoup plus de la connaissance de la matière que l'on traite, que des règles de la Logique ».

BIBLIOGRAPHIE

ARNAULD Antoine et NICOLE Pierre (1683), *La Logique, ou l'art du Penser*, édition critique par P. Clair et F. Girbal, Paris, Vrin, « Bibliothèque des Textes Philosophiques », 1993 ; traduit en anglais par J. Buroker, *Logic, or the Art of Thinking*, Cambridge, Cambridge University Press, 1996. (Les références du texte renvoient à cette traduction)

AVIGAD Jeremy (1980), « Methodology and Metaphysics in the development of Dedekind's theory of Ideals » *in* J. Ferreiros, J. Gray, (eds) *The Architecture of Modern Mathematics*, Oxford, Oxford University Press, 159-86.

BURGE Tyler (1990), « Frege on Sense and Linguistic Meaning », *in* D. Bell, N. Cooper (eds), *The Analytic Tradition : Meaning, Thought and Knowledge*, Oxford, OUP, 30-60.

CHEVALLEY Claude (1940), "La théorie du corps de classes", *Annals of Mathematics* 41, 394–418.

COX David (1989), *Primes of the Form $x^2 + ny^2$*, New York, Wiley.

DEDEKIND Richard (1877), « Sur la théorie des nombres entiers algébriques », Paris, Gauthier-Villars ; traduit en anglais par J. Stillwell, *Theory of Algebraic Integers*, Cambridge, Cambridge University Press, 1996. (Les références du texte renvoient à cette traduction)

DIRICHLET Pierre (1854), « Über den ersten der von Gauss gegebenen Beweise des Reciprocitätsgesetzes in der Theorie der quadratischen Reste », *Journal für die reine und angewandte Mathematik* 47, 139-50 ; (= *Werke* II, 121-38).

ElGIN Catherine (1999), *Considered Judgement*, Princeton, Princeton University Press.

EDWARDS Harold (1977), *Fermats Last Theorem*, Berlin, Springer
– (1983), « Euler and Quadratic Reciprocity », *Mathematics Magazine* 56, 285-91.

ENRIQUES Federigo (1929), *The Historic Development of Logic*, New York, Holt and Co.

FRÖLICH Albrecht, TAYLOR Martin J. (1991), *Algebraic Number Theory*, Cambridge, Cambridge University Press.

FINE Kit (1994), « Essence and Modality », *Philosophical Perspectives* 8, 1-16.

GAUSS Carl F. (1801), *Disquisitiones Arithmeticae*, G. Fleischer, Leipzig (= *Werke* I) ; traduit et préfacé par A. Clarke, New Haven, Yale University Press, 1966. (Les références du texte renvoient à cette traduction)
– (1808), « Theorematis arithmetici demonstratio nova » *Commentationes Societatis Regiæ Scientiarum Göttingensis* 16 (= *Werke* II 1-8).
– (1817), « Theorematis fundamentalis in doctrina de residuis quadraticis demonstrationes et amplicationes novae », *Werke* II, 159-164.
– (1828), « Theoria Residuorum Biquadraticorum Commentatio Prima », *Werke* II, 165-68.

GOLDMAN Jay (1998), *The Queen of Mathematics : A Historically Motivated Guide to Number Theory*, Wellesley Mass., A.K. Peters.

HARRIS Joe (1992), « Developments in Algebraic Geometry », *Proceedings of the AMS Centennial Symposium*, Providence, A. M. S. Publications.

HALE Bob, WRIGHT Crispin (2001), « To Bury Caesar... » *in* B. Hale, C. Wright, *The Reason's Proper Study*, Oxford, Oxford University Press, p. 335-397.

HECKE Erich (1981), *Lectures on the Theory of Algebraic Numbers*, trad. G. Brauer, J. Goldman, R. Kotzen, New York, Springer.

KIM Jaegwon (1992), « Multiple Realization and the Metaphysics of Reduction », *Philosophy and Phenomenological Research* 12, 1-26.

– (1994), « Explanatory Knowledge and Metaphysical Dependence » in *Truth and Rationality, in Philosophical Issues*, 5, 52-69.

KITCHER Philip (1989), « Explanatory Unification and the Causal Structure of the World » in *Scientific Explanation*, P. Kitcher, W. Salmon (eds), Minneapolis, University of Minnesota Press, p. 410-505.

KUHN Thomas (1977), « Objectivity, Value Judgement and Theory Choice » in *The Essential Tension*, Chicago, University of Chicago Press.

LEMMERMEYER Franz (2000), *Reciprocity Laws From Euler to Eisenstein*, Berlin, Springer.

LENSTRA Hendrik, STEVENHAGEN Peter (2000), « Artin reciprocity and Mersenne primes », *Nieuw Archief voor Wiskunde* 5, 44-54.

LEWIS David (1986), *On the Plurality of Worlds*, New York, Blackwell.

MADDY Penelope (1997), *Naturalism in Mathematics*, Oxford, Clarendon.

MAY Kenneth (1972), « Gauss » *in* C. Gillispie (ed.), *Dictionary of Scientific Biography*, New York, Charles Scribner's Sons, p. 298-310.

NOETHER Emmy (1921), « Idealtheorie in Ringbereichen », *Mathematishe Annalen* 83, 24-66.

NOLAN Daniel (1999), « Is Fertility Virtuous in its Own Right ? », *British Journal for the Philosophy of Science* 50, 265-282.

ROBINSON Richard (1950), *Definition*, Oxford, Clarendon Press.

PEACOCKE Chris (1998a), « Implicit Conceptions, Understanding and Rationality », *Philosophical Issues* 9, 43-88.

– (1998b), « Implicit Conceptions, the A Priori, and the Identity of Concepts », *Philosophical Issues* 9, 121-148.

PUTNAM Hilary (1962), « The Analytic and the Synthetic » *in* H. Feigl, G. Maxwell (ed.), *Minnesota Studies in the Philosophy of Science* 3, Minneapolis, University of Minnesota Press, 358-397.

REY George (1998), « What Implicit Conceptions are Unlikely to Do », *Philosophical Issues* 9, 93-104.

SAMUEL Pierre (1970), *Algebraic Theory of Numbers*, trad. A. Silleberger, Paris, Hermann.

SANFORD David (1994), « A Grue Thought in a Bleen Shade : "Grue" as a Disjunctive Predicate » *in* D. Stalker (ed.), *Grue : the New Riddle of Induction*, Chicago, Open Court, p. 173-92.

SHOEMAKER Sydney (1980a), « Causality and Properties », *in* P. van Inwagen (ed.), *Time and Cause*, Dordrecht, Reidel, p. 109-135.

– (1980b), « Properties, Causation, and Projectibility » *in* L. J. Cohen, M. Hesse (eds), *Applications of Inductive Logic*, Oxford, Clarendon, p. 291-312.

SIDER Ted (1996), « Naturalness and Arbitrariness », *Philosophical Studies* 81, 283-301.

SPIVAK Michael (1965), *Calculus on Manifolds*, Reading, Mass, Addison-Wesley.

STALKER Douglas (1994), *Grue ! : The New Riddle of Induction*, LaSalle Ill., Open Court.

STEWART Ian, TALL David (2002), *Algebraic Number Theory and Fermats Last Theorem* (3 e éd.), Natik Mass., A.K. Peters.

TATE John (1976), « The General Reciprocity Law », *Mathematical Developments Arising from Hilbert Problems*, Providence, American Mathematical Society Publications, 311-322.

TAPPENDEN Jamie (1995a), « Extending Knowledge and "Fruitful Concepts" : Fregean themes in the Foundations of Mathematics », *Noûs* 29, 427-67.

– (1995b), « Geometry and Generality in Frege's Philosophy of Arithmetic », *Synthese* 102, 319-361.

– (2005), « Proof style and Understanding in Mathematics I :
     Visualization,   Unification   and   Axiom   Choice »   in
     *Visualization,   Explanation   and   Reasoning   Styles   in
     Mathematics*, P. Mancosu, K. Jørgensen, S. Pedersen (eds),
     Berlin, Springer, p. 147-214.
– (200 ?), *Philosophy and the Origins of Contemporary
     Mathematics : Frege and his Mathematical Context* à paraître
     chez Oxford University Press.
TAYLOR Brian (1993), « On Natural Properties in Metaphysics »,
     Mind 102, 81-100.
WEIL André (1974a), « La cyclotomie, jadis et naguère »,
     Enseignements Mathématiques 20, 247-263.
– (1974b), « Two Lectures on Number Theory : Past and Present »,
     Enseignements Mathématiques, 20, 87-110.
– (1984), *Number Theory : An Approach through History; From
     Hammurapi to Legendre*, Boston, Birkhäuser.
WYMAN Bostwick (1972), « What is a Reciprocity Law ? »,
     American Mathematical Monthly 79, 571-586.

Traduction Ivahn Smadja

Mark Wilson

| PEUT-ON SE FIER À LA FORME LOGIQUE ? [1]   519

> Un homme doit-il refuser son
> dîner s'il ne comprend pas les
> processus de la digestion ?
> Oliver Heaviside

« Sois sûr d'être dans le vrai et alors vas-y ! », tel était le conseil du noble Davy Crockett du roman de jeunesse. Et pourtant le rude pionnier que fut le véritable colonel Crockett s'aventurait souvent gaillardement sans garantie complète.

Ainsi en va-t-il souvent du raisonnement. Les philosophes ont généralement présumé que le raisonnement déductif que nous appliquons à un ensemble de prémisses est ultimement fondé dans la sémantique propre aux *formes logiques* que, comme partie intégrante de notre entraînement linguistique, nous avons appris à corréler à nos chaînes d'énoncés. Certainement la vie serait plus simple si la « forme logique » était ce roc inébranlable sur lequel se fondent toutes nos pratiques inférentielles. Toutefois les

1. M. Wilson, « Can We Trust Logical Form ? », *Journal of Philosophy*, 1994, 91 (10), 519-544.

circonstances du monde nous forcent souvent, comme le colonel Crockett, à raisonner avant de disposer de telles assurances. Il se présente en effet fréquemment des situations où il serait tout à fait *fantaisiste* de tenir compte de la voix de la conscience sémantique ; des inférences qui se fondent sur la « forme logique » peuvent se révéler tout à fait malencontreuses et nous égarer si nous les suivons. Un schéma d'inférence [*inferential pattern*] présentant le plus impeccable pedigree sémantique peut très bien à l'occasion n'être qu'un chant de sirène.

Comment est-ce possible ? Il y a une variété particulière de cas de figure que cet essai se propose d'examiner. Nous sommes familiers de ces dessins où deux figures peuvent être imposées au même ensemble de lignes – le profil d'une jeune femme ou la face encapuchonnée d'une vieille bique. Il y a des cas linguistiques analogues où un langage donné peut être vu comme simultanément structuré par deux modèles syntaxiques [*syntactic patterns*] complètement 520 différents. | Ces grammaires distinctes s'accompagnent de modèles d'assignation sémantique très différents, qui valident à leur tour des règles d'inférence divergentes. Au début on peut ne voir dans le langage que l'un seulement de ces modèles, mais progressivement les contours du second modèle émergent et dominent l'ancien.

Posons que les catégories syntaxiques qu'un locuteur assigne tacitement aux chaînes de son langage par suite de l'entraînement linguistique conventionnel forment la *grammaire apparente* du langage. La « grammaire apparente » devrait, en d'autres termes, recouvrir le découpage syntaxique [*syntactic parsing*] acquis dans le processus normal par lequel nous acquérons la compétence linguistique (l'idée essentielle est que ce découpage est appris relativement *tôt* dans la vie). Dans le sens dans lequel j'emploie le terme, la « grammaire apparente » recouvre les composantes syntaxiques de la « forme logique » comme les déterminations additionnelles qui sont d'ordinaire du ressort de la linguistique orthodoxe. Avec une telle grammaire, se présente aussi typiquement une *image sémantique* de la façon dont les unités syntaxiques sont corrélées aux traits du monde : c'est la *sémantique apparente* du langage.

Dans cet article, je m'intéresse principalement à la manière dont le langage fonctionne dans les phases *postérieures* à l'établissement d'une grammaire apparente. Mon premier exemple traitera de la maturité linguistique d'une science après que sa terminologie de base semble s'être stabilisée dans des significations fixes ; j'analyserai ensuite les glissements d'usage qui se développent dans l'espace de la carrière linguistique individuelle d'un même locuteur. Dans les deux processus, les agents découvrent que des chemins inférentiels qui trouvent leur justification dans la sémantique apparente mènent parfois à des résultats malheureux, tandis que d'autres, qui ne sont pas officiellement sanctionnés, conduisent généralement au succès. Au début, les locuteurs ont tendance à excuser ces déviations par rapport à la correction sémantique apparente par toute une variété d'explications *ad hoc*. Avec le temps, cependant, un *système* semble émerger dans ces déviations et les agents reconnaissent maintenant, à mesure qu'ils réapprécient les mécanismes de leur langage, qu'un découpage grammatical différent capture mieux les succès et les échecs inférentiels qu'ils ont rencontrés. Des catégories linguistiques qui n'avaient jusque là pas été reconnues deviennent maintenant saillantes comme clé de la validité déductive. Appelons ce second modèle de structuration syntaxique qui émerge progressivement au sein de notre langage, après des expériences répétées, une *grammaire active* [*working grammar*] pour le langage. La réappréciation des relations mot/monde qui va avec cette nouvelle grammaire devient la *sémantique active* du langage.

Du fait de cette restructuration, des pans importants du langage qui étaient auparavant regardés comme « doués de sens » peuvent finir par être abandonnés comme des friches sémantiques (tandis que de l'utilité s'attache désormais à des combinaisons syntaxiques auparavant rejetées comme 521 ininterprétables). | Une sémantique active essaie de fournir une conception plus viable des relations mot/monde qui sous-tendent les succès inférentiels qu'on rencontre dans le noyau effectif du langage – les succès qui ont préservé le langage de l'extinction ou du discrédit.

Des grammaires doubles de ce type se présentent souvent dans les sciences, et j'en examinerai ici une variété de cas historiques. Je ne considère toutefois pas que ce phénomène de « grammaire double » soit particulier à la science, mais seulement que de tels sujets fournissent des prototypes de phénomènes qui ont été étudiés avec soin mais qu'on peut s'attendre à rencontrer dans *n'importe quelle* forme de développement linguistique.

I

La manière la plus facile d'installer une nouvelle grammaire au-dessus d'une structure plus ancienne est d'utiliser ce qu'on peut appeler une *grammaire translation-nelle*. Dans ce cas, la chaîne cible ne compte comme chaîne grammaticale que si elle est mise en correspondance avec un énoncé bien formé dans la syntaxe de quelque langage sous-jacent. Le « mode matériel du discours » de Rudolf

Carnap [1] était conçu dans cette veine : le « mode matériel »
est en effet supposé être un langage dont la grammaire de
surface semble fonctionner comme si le langage portait sur
des objets physiques ordinaires. En fait, Carnap ne tolère une
chaîne du langage comme bien formée que si elle peut être
traduite en un énoncé du « mode formel » dans l'un de ses
langages de la syntaxe. De nombreux énoncés qui *apparais-*
sent doués de sens dans la grammaire apparente se retrou-
vent orphelins comme des énoncés ininterprétables (ou
comme des énoncés qui se voient assigner une signification
inattendue) dans la grammaire active qui s'impose comme
valide. La mauvaise philosophie, prétendait Carnap, naît
lorsqu'on parle inconsidérément en enchaînant trop vite des
énoncés qui se prolongent dans des parties du langage que
rien n'étaie dans le mode matériel. Considérons, à gauche,
un argument dans le mode matériel et, à droite, sa
transcription supposée dans le mode formel :

(1) « vache » réfère aux vaches.   (1′) « vache » est un nom commun
                                         dans la syntaxe française.

(2) « vache » est un mot.   (2′) « vache » est un mot.

(3) Les vaches sont des objets   (3′) Les vaches sont des objets
physiques.   physiques.

Certains mots réfèrent à   aucune conclusion.
des objets physiques

Bien que Carnap trouve les prémisses acceptables, il
considère la conclusion comme aberrante. Bercés par la
logique de surface, nous avons succombé à la tentation de la
philosophie. Son diagnostic est bien sûr que l'analyse
syntaxique correcte de la prémisse (1) n'est pas ce qu'elle

1. *The Logical Syntax of Language*, New York, Routledge, 1951.

semble; en reconstruisant sa forme au moyen d'une traduction appropriée, l'inférence « logique » par laquelle on verse dans la métaphysique est bloquée.

522 | Sans endosser les conceptions de Carnap sur la nature de la sémantique ou celle de la philosophie, l'histoire qu'il conte esquisse à grands traits les conflits que nous nous attendons à découvrir entre grammaires apparente et active. L'histoire des mathématiques par exemple fournit de nombreux exemples où une grammaire active émerge pour concurrencer la structuration antérieure d'un langage préexistant. Dans la première partie de ce papier, je suivrai Carnap en décrivant ces nouvelles grammaires en termes translationnels. Mais en vérité, l'idée d'une « grammaire active » apparaît bien plus attrayante si elle *n'est pas* articulée dans ce format, sujet que j'explorerai plus loin. Mais je m'en tiendrai pour l'instant aux alternatives en termes de « grammaires translationnelles », de sorte que les leçons philosophiques saillantes qu'on peut en tirer puissent être rassemblées avec le minimum d'effort.

La clef qui permet de reconnaître les grammaires actives consiste à porter attention aux niveaux supérieurs de la structuration déductive. Le raisonnement purement logique est trop souvent considéré en faisant abstraction des riches contextes inférentiels dans lesquels il apparaît. Le plus souvent, un pas logique ne sert que de lien local à l'intérieur d'un schéma de raisonnement plus large. Ce sont précisément ces *schémas globaux* qui conduisent typiquement à reconsidérer les structures grammaticales.

Considérons ce fragment de l'histoire complexe et philosophiquement stimulante de la géométrie algébrique : dans la figure A, une droite et une ellipse sont intersectées **523** par une | figure en huit, une lemniscate (*vide infra*). Notons que la droite rencontre le « huit » en 4 endroits ; l'ellipse en 8. Algébriquement les degrés de la droite, de l'ellipse et de la lemniscate sont 1, 2 et 4, respectivement. Une règle se présente d'elle-même : *des courbes planes de degré m et n se rencontrent en m.n points*, qu'on nomme communément « théorème de Bézout » (« règle » est en fait plus approprié). Mais des exceptions viennent immédiatement à l'esprit : une tangente au « huit » peut ne le rencontrer qu'en deux endroits et une corde passant par l'intersection ne produit que trois points (d'autres genres de violation apparente de la règle de Bézout s'obtiennent avec des points imaginaires et d'autres procédés qu'on peut laisser de côté ici). Mais les géomètres du XIXe siècle décidèrent que, contrairement à l'apparence, la tangente coupe effectivement le « huit » en *deux* points infiniment voisins – des points qui fusionnent quand la droite D' se confond avec D. De la même manière, deux points se superposent en un « point double » au centre lorsqu'un ovale subit une torsion pour produire un « huit ». Trois points deviennent « infiniment voisins » dans un point de rebroussement [*cusp*] quand la boucle se resserre autour du point double. Un riche langage descriptif[1] se développa qui attribuait toutes sortes de « points infiniment voisins » aux courbes algébriques.

---

1. Plus exactement, c'est le langage des « points superposés », motivé par l'algèbre, qui s'est d'abord développé et ce n'est qu'ensuite qu'il s'est transformé en un langage de « points infiniment voisins », après certaines découvertes remarquables de Halphen. J'ai suivi le second usage parce qu'il correspond mieux au comportement « flou » que je veux illustrer.

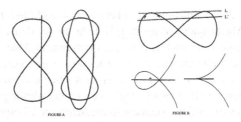

FIGURE A   FIGURE B

524 | Une conséquence importante de ce mode d'expression est que nos conjectures concernant le nombre des intersections peuvent maintenant être embrassées comme résultant d'une solide *règle* inférentielle au sein de la pratique géométrique. Le recours répété à la règle de Bézout est en effet central dans certaines des découvertes les plus profondes de la géométrie, car elle permet à ces preuves de suivre en parallèle nombre des puissantes manipulations syntaxiques employées en algèbre (par exemple, les techniques de la théorie de l'élimination).

Tant qu'on s'en tient à la syntaxe de surface, la vérité de l'énoncé « D rencontre C en deux points » semble requérir une interprétation sémantique selon laquelle la dénotation de « point » contient deux objets communs à D et C, dont certains doivent être infiniment proches les uns des autres. Un mathématicien du milieu du XIX e siècle – disons Georges Salmon – aurait accueilli favorablement cette « sémantique apparente » pour le langage. Mais à mesure que par la suite s'enrichit l'expérience géométrique, il devint évident qu'en raisonnant superficiellement sur des points infiniment voisins, on pouvait être conduit à toutes sortes de situations embrouillées. Mais il n'est pas possible de se débarrasser purement et simplement de la règle de Bézout ; elle est une partie intégrante de certains des résultats géométriques, apparemment corrects, les plus importants. D'une manière ou d'une autre, les preuves basées sur la règle de Bézout se fraient un chemin jusqu'à des conclusions parfaitement correctes, en dépit du fait que leurs étapes intermédiaires semblent *fausses*, pour autant qu'elles présupposent un groupe d'objets injustifiable. La suggestion naturelle est que peut-être le « sens » de ces énoncés intermédiaires devrait être reconsidéré, et que ces énoncés devraient être analysés selon une autre découpe [*reparsed*] de telle sorte que l'information correcte soit transportée des prémisses à la conclusion.

De fait, en examinant ces preuves avec soin, des mathématiciens ultérieurs ont décidé qu'il n'était pas nécessaire que l'expression « groupe de trois points infiniment voisins » dénote une véritable collection de trois objets (individués) pour que les preuves puissent fonctionner. Au lieu de cela, l'expression pouvait être analysée comme une unité syntaxique refondue de la forme « point de multiplicité 3 » [1]. Les valeurs de vérité d'énoncés qui portent sur de telles « multiplicités » sont assignées en considérant ce qui se passe sur des courbes perturbées où ces multiplicités sont absentes, comme illustré dans la seconde figure (ces courbes voisines sont souvent appelées des « éclatements » [*blowups*] de la courbe *C*) [2]. Très grossièrement, le système de traduction fonctionne ainsi. Un énoncé du type « l'un des points du groupe autour de *p* a la propriété *P* » est analysée

---

1. Plus précisément, des multiplicités inhérentes résident dans chaque courbe et se combinent avec une multiplicité d'intersection qui vient de la manière dont les courbes se rencontrent.

2. Dans les résultats à la Halphen, des points doubles régularisés sont autorisés sur les éclatements pour éviter des considérations difficiles dans le cas des courbes gauches. *A Treatise on Algebraic Plane Curves* (New York, Dover, 1959) de J. Coolidge constitue une bonne source pour cette théorie dans ses aspects classiques.

en « dans tous les "éclatements" [*blowups*] de *p*, l'un des points réguliers correspondant à *p* a la propriété *P* ». En 525 procédant avec soin, | on peut ainsi constituer un manuel de traduction pour le langage des « points infiniment proches ». Une telle grammaire translationnelle fournit un *diagnostic* des faits sémantiques qui ont permis à ce langage établi depuis longtemps de bien *fonctionner* dans le passé. Notons que cette nouvelle sémantique codifie dans ses principes opératoires les considérations intuitives concernant la modification des figures qui, historiquement, ont motivé le langage des « points infiniment voisins ».

Certains énoncés du langage de surface qui, du point de vue de la sémantique apparente, semblent faire sens sans plus de problème pourraient bien ne pas faire sens en fait. Considérons l'énoncé suivant « si *p* et *q* sont des points infiniment voisins dans un groupe et si *r* est un point régulier sur *C*, alors *p* est entre *q* et *r* ». La sémantique translationnelle déplie la valeur de vérité de cette proposition comme un énoncé *universel* au sujet des éclatements : dans *tous* les éclatements, le point régularisé qui représente *p* sera toujours entre les points qui représentent *q* et *r*. Cela ne sera vrai que si les points image se disposent dans un ordre invariable dans *tous* les éclatements, ce qui n'a pas lieu d'ordinaire[1].

---

1. Ces remarques présupposent que nous avons sélectionné un principe d'identification des points à travers les éclatements. En général, ce n'est pas un effort utile, mais il existe des exceptions. Par exemple, tout le monde dirait que le point d'intersection régulier dans le point de rebroussement est « entre » les deux points qui se fondent dans le « point double » ; il y a dans les points infiniment voisins une structure de voisinage qui permet de donner un sens à certaines des affirmations qui portent sur l'ordre (« *betweenness* »). En conséquence, une grammaire translationnelle adéquate analysera le langage des « points infiniment voisins » comme des groupes de points

Des éclatements différents font des choses différentes. En fait, si on avait demandé aux géomètres de la fin du XIXe siècle ce qu'il faut penser de notre énoncé sur l'ordre des points, ils auraient probablement répondu : « les points infiniment voisins sont des objets quelque peu *flous*, aussi votre question pourrait ne pas avoir de réponse » (La théorie du continu de Charles Peirce fut, notons-le, inspirée par cette sorte de « flou »).

Pour saisir cet aspect brouillé, la *négation* de notre question devrait aussi être translittérée sur la base d'un énoncé universel, à savoir : « dans tous les éclatements, le point régularisé qui représente p n'est *jamais* entre les points qui représentent q et r ». En conséquence, ni « p est entre q et r », ni « p n'est pas entre q et r » n'acquerront typiquement une valeur de vérité ferme. Et ce traitement s'accorde avec l'attitude adoptée à cette époque ; des géomètres contemporains n'auraient jamais appliqué la règle vérifonctionnelle $S \supset S \vee T$ où T est notre proposition problématique concernant l'ordre des points. « T est trop floue pour être utilisée de cette manière », auraient-ils pu répondre. De la même manière, ils se méfieraient de l'usage naïf d'un argument par cas appliqué à des énoncés traitant de l'ordre des points infiniment voisins. Par exemple, ils donneraient immédiatement leur assentiment au principe intuitif, « étant donné trois points (réels) sur un segment fini de courbe, l'un d'entre eux est situé entre les deux autres ». Si ce principe d'ordre | (« *betweenness* ») était appliqué dans **526** un dilemme constructif s'appuyant sur l'énoncé « p est entre q et r » et sa négation comme alternative de base, on arriverait à la conclusion erronée que tous les éclatements

fondus les uns dans les autres à moins qu'on puisse donner un sens translationnel raisonnable à leur individuation au sein de ces groupes.

d'un point multiple se présentent avec le même ordre. S'ils étaient interrogés sur le désaccord entre ce qu'on observe et le principe d'ordre, nos mathématiciens auraient probablement rétorqué : « Oh, je pensais seulement au comportement des points réguliers – il ne faut pas en tenir compte ensuite pour les points flous ». En bref, la pratique géométrique avait déjà appris, comme l'art silencieux du métier, à *s'abstenir* d'appliquer certaines des règles de la logique du premier ordre à certains énoncés portant sur les points infiniment voisins. En assignant des traductions qui *ne* respectent *pas* la grammaire de surface, comme dans le traitement de la négation ci-dessus, ces omissions tacites de la pratique géométrique reçoivent leur légitimation dans la structure syntaxique de la grammaire translationnelle.

Les cas étroitement liés où sont mises en échec des inférences telles que l'argument par cas et autres, sont rendus familiers par les constructions intuitionnistes, supervaluations et autres semblables, où une fois encore des propositions de la grammaire de surface p et $\neg p$ sont en fin de compte analysées dans la sémantique sous-jacente comme $(x)(Cx \rightarrow Px)$ et $(x)(Cx \rightarrow \neg Px)$. Dans notre exemple géométrique, une logique émerge comme grammaire active pour codifier un *schéma d'évitement* informel qui s'est graduellement développé au sein du langage.

La question naturelle, une fois que cette complexité est reconnue, est alors de savoir pourquoi on devrait souhaiter parler un tel langage compliqué. Pourquoi ne pas simplement *abandonner* ce parler en termes de « points infiniment voisins » et le remplacer par celui en termes d'« intersections le long des courbes voisines » et autres semblables expressions ? J'ai entendu des mathématiciens dire que l'une des grandes forces de la géométrie algébrique est qu'« elle permet de *voir* les théorèmes ». Ce qui est implicite dans cette observation, c'est un fait fondamental concernant les capacités de raisonnement humain : nos capacités naturelles de projeter des conclusions géométriques intéressantes sont particulièrement développées. Présentez un assortiment d'objets à quelqu'un, et demandez-lui de tirer, ou de prédire, la géométrie qui en résulte lorsque les composants sont assemblés dans un ordre particulier. Les gens sont très bons pour faire ce genre de choses, en dépit du fait que les algorithmes mis en œuvre pour atteindre de semblables conclusions dans le domaine du « *design* assisté par ordinateur » sont très complexes. En effet, il est clair que notre capacité naturelle à atteindre un vaste spectre de conclusions *géométriques* intéressantes excède de beaucoup, pour n'importe quelle mesure raisonnable de ce pouvoir, notre capacité strictement logique d'extraire des conséquences d'un ensemble de prémisses du premier ordre. Après tout, nous traduisons fréquemment des problèmes de logique pure et dure sous forme géométrique de sorte que nos « *theorem provers* » géométriques supérieurs puissent travailler sur ces données.

C'est pour cette raison que les mathématiciens sont réticents à abandonner le langage des « points infiniment voisins » : ce dialecte encourage | l'imagerie qui lance notre 527 machinerie géométrique à la recherche de conclusions mathématiquement saillantes, même si la nature a sans doute mis au point cet appareil inférentiel plutôt pour la chasse et la navigation que pour la recherche de médailles Fields. L'attrait de surface d'un langage peut procurer des avantages compensatoires qui exonèrent l'inélégance d'une grammaire compliquée. Pour emprunter une métaphore cinématique à

John Bell [1], les succès du parler en termes de « points infiniment voisins » reposent sur un appareil de projection qui, au moyen d'un mécanisme sémantique assez élaboré, projette des images simples sur le mur. Pendant le plus clair de notre vie géométrique, nous essayons de rester dans les limites de l'écran, un peu comme ferait un Sherlock Jr mathématique. Ce n'est que lorsque des anomalies surgissent ou lorsque nous nous demandons comment le spectacle simple peut suffire, que nous devons regarder à l'intérieur du projecteur.

La morale de cette histoire : des conflits peuvent surgir entre les principes globaux du raisonnement non logique (la règle de Bézout) et les principes plus locaux de la logique du premier ordre. Si un locuteur applique aveuglément les impératifs inférentiels de la seconde, conformément aux catégories de la grammaire apparente, il peut s'écarter des parties interprétables de son langage et dériver vers des régions que la grammaire active considère comme dénuées de sens ou fausses. Une sémantique active essaie de valider l'intégrité foncière des principales chaînes de raisonnement d'ensemble, et il est possible qu'il faille pour cela abandonner ou redécouper des enchaînements « logiques » locaux qui sont acceptés dans la grammaire apparente.

---

1. Lors de conversations privées, mais voir aussi son article « Infinitesimals », dans *Synthese*, LXXV, 1988, p. 285-315. Les conseils et les informations de Bell sur ces sujets ont été pour moi un guide inappréciable.

II

Si ces observations sont correctes, alors une doctrine largement acceptée est mise en cause. Elle pourrait être baptisée *l'impératif moral de la logique du premier ordre*.

> En acquérant un langage, on apprend comment manipuler les mots logiques standards (« ou », « non », « quelques »). Une fois que ces mots sont syntaxiquement enchâssés dans un morceau de discours accepté, on est *inférentiellement obligé*, comme par une espèce de devoir logique, d'accepter *toutes* les conséquences logiques normales des prémisses qu'on a acceptées, au sens où ces « conséquences » sont évaluées selon leurs « formes logiques ».

Mais les grammaires doubles de notre cas de figure géométrique montrent que cet « impératif moral » peut parfois conduire à des choses fantaisistes ; une logique aveugle nous ferait traverser des frontières qu'une compréhension profonde de la manière dont le langage fonctionne nous interdit de franchir.

« Oui, bien sûr, (pourrait répondre le lecteur) l'impératif moral de la logique ne s'applique que si le mot logique se présente avec son sens logique normal. "Ou" n'est pas utilisé dans le langage géométrique avec son sens vérifonctionnel normal. » Oui, mais le | véritable défi à la « forme logique » **528** repose sur le fait *qu'une communauté peut souvent persévérer pendant de longues périodes dans un état où ses agents n'ont aucun moyen fiable de déterminer si un mot d'apparence logique se présente réellement « avec son sens logique normal », ou non*. La recalibration sémantique de la règle de Bézout impose une réévaluation du statut d'inférence prétendument « logique », mais les premiers géomètres n'avaient aucun moyen de savoir que la « forme logique » naïve qu'ils avaient initialement assignée aux

« points infiniment voisins » n'était pas bonne. C'est le *risque* qu'une grammaire active puisse émerger pour supplanter la structure logique apparente qui constitue le défi principal à « l'impératif moral de la logique ».

On trouve un résumé classique recommandant la sagesse de longues périodes d'agnosticisme sémantique dans *Electromagnetic Theory*[1] de 1894, d'Oliver Heaviside, dont l'exergue de cet essai est tiré. L'histoire à laquelle la remarque de Heaviside est associée est la suivante. Souvent la structure d'un langage nouvellement forgé a son origine dans l'*emprunt* de techniques inférentielles à quelque langage préexistant. L'algèbre des nombres complexes, en particulier, a longtemps offert une arène avantageuse au pillage algorithmique. Dans le cas présent, Heaviside et ses prédécesseurs avaient mis au point une méthode – le « calcul opérationnel » – pour résoudre certaines équations différentielles, en « empruntant » certaines manipulations à l'algèbre numérique. Un tel « emprunt » conduisit, à titre d'effet secondaire, à tolérer au sein du langage des équations différentielles des expressions grammaticales étranges telles que « 1/d/dt ». Eu égard à cette bizarrerie syntaxique, j'ai comparé ailleurs[2] les manipulations opérationalistes à une règle inférentielle par laquelle on passerait de « Cary Grant = Archie Leach » à « Archie=Cary Grant/Leach ». Mais les manœuvres du calcul opérationnel mènent à des réponses fiables, de façon tout à fait efficace au bout du

---

1. New York, Chelsea, reprint, 1971. Voir aussi J. Lutzen, « Heaviside's Operational Calculus and the Attempts to Rigorize It », *Archive for the History of Exact Sciences*, XXI, 1979, 161-200.
2. « Nature's Demand upon Language », *Philosophical Topics*, XVI, 1, 1988, p. 285-336. Ce papier représente une première organisation quelque peu malheureuse de certaines des idées présentées ici.

compte. Presque par hasard, les premiers stades de cet emprunt avaient permis de mettre en œuvre certains des schémas de raisonnement puissants, quoique insoupçonnés, qui fonctionnent bien dans le domaine des équations différentielles. Poussés au-delà de ces succès initiaux, les parallèles algorithmiques entre la théorie des nombres et les équations différentielles cessent de fonctionner. Des rafistolages ultérieurs ont progressivement introduit une foule de restrictions contextuelles *ad hoc* pour maintenir les calculs empruntés sur des rails profitables (Heaviside en particulier excellait dans ce genre d'activités). Les premières conquêtes par duplication avaient persuadé les auteurs du calcul opérationnel que le langage | des équations différentielles, y **529** compris « 1/d/dt », est soutenu par une ontologie d'objets en gros isomorphe à celle de la théorie des nombres. À l'époque de Heaviside, les procédures inférentielles du calcul opérationnel étaient devenues si richement incrustées de restrictions qu'il *savait* que la grammaire ne fonctionnait pas comme ses naïfs prédécesseurs l'avaient supposé. En revanche, Heaviside ne pouvait pas fournir une explication cohérente de la manière dont les techniques réussissaient à fonctionner.

Qu'aurait-il alors dû faire ? La réponse au débotté, dans l'esprit du « sois sûr d'être dans le vrai et alors vas-y ! », serait d'abandonner le calcul entier comme un fatras sans fondement. Une telle pruderie sémantique a suscité la réponse de Heaviside à propos de son dîner. En réagissant de manière plus conciliante, les rigoristes mathématiques de l'époque proposèrent toute une gamme de reconstructions sémantiques des méthodes de Heaviside. Mais ces interprétations étaient invariablement trop faibles ; si Heaviside avait donné son assentiment à l'une quelconque d'entre elles, les ailes de ses glorieuses envolées inférentielles auraient été tristement rognées. Avec le recul historique, nous savons qu'élaborer une sémantique active appropriée pour le calcul d'Heaviside requiert une sophistication mathématique plus grande que celle qui était disponible à son époque. Plutôt que de se soumettre docilement à l'émondage rigoriste, Heaviside tint bon : mon calcul marche manifestement, affirmait-il, même si je ne sais pas exactement pourquoi. Pressé par les promoteurs de la rigueur de préciser la « logique » de ses calculs, Heaviside rétorquait : « la logique peut être patiente, car elle est éternelle ». C'est-à-dire, j'ai engrangé suffisamment de succès dans les applications du calcul opérationnel pour justifier de plus amples expérimentations le concernant ; nous savons que ses mécanismes doivent refléter, d'une manière que nous ignorons, d'importants schémas de la nature. Un essai prématuré de diagnostiquer sur quoi se fondent ces liens mot/monde peut se révéler néfaste si le diagnostic sémantique proposé est si superficiel qu'il ratifie seulement une partie tronquée du potentiel entier du langage pour les applications utiles. Comme S. S. Abhyankar le remarque à propos du cas de Bézout, nous devrions « avoir foi dans le fait que Dieu (ou la nature si vous préférez) a de bonnes intentions, et [*nous mettre*] en marche ! » [1]

Trois stades d'*attitude sémantique* se présentent dans des cas comme celui-ci : (A) l'acceptation naïve de la sémantique apparente, souvent empruntée à un autre paradigme ; (B) la foi dans le caractère foncièrement approprié du langage, conjointement avec une forme d'agnosticisme relativement à la base sémantique qui lui est propre ; (C) le

1. Voir p. 413 de « Historical Ramblings in Algebraic Geometry and Related Algebra », *American Mathematical Monthly*, LXXXIII, 1976, 409-448.

diagnostic correct d'une sémantique active. Heaviside nous enseigne que le stade (B) est souvent la condition naturelle et saine dans laquelle un langage est amené à se trouver. Il peut être irrationnel d'essayer d'aller prématurément au-delà du stade (B) ; des résultats inférentiels avantageux ne | devraient pas être sacrifiés pour le simple bien **530** d'une conscience sémantique satisfaite. Bien sûr, nous sommes comblés lorsque notre compréhension du langage correspond à la condition du stade (C), car cette manière de rendre compte du langage fournit la meilleure ligne de défense contre les erreurs imprévues. Malheureusement, lorsque l'on est immergé au sein du langage, on est souvent dans l'impossibilité de déterminer si l'opinion sémantique que l'on professe à l'instant présent représente un stade (A) susceptible de nous induire en erreur ou un stade (C) fiable. Si on est incertain, l'agnosticisme correspondant au stade (B) est souvent la voie la plus sage. « Prudence est mère de sûreté » n'est pas un conseil avisé, s'il ne fait qu'inciter le disciple à s'accrocher inflexiblement à des illusions de sécurité. Tenir fermement le cap en se réglant sur la « forme logique » apparente peut représenter une erreur de cette sorte.

La morale de l'histoire : quand la possibilité d'une grammaire double surgit, le conseil naïf qui prescrit d'« être sémantiquement correct avant d'aller de l'avant » se révèle peu fiable. Dans les premiers stades de l'évolution d'un langage double, les agents linguistiques comprendront d'abord le conseil de correction sémantique comme une instruction pour établir l'inférence sur les formes sanction-nées dans la grammaire *apparente*. Cependant on peut prétendre que les pratiques inférentielles ne sont vérita-blement fiables que si elles sont fondées sur une sémantique *active*. Malheureusement, les contours exacts d'une

grammaire active appropriée peuvent ne pas être immédiatement apparents ; une bonne dose d'*expérimentation* préliminaire avec des procédures inférentielles infondées peut
être nécessaire pour que les principaux schémas inférentiels
qui méritent un fondement sémantique dans la sémantique
active puissent être débusqués. Dans l'intervalle, tant que
nous attendons de mouiller dans ce havre de sécurité inférentielle, il est souvent sage d'ignorer les appels prématurés à la
« correction sémantique ». Comme le remarquait le cambrio-
leur, « faut savoir saisir les occasions quand elles se
présentent ! ".

III

Des possibilités dans le genre de celles de Heaviside
pourraient permettre d'écarter l'« impératif » de l'« impératif moral de la logique ». On est libre de rejeter, du moins
en principe, tout impératif prétendument logique en arguant
du fait qu'agir conformément à ce qu'il prescrit pourrait
conduire à transgresser les frontières plus importantes
tracées par la base active sous-jacente du langage. Avec
cette excuse, on peut légitimement s'exonérer d'un prétendu
impératif logique même si on ne voit guère comment une
sémantique active pour le langage en cause pourrait procéder
concrètement.

L'« impératif moral de la forme logique » est ici mis en
cause essentiellement de la même manière que fut récusé
l'« impératif moral de la géométrie euclidienne » de Kant :
dans toute situation pratique, on ne peut jamais être certain
qu'une proposition particulière, quelle que soit sa syntaxe
apparente, requière d'être analysée comme contenant des
531 notions | logiques ou euclidiennes. « *S'il* y avait des droites
euclidiennes dans l'espace, elles seraient assujetties à la

géométrie euclidienne; mais les choses dans l'espace que nous avons habituellement appelées « lignes droites » se comportent en fait davantage comme les entités qu'on trouve dans une autre sorte de structure mathématique » : « *Si "P* ou *Q"* devait exprimer une franche disjonction, il faudrait accepter qu'on puisse l'inférer de *P*; mais, bien que cet usage de *"P* ou *Q"* ait été habituellement analysé comme une simple disjonction, de tels énoncés requièrent en fait une grammaire plus compliquée ». La thèse n'est pas que « la logique est empirique » (quel que puisse être son sens) – mais plutôt que les dents de la logique ne sont pas aussi aiguisées dans les applications que nous avons eu tendance à le présumer.

Selon cette conception, il est préférable d'envisager « syntaxe » et « sémantique » comme des *théories* d'un langage à propos desquelles les locuteurs de ce même langage peuvent se tromper complètement. Les linguistes affirment communément que les locuteurs compétents connaissent *tacitement* la grammaire de leur langage, bien qu'ils concèdent que peu d'entre eux pourraient rendre cette connaissance explicite. Si par « grammaire » l'on entend « grammaire apparente », cette affirmation est indubitablement correcte et importante. Mais pour autant qu'il s'agisse de la pratique inférentielle, ce savoir tacite est de peu de valeur à moins que les classifications de la grammaire apparente ne soient liées à la correction déductive. Pour cela, ce qui est requis, c'est la connaissance d'une syntaxe et d'une sémantiques *fiables*, telles qu'elles sont proposées dans les taxinomies d'une grammaire active. Déterminer ce que ces catégories pourraient être requiert d'habitude un examen a posteriori assez détaillé de la manière dont notre langage répond aux conditions qui se rencontrent dans le monde autour de nous; ce n'est pas une connaissance que les

locuteurs compétents saisissent « tacitement », quelle que
soit l'interprétation plausible retenue pour ce terme.

IV

Puisque le cadre dans lequel s'inscrit ma mise en cause
de la « forme logique » est clair maintenant, je pense, nous
pouvons cesser de nous appuyer sur les formes de grammaire translationnelles. Une structure active se présente
comme plus « grammaticale » si ses schémas peuvent être
articulés directement, sans le détour par d'autres domaines
de syntaxe. En fait, certaines grammaires directes précises
pour les structures actives de certaines formes de langage
mathématique, en vogue quoique mystérieuses, ont été
récemment articulées en utilisant des idées de la théorie des
catégories[1]. Des morceaux de syntaxe de surface qui
paraissent représenter les connecteurs logiques standards
« & », « v », « ¬ » doivent obéir à des restrictions intuitionnistes si l'on veut que le langage ne sombre pas dans un
désastre inférentiel (ces langages passent en contrebande des
« objets flous » comme nos « points infiniment voisins »[2])

1. Par exemple, les tentatives de revitaliser les infinitésimaux de la
géométrie différentielle du XIXᵉ siècle. *Cf.* A. Kock, *Synthetic Differential
Geometry*, New York-Cambridge, 1981.
2. J'ai en effet construit mon exemple quelque peu artificiel sur l'ordre
des points pour faire la jonction avec la littérature sur la géométrie
différentielle synthétique. En fait, le travail dans cette dernière veine a
d'abord été inspiré par les résultats du type « image simple/projecteur
complexe » obtenus par l'école de Grothendieck en géométrie algébrique.
Les « objets » du type point construits par ce dernier, ont été élaborés en
tissant de nombreux fils qui concourent à les motiver et qui vont bien au-delà
des simples considérations relatives à la règle de Bézout que j'ai mises en
lumière. Historiquement, il fallut longtemps avant qu'on reconnaisse que les
« différentielles » ou les « points infiniment voisins » peuvent faire l'objet

|Les virtuoses de ces langages de surface dans l'histoire 532
– Sophus Lie, par exemple – se conformaient largement à
ces restrictions de type intuitionniste, même s'ils ne recon-
naissaient pas explicitement que le flux de leurs idées était
ainsi contraint.

Une grammaire active appropriée peut toutefois être
façonnée selon un format plus tolérant que celui que ces
études suggèrent, une forme de structuration que j'appellerai
une *grammaire contrainte*. En gros, un langage est *contraint*
si des règles grammaticales limitent la variété des énoncés
dont l'insertion dans une portion de discours donnée fait
sens (ou encore si l'interprétation sémantique d'un énoncé
est dépendante de sa position dans le discours). Le
comportement entravé d'un tel langage doit être mis en
opposition avec un langage libre de contextualisation (*free-
standing*) standard, où un énoncé individuel peut être
adéquatement analysé indépendamment du contexte dans
lequel il est enchâssé. Dans une grammaire libre, le choix
d'un contexte de discours est d'abord fixé et devient un

d'un traitement rigoureux sur un mode qui ne soit ni translationnel ni
éliminativiste (par « éliminativiste », je veux dire la tendance à écrire des
articles en forme sans mentionner les « points infiniment voisins », même si
la plupart des géomètres continuaient à « parler » la grammaire apparente
officiellement abandonnée dans leur pratique de travail.) L'usage du mode
translationnel conduisit à des problèmes parce que peu de géomètres
vérifiaient avec soin que la traduction de leurs énoncés de surface donnait
effectivement quelque chose ou (comme cela arriva dans l'école italienne)
parce que la même traduction sous-jacente n'était pas maintenue d'un bout à
l'autre du travail. L'usage du mode éliminativiste rendit la lecture des
manuels impossible et créa une forme d'hypocrisie où les experts usaient
d'un langage plus simple que celui qu'ils réservaient à leurs étudiants
supposés ! On s'efforce maintenant de regagner le *droit* d'utiliser l'ancien
langage.

facteur clef dans la découpe grammaticale des énoncés individuels qui y sont ensuite insérés [1].

Considérons, d'abord, les systèmes de déduction naturelle « à la Fitch » auxquels on donne la préférence dans la plupart des cours d'introduction de logique. En travaillant avec un système à la Fitch, la tâche est de dériver une 533 conclusion quantifiée d'un groupe de | prémisses quantifiées. Trois stratégies distinguent le format à la Fitch. 1) les prémisses sont dépouillées de leurs quantificateurs par instantiation de sorte qu'on introduit ainsi un ensemble de quantités qui se présentent comme des noms et que, suivant Richmond Thomason [2], on appellera des *paramètres*. 2) Des prémisses hypothétiques *temporaires* sont introduites qui permettent dans certaines parties de la preuve de procéder par réduction, dilemme constructif ou preuve conditionnelle. Appelons les portions d'argument gouvernées par de telles stratégies le *mode* de la preuve à cet endroit. Fitch marque les portions qui correspondent à un « mode » par des « lignes de portée » verticales, et les prémisses temporaires qui les gouvernent sont logées dans une encoche en haut de la ligne (voir l'illustration ci-dessous). 3) En suivant les stratégies (1) et (2), une région de la preuve est finalement

---

1. Les linguistes ont consacré beaucoup d'attention aux modes par lesquels l'organisation du discours facilite la compréhension; *cf.* par exemple, G. Brown et G. Yule, *Discourse Analysis*, New York, Cambridge, 1983. Ce qui m'intéresse ici est assez différent. Comme il apparaîtra dans les sections finales, je m'occupe de structures qui soutiennent l'*applicabilité* linguistique *au monde réel*, plutôt que de celles qui soutiennent la *compréhension*. Comme je vois les choses, les contraintes sont vraisemblablement davantage une préoccupation majeure du premier projet que du second. Je discute en détail la théorie de Wilson/King, non pas parce que, par la force des choses, elle rend correctement compte de l'anaphore, mais pour la clarté avec laquelle elle illustre les avantages typiques des grammaires contraintes.

2. *Symbolic Logic, An Introduction*, New York, Macmillan, 1970.

atteinte dans laquelle les énoncés présents sont en grande partie dégarnis des quantificateurs, grâce à l'introduction antérieure des paramètres et des prémisses temporaires. Ces formules dégarnies sont maintenant manipulées au moyen de règles vérifonctionnelles telles que le *modus ponens*. Et si on procède de manière satisfaisante, les prémisses temporaires sont déchargées et la conclusion est à nouveau regarnie de quantificateurs appropriés. *Modulo* une sélection adéquate de règles vérifonctionnelles, la procédure de Fitch permet de reconstruire d'une façon assez naturelle de nombreuses formes de raisonnement logique qu'on utilise tous les jours.

Mais dans quelle *catégorie sémantique* devrions-nous placer ces paramètres qui se présentent comme des noms ? Ils ne semblent certainement pas *nommer* une quelconque sorte d'objets. Dans *Méthodes de logique* [1], W. V. Quine montre comment on peut, certes avec difficulté, se débarrasser des paramètres ; en fait, il propose une grammaire translationnelle pour le langage des preuves de Fitch. Dans une série d'articles stimulants, George Wilson et Jeffrey King [2] ont suggéré une meilleure façon d'envisager les paramètres. En fait, ils montrent que le traitement dynamique des modes temporaires est commun à de nombreux types de discours, pas simplement aux entreprises déductives, et que les paramètres représentent des procédés grammaticaux qui exploitent leur enchâssement dans un mode qui les coiffe

---

1. New York, Holt, Reinhart and Winston, 1959.
2. M. Wilson, « Pronouns and Pronominal Descriptions : A New Semantical Category », *Philosophical Studies*, XLV, 1984, 1-30 ; et King, « Instantial Terms, Anaphora and Arbitrary Objects », *Philosophical Studies*, LXI, 1991, 239-265. Des conversations avec ces deux auteurs ont profondément influencé cet essai, en particulier celles avec frère George.

tous pour permettre une grande brièveté syntaxique au niveau des énoncés individuels.

Pour voir comment cela fonctionne, considérons la narration suivante :

> Dans au moins un comté de chaque État, tous les leaders républicains locaux se sont fait cambrioler. En raison de la nature systématique de ces délits, les *cambrioleurs* peuvent avoir été une seule et même personne. Sinon, un réseau de communications quelconque a dû exister entre *eux*.

534 | Deux usages des paramètres anaphoriques ont été soulignés. Le dernier énoncé fournit clairement une information nouvelle, mais quelles sont ses *conditions de vérité intuitives* ? En d'autres termes, si quelqu'un formule une telle assertion, quand faut-il la regarder comme correcte ? La bonne réponse est étonnamment délicate : seulement si dans le comté pertinent de chaque État, les cambrioleurs présumés des Républicains ont communiqué les uns avec les autres et avec leurs homologues dans les autres États. Les cambrioleurs dont il n'est pas exigé qu'ils communiquent sont ceux qui se trouvent cambrioler les leaders républicains locaux en d'autres occasions ou qui volent des victimes parallèles dans d'autres comtés de l'État. Wilson et King proposent que ce discours soit structuré dans un format à la Fitch, en abandonnant l'exigence que le discours soit porteur de nécessité déductive. Dans ce traitement, l'énoncé principal dans le protocole de discours, symbolisé par $(x) (Sx \rightarrow (\exists y) (Cyx \ \& \ (z) (Lzy \rightarrow (\exists w) \ Rwz)))$, donne lieu à une série de modes qui se déroule naturellement à la manière de Fitch en prémisses temporaires et paramètres :

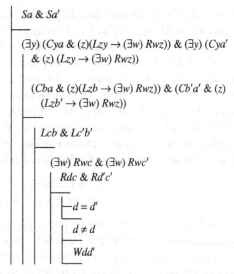

Les lettres a, b, c ; a', b', c' sont des paramètres ; les a et les c apparaissent comme des paramètres qui se substituent à des quantificateurs universels ; les b et les d remplacent des quantificateurs existentiels. Wdd' symbolise le dernier énoncé de notre protocole. L'ordonnancement à la Fitch n'a été altéré qu'en ce qui concerne la liberté que nous nous sommes donnée d'introduire des *paires* de paramètres sur une même ligne (de tels appariements se présentent communément lorsque « = » intervient). Les deux « boîtes » les plus intérieures correspondent aux deux moitiés d'un mode « dilemme constructif » qui gouverne les deux derniers énoncés de notre discours, tandis que les autres lignes verticales signalent les déterminants supérieurs des modes gouvernant le discours. Le langage est contraint en ceci que les restrictions usuelles qui régissent les mouvements des énoncés et des paramètres à l'intérieur et à l'extérieur des lignes de Fitch doivent être respectées (par exemple, si l'énoncé Wdd' est déplacé à l'extérieur de la boîte qui correspond à son mode local, il faut le transformer en $d \neq d' \to Wdd'$). Dans le protocole anglais, la phrase « sinon, un réseau de communications quelconque a dû exister entre eux » introduit clairement une information nouvelle; si la proposition de Wilson/King est correcte, son analogue, Wdd', devrait exprimer la même chose. En fait, si nous appliquons la sémantique translationnelle de Quine à Wdd',

535 | nous obtenons (en laissant tomber la redondance) :

$$(x)\,(x')\,((Sx \,\&\, Sx') \to (\exists y)\,(\exists y')\,(Cyx \,\&\, Cy'x' \,\&\, (z)\,(z')((Lzy \,\&\, Lz'y')$$
$$\to (\exists w)\,(\exists w')\,(Rwz \,\&\, Rw'z' \,\&\, (w \neq w' \to Www'))))$$

Aussi horrible que cette formule puisse paraître, elle exprime correctement le système élaboré des dépendances quantificationnelles que nous pouvons extraire du protocole. Les contraintes que réalisent les lignes de modes gouvernent le discours ont permis à Wdd' d'exprimer la même information d'une manière très compacte. Ce faisant, son interprétation sémantique devient sensible au contexte; Wdd' signifierait quelque chose de complètement différent si le contexte dans lequel il est enchâssé était différent.

Mais la traduction est une très mauvaise manière de présenter la sémantique opératoire de ce genre de syntaxe. L'article de King montre que la sémantique opératoire peut être présentée directement, en utilisant des clauses récursives dépendantes du contexte du type :

'Pab' est vrai vraie dans le contexte $<C_1, C_2, C_3, ...>$ si et seulement si ϑ

où les Ci encodent l'information logée dans les encoches des prémisses temporaires de Pab. L'approche de King fournit un bon prototype de ce à quoi une sémantique contrainte pourrait ressembler.

Remarquez la grammaire apparente trompeuse de ce langage ; les paramètres *ressemblent* à des noms et, dans le noyau vérifonctionnel d'une preuve à la Fitch, sont effectivement *traités*, c'est-à-dire manipulés, comme s'ils étaient des noms. De fait, les paramètres ressemblent tellement à des noms que Thomason leur assigne la même sémantique que sa classe de noms, à savoir celle de constantes individuelles, bien qu'il admette quelque peu penaud que cette interprétation est « non pertinente » pour le rôle qu'ils jouent dans les preuves. D'autres auteurs ignorent la sémantique des paramètres en arguant du fait que ce ne seraient que de simples « procédés techniques pour faciliter les preuves ». Mais si les preuves d'un certain type réussissent régulièrement, elles doivent mettre en œuvre un certain mécanisme sémantique qui achemine correctement des données des prémisses à la conclusion. À mon sens, Wilson et King ont fourni un diagnostic attrayant de la manière dont cette machinerie fonctionne, non seulement dans les preuves mais aussi dans des contextes plus généraux.

Dans un examen indépendant, Kit Fine[1] suggère une sémantique qui identifie de manière essentiellement correcte les conditions de vérité des énoncés basés sur des paramètres, mais ses procédures impliquent la construction d'« objets arbitraires » un peu bizarres et l'assignation de conditions d'évaluation étranges aux prédicats. Le projet de Fine traite le parler avec paramètres comme un langage libre de contextualisation (*free-standing language*) ; un énoncé comme *Wdd'* a un sens indépendamment de son

---

1. *Reasoning with arbitrary objects*, Cambridge, Blackwell, 1982.

enchâssement dans un ensemble de modes. Pour autant que
je sache, Fine ne prétend pas que les paramètres tirent profit
de cette émancipation des contraintes ; son approche semble
largement conditionnée par l'intuition que les paramètres
ressemblent à des sortes de « noms ». Si c'est le cas, Fine a
536 été | induit en erreur par la grammaire apparente des para-
mètres ; un argument plus profond est requis pour montrer
que les paramètres sont utiles en dehors des contraintes
contextuelles isolées par Wilson et King.

Il est concevable qu'un tel argument puisse être présenté.
Les grammaires libres de contextualisation présentent des
avantages évidents, et déterminer comment une portion
donnée d'usage linguistique préexistant doit être reconstruite
peut se révéler être une affaire assez délicate. Un cas
classique se présente en géométrie algébrique : la notion de
« point générique ». Sans entrer dans les détails, l'usage
largement répandu de ce terme par la célèbre école italienne
de géométrie conduisit à des difficultés et força à reconnaître
explicitement que cette manière de parler, contrairement à sa
grammaire apparente, encode une information complexe,
dépendante du contexte, au sujet des quantifications, qui se
rapproche en gros de l'analyse de Wilson et King.
Cependant, comme par la suite la structure de la géométrie
algébrique s'est développée, certains géomètres modernes
– pas tous ! – ont décidé qu'il était ennuyeux de suivre le
contexte à la trace et ont reconfiguré les « points géné-
riques » en les envisageant comme des objets très compli-
qués, quoique d'une sorte bizarre qui incorpore de l'information contextuelle dans leur structure interne, par analogie
avec l'approche des paramètres de Fine.

Face à des cas d'une telle complexité, il peut être assez difficile de décider quelle grammaire active est préférable[1]. Le choix final dépend du fait de savoir quelle grammaire se révélera la plus adaptée dans les recherches futures. Ce qui m'importe, c'est qu'on ne néglige pas l'option des grammaires contraintes simplement parce qu'elles n'approchent pas d'aussi près la structure grammaticale apparente que leurs rivales libres de contextualisation. Les grammaires du type contraint n'ont pas été largement étudiées ; une fidélité hors de propos aux catégories grammaticales de la « forme logique » apparente semble avoir supprimé les possibilités qui s'offraient ici[2].

L'intérêt que je porte aux grammaires contraintes vient d'une énigme qui se présente dans l'histoire de la mécanique classique. Si on suit littéralement les lois de Newton, il est impossible de tracer un chemin rigoureux entre ces lois et les équations standard pour les continua classiques – fluides avec friction, colonnes élastiques, etc. Des travaux d'axiomatique moderne montrent qu'un ensemble assez sophistiqué de principes est requis | pour orienter les dérivations   **537**

1. À cet égard, il n'est pas nécessaire qu'un langage possède une unique grammaire active ; ses mécanismes opératoires peuvent souvent être articulés selon une grande variété de formes plus ou moins équivalentes (les grammaires apparentes, en revanche, ont plus de chance d'être uniques, à cause de la manière particulière dont on les acquiert). Quand plusieurs grammaires divergentes conviennent à un langage partiellement structuré, on doit s'attendre à des scénarios de croissances incompatibles comme dans mon « Predicate Meets Property », *The Philosophical Review*, XCI, 4, 1982, 549-589.

2. Par exemple, les infinitésimaux du calcul dans le cadre d'un traitement à la Abraham Robinson sont introduits et déchargés au moyen de ce qu'on appelle un « principe de transfert » ; de tels langages pourraient peut-être accueillir favorablement un traitement en termes de grammaires contraintes.

dans la bonne direction. Comment alors les grands virtuoses du continu du XIXᵉ siècle – Kelvin, Stokes, Saint-Venant – se sont-ils si fréquemment frayés un chemin jusqu'aux équations correctes ? Les sceptiques – comme Nancy Cartwright, dans ses moments les moins heureux – suggèrent que les longues déductions à partir des lois de Newton pourraient n'être que pour la parade. Kelvin, disent ceux qui doutent, n'a atteint des conclusions fiables que parce qu'il essayait d'obtenir des résultats déjà certifiés par l'expérience.

Un tel scepticisme manque de plausibilité. Les chaînes de raisonnement de Kelvin doivent propager une bonne dose de force probante, car, dans ce contexte, l'expérience a rarement indiqué le chemin vers des équations fiables sans que la théorie ait fortement suggéré la direction. La solution la plus raisonnable qu'on peut donner à notre énigme consiste à soutenir que les techniques de Kelvin incorporent tacitement un système régulier de *contraintes* qui canalisent les déductions en gros dans les mêmes directions inférentielles que celles que requièrent les traitements modernes explicites des continua. De fait, ces contraintes apparaissent parfois sous de sacrés déguisements – par exemple, le recours caractéristique des Victoriens à de la *mauvaise* philosophie des sciences – du genre « la science ne traite que d'idéalisations » – a l'effet pratique de redoubler l'orientation que nous imputons maintenant au principe de la « conservation du moment cinétique »[1]. Un principe comme la « troisième loi de Newton » prend un sens différent selon

---

1. Plus exactement, la « philosophie » remplit la place de ce qui est appelé ailleurs le « principe de rigidification ». *Cf.* l'article de James Casey, « The Principle of Rigidification », *Archive for the History of Exact Sciences*, XXXII, 1993, 329-383.

le « mode » qui domine dans tel ou tel passage d'une déduction.

Par conséquent, je trouve amusant qu'un manuel qui répertorie avec soin la plupart des stratagèmes clandestins des Victoriens commence par cette note fleurie :

> Sans le pouvoir d'une rigoureuse logique déductive ... le chercheur expérimental pourrait errer dans les champs et cueillir les fleurs sauvages de la connaissance, mais il n'y aurait pas de beau jardin de l'entendement qui procurent à l'esprit humain de sereins délices [1].

L'auteur a raison ; la mécanique victorienne offre un parangon de l'entendement humain le plus profond. Mais les plates-bandes et les haies de ce jardin courent dans de tout autres directions que celles qu'installerait une « rigoureuse logique déductive ».

V

Les grammaires contraintes ont été exposées à côté des variétés de grammaires libres de contextualisation parce que je crois que les processus naturels de l'évolution linguistique tendent à *créer* des grammaires actives | du type contraint **538** (même si les fins primordiales du langage pourraient être mieux servies par quelque grammaire alternative). Les auteurs soulignent aujourd'hui, au point que c'en est devenu un cliché, le fait que les locuteurs compétents peuvent comprendre une gamme illimitée d'énoncés qu'ils n'ont jamais rencontrés auparavant. C'est vrai, mais ces énoncés variés apparaissent souvent dans le cadre d'un format, d'un système ou d'un mode, qui sont à la fois stéréotypés et

---

1. Louis Brand, *Vectorial Mechanics*, New York, Wiley, 1930, p. IV. La citation est à mettre au crédit de F. G. Donnan.

structurés pour orienter le raisonnement vers un certain but global. C'est un mode géométrique, je pense, qui convertit les données disponibles dans un format qui les met en perspective, de sorte que, lorsque nous nous frayons un chemin sur un terrain, l'information tirée d'une carte est compilée sous une forme qui facilite la reconnaissance de points de repère. Dans le cadre protecteur d'un système de ce genre, on peut modifier localement le comportement inférentiel d'un mot, isolé des pressions qui affectent son emploi ailleurs dans le langage. Des termes d'usage commun divergent souvent à un point étonnant si on force la comparaison entre eux en les tirant de l'isolement auquel les contraignent les modes qui les accompagnent. Nous avons été témoins d'un tel comportement dans le cas de Heaviside : son attachement acharné à résoudre le genre d'équations qui se présentent en télégraphie (les équations aux dérivées partielles linéaires) a fourni la clôture hermétique qui a permis aux algorithmes de la théorie des nombres de se mêler de manière avantageuse au langage des équations différentielles et, par un processus de coévolution graduelle, de donner lieu à une méthode de résolution extrêmement efficace. Quand les formules du calcul opérationnel sont extirpées du format spécial de Heaviside, qui les protégeait, et sont reversées dans le contingent mathématique libre de tout contextualisation, dont elles sont issues, le vocabulaire commun, comme « dt », perd tout sens univoque, et requiert une analyse sémantique liée au contexte.

Comme l'ontogénie récapitule la phylogénie, la manière dont, en tant qu'individus, nous employons les mots peut aussi présupposer des grammaires actives à mesure que nous passons des premiers apprentissages à l'âge adulte. Cherchons un cas où un terme change de grammaire active comme nos formes originaires de raisonnement géométrique s'adaptent à une application particulière.

Le mot « arc-en-ciel » est une bonne illustration, comme cas extrême, des processus que j'ai à l'esprit. Mon fils de quatre ans, qui n'a jamais vu un véritable arc, peut certainement « comprendre » des passages tels que celui-ci, tiré de *Tik-Tok of Oz*[1] de L. Frank Baum :

> Un magnifique arc-en-ciel apparut [*et la fée*] … étendit les bras. Aussitôt l'arc-en-ciel descendit jusqu'à ce que son extrémité soit à ses pieds, et d'un bond gracieux, elle sauta dessus et fut tout de suite étreinte dans les bras de ses sœurs rayonnantes, les Filles de l'Arc-en-ciel.

| En quoi consiste « comprendre » ici ? Quelque chose **539** comme ceci : sur la base du texte de Baum, mon fils construit un ensemble mouvant de cartes mentales qui situent progressivement la fée de plus en plus proche de l'arc, jusqu'à ce qu'elle puisse finalement monter dessus, en s'y hissant, pour ainsi dire, comme sur un wagon à foin. En s'appuyant sur ces représentations, mon fils est capable de répondre à un vaste éventail de questions au sujet de ce qui se passe dans l'histoire – les dimensions probables de l'arc, si la fée est en danger de se cogner la tête, et ainsi de suite. Pour faire cela, il utilise sa machinerie géométrique pour tirer le parler anglais vers un riche ensemble de représentations géométriques. Si mon fils était incapable de faire de telles inférences, on ne pourrait probablement pas le créditer d'une « compréhension (adéquate) de qu'est un arc-en-ciel ».

Jusqu'à présent, mon fils a seulement saisi la *grammaire apparente* de « arc-en-ciel ». Pour autant qu'il s'agisse de la compréhension de *Tik Tok*, si Baum avait décrit la fée

1. Chicago, Reilly and Lee, 1914.

comme la fille d'un entrepreneur aérien faisant descendre sur terre des arches de pierre au lieu d'arcs-en-ciel, cela aurait donné lieu à un traitement mental presque identique. En d'autres termes, mon fils a acquis la maîtrise d'une grammaire pour « arc-en-ciel » qui ressemble beaucoup à la syntaxe et à la sémantique de mots tels que « arche ». Dans la mesure où il s'engage dans une réflexion sémantique, il se représente probablement le comportement de « arc-en-ciel » comme conforme au simple schéma « "Fido"/Fido » qui vaut vraisemblablement pour un mot comme « arche ».

Dans le monde réel, un gouffre béant de disparité s'ouvre entre le genre de choses qui garantit qu'on puisse réussir à parler d'arches – par exemple, des blocs de granit – et le genre de choses qui supporte l'usage d'« arc-en-ciel » – à savoir, des gouttelettes d'eau dans la lumière. Cependant « arc-en-ciel » n'est pas un mot comme « sorcière » ou « griffon » dont la vie active est de nos jours reléguée à des quartiers entièrement fictifs. Dans les bonnes circonstances, « il y a un arc-en-ciel au-dessus de la montagne » compte comme vraie sans réserve. Mon fils peut demeurer dans l'illusion que les arcs-en-ciel sont semblables à des arches, mais, en tant qu'adulte, je ne le peux pas. Comme je prends pleinement la mesure du fait météorologique, je maintiens sans la moindre gêne que mes affirmations concernant les arcs-en-ciel sont vraies. Pouvons-nous raconter une histoire sémantique qui capture nos standards adultes pour la vérité de nos assertions utilisant « arc-en-ciel », mais ratifie aussi les schémas inférentiels que nous continuons à appliquer au monde? Le résultat serait une *grammaire active* pour « arc-en-ciel ».

Quels sont les faits inférentiels qui doivent être sauvés dans cette sémantique active? Entre autres, des principes comme celui-ci: si je marmonne « Tiens, il y a un arc-en-ciel au-dessus de la montagne » en m'adressant à un observateur près de moi, il peut, au moyen d'une estimation géométrique, calculer l'action appropriée – regarder vers la montagne ou s'enfuir, selon sa préférence. De cette manière, les conclusions géométriques encouragées par la grammaire apparente de « arc-en-ciel » permettent d'atteindre plus facilement différentes fins positives qui s'offrent à la navigation.

| De même, des difficultés d'orientation peuvent surgir si **540** un raisonnement apparenté n'est pas supprimé. Supposons maintenant que je télégraphie « Tiens, il y a un arc-en-ciel au-dessus de la montagne » à un observateur à un kilomètre vers l'ouest. Si jamais il voit un arc-en-ciel, il ne sera pas au-dessus de la montagne. La physique de la situation dicte que deux observateurs verront leurs arcs-en-ciel respectifs le long de droites *parallèles*. Il n'en est pas de même des arches, bien sûr ; notre machinerie géométrique compense automatiquement la parallaxe lorsqu'un observateur éloigné nous signale une arche. D'une manière ou d'une autre, cette règle de correction de la parallaxe doit être désactivée dans les contextes où il est question d'« arc-en-ciel ». Syntaxiquement, comment cette suppression est-elle effectuée ?

Dans mon cas personnel, j'ai pioché les corrections nécessaires dans la lecture avide de manuels aux titres comme le *Grand Guide Illustré de la Météorologie expliquée aux Enfants*[*]. On y trouve une litanie stéréotypée de « faits surprenants au sujet des arcs-en-ciel » tels que « chacun voit vraiment son propre arc-en-ciel », « les arcs-en-ciel nous suivent quand nous nous déplaçons », etc. Ces petits « faits » enclenchent les suppressions inférentielles suffisantes pour maintenir « arc-en-ciel » sur des rails

[*] *The Boy's Big Book of the Weather*, dans le texte original anglais. (N.d.T.)

généralement fiables – tout comme les « faits » d'une philosophie des sciences minable maintenaient les Victoriens dans le droit chemin mécanique.

À mesure que nous inventorions les « modes » qui correspondent à ces types de canalisation inférentielle, nous commençons à démêler comment opèrent les conditions de vérité pour le discours adulte employant « arc-en-ciel ». Je ne suis pas prêt à accepter la non-réponse traditionnelle, « "il y a un arc-en-ciel au-dessus de la montagne" est vrai si et seulement s'il y a un arc-en-ciel au-dessus de la montagne »[1]. Au lieu de cela, on devrait apporter des réponses informatives, sensibles au contexte, en gros de la forme suivante :

> « Il y a un arc-en-ciel dans la direction D » est vraie pour des locuteurs dans le contexte d'une localisation commune l si et seulement si l'axe des rayons caustiques qui concourent en l est dans la direction D.

Une explication complète serait compliquée et plutôt dépareillée. Mais il y a clairement ici un système qui explique comment il se fait que nous pouvons en général nous entendre, dans le cadre d'un mode approprié, sur les valeurs de vérité des propositions qui utilisent « arc-en-ciel ». C'est ce système sous-jacent, couplé avec les avantages liés à l'intégration, partout où c'est possible, de notre langage avec nos « *theorem provers* » géométriques, qui fonde la *permanence* fondamentale de la forme de langage qui utilise « arc-

---

1. Ici pourrait commencer une défense de la « vérité correspondance » : « vrai » est le terme qu'il est naturel d'employer lorsque nous passons en revue notre pratique linguistique antérieure et tentons de circonscrire son noyau actif. Si de telles idées rappellent la « théorie de la révision » d'Anil Gupta, ce n'est pas un hasard ; j'ai énormément bénéficié de nos conversations au fil des ans.

en-ciel » – comment il se fait que ce langage ne perdra jamais son utilité pratique (de la même manière que le langage des « points infiniment voisins » comporte une forme apparentée de stabilité au sein des cercles mathématiques).

| Nous avons appris que les grammaires contraintes **541** représentent parfois la réponse la plus avantageuse à un besoin linguistique. On voit alors clairement pourquoi ce genre de syntaxe n'est pas menacé d'extinction linguistique, tandis que le traitement translationnel du même langage invite positivement à poser la question « pourquoi les agents n'abandonnent-ils pas le machin de surface au profit du langage sous-jacent ? »

Comme on s'est avisé des avantages que présentent le bricolage inférentiel au sein de modes localisés, on trouve que de nombreux mots usuels de classification physique témoignent d'une semblable sensibilité au contexte. Prenons « poids », dont nous apprenons à l'école que c'est le terme pour « force gravitationnelle imprimée ». Ainsi le poids de quelqu'un sur la lune sera moindre que son poids sur terre. Néanmoins, même des « spécialistes des fusées » renommés affirment allégrement que des astronautes en orbite sont « sans poids », bien qu'en fait les forces gravitationnelles imprimées y excèderont largement celles qui sont atteintes sur la lune. L'explication de cette bizarrerie est simple : « poids » entre comme un paramètre central dans nos méthodes quotidiennes d'estimation, dans un contexte terrestre, des effets probables qu'entraînent le fait de jeter un objet donné, le fait qu'il rebondisse sur la tête de quelqu'un, etc. Avec un peu de bricolage, ces algorithmes quasi-géométriques peuvent être mis à contribution pour calculer le comportement local des objets que l'on rencontre sur la lune et dans les régions spatiales, indépendamment du fait que la *base physique* qui justifie le succès continu de l'algo-

rithme change considérablement dans de telles circonstances. Si des barrières appropriées empêchent les applications mixtes de l'algorithme, cette politique ne mènera pas à
l'incohérence. En fait, le passage d'un contexte à un autre
est généralement évité grâce aux mêmes restrictions de
mode qui opèrent dans le cas « arc-en-ciel » (bien que des
petits garçons non contraints franchiront parfois la ligne :
« Papa, pourquoi un astronaute est véritablement sans poids
alors que quelqu'un dans un ascenseur en chute libre ne fait
que *simuler* cet état ? ») Comme un langage bricole une
grammaire active effective par ces procédés furtifs, on
comprend maintenant pourquoi les suppliques compassées
de l'« impératif moral de la forme logique » sont souvent
ignorées – en conformité avec les actes, plutôt qu'avec les
paroles, du Davy Crockett réel.

VI

Nous avons remarqué que les capacités inférentielles de
mon fils dans son effort pour suivre *Tik Tok*, aussi admira-
bles soient-elles, ne suffisent pas à lui offrir une préparation
adéquate aux arcs-en-ciel du monde réel. Il lui manque
toujours les contraintes qui isoleront la manière adulte
d'utiliser « arc-en-ciel » en la garantissant contre le risque
imminent de sombrer dans l'incohérence. De telles observations, et les observations scientifiques analogues, devraient
nous mettre en garde contre les dangers qu'il y a à se fier
trop aveuglément – comme le fait la philosophie contemporaine – à une notion comme celle de « possibilité concep-
542 tuelle », | lorsque l'on cherche à déterminer le vrai « sens »
de termes clés présentant un intérêt philosophique comme
« douleur », « cause » ou « jaune ». On ne fait que générer

des histoires du type *Tik Tok*, très éloignées des mécanismes sémantiques qui soutiennent le fonctionnement d'un mot dans le monde réel [1].

Pour résumer, on peut que concéder : a) que chacun connaît implicitement la grammaire apparente de son langage ; b) qu'à la lumière des catégories sémantiques apparentes dont font partie les entrées lexicales, une inférence de *S* à *T*, tombant peut-être sous la juridiction apparente de la logique du premier ordre, est pleinement légitimée ; c) que le locuteur, dans l'enfance ou dans les premiers temps de son usage scientifique, peut être proprement jugé « sémantiquement incompétent », s'il refuse d'accepter l'inférence de *S* à *T*. Rien de cela n'impose qu'un agent raisonnable, comme peut l'être un adulte, doive continuer à accepter cette inférence comme correcte. Il a seulement besoin d'une base, fût-elle ténue, pour supposer que cette transition n'est plus sanctionnée dans le cadre d'une sémantique plus fiable pour son langage. La grammaire apprise enfant, syntaxe et sémantique confondues, peut être rejetée simplement comme une *fausse manière de rendre compte* des mécanismes centraux du langage, indépendamment du fait que le locuteur n'aurait jamais gravi les premiers échelons de l'apprentissage linguistique s'il n'avait accepté tacitement une théorie erronée.

S'il en est ainsi, l'autorité morale de la « forme logique » traditionnelle n'est plus indéfectible, ses classifications sont ancrées dans ce qui se révèle n'être que les premières hypo-

---

1. Un coup de chapeau à Tamara Horowitz et Joseph Camp qui ont prêché contre le blanchiment des « expériences de pensée » pendant de nombreuses années. Les considérations à la *Tik Tok*, je dois ajouter, mettent en garde contre les dangers d'interpréter un concept comme *arc-en-ciel* comme « une fonction des mondes possibles vers les valeurs de vérité ».

thèses dans une longue série de tentatives successives d'articuler les mécanismes qui font que notre langage fonctionne. À n'importe quel moment, nous pouvons nous appuyer sur notre théorie présente pour raffiner nos pratiques inférentielles, mais nous autorisons toujours que de telles révisions puissent s'en tenir à un demi-diagnostic partiel de la structure active.

À cet égard, il vaut la peine de réaffirmer l'opposition familière, très bien saisie par Michael Dummett dans « La justification de la déduction »[1], entre les conceptions de la logique qui se fondent sur la sémantique et les conceptions qui soutiennent qu'au bout du compte, la logique repose sur l'acceptation de certaines transitions syntaxiques considérées comme primitives. « Nous sommes pris dans une difficulté logico-centrique », disent les défenseurs de ces dernières conceptions, « qui rend les preuves de correction pour la logique fondamentalement circulaires. » Cette dichotomie repose sur l'hypothèse implicite que la garantie inférentielle est fixée de manière permanente dans l'apprentissage linguistique précoce. En fait, nous nous trouvons fréquemment dans la position de ne pas en savoir assez sur notre langage pour faire reposer résolument nos pratiques inférentielles, y compris celles qui semblent « purement logiques », sur la 543 syntaxe | ou la sémantique. Selon les circonstances, nous pouvons citer notre théorie sémantique pour corriger notre pratique syntaxique ou vice versa.

Seule une symbiose de ce genre convient, je pense, au schéma d'oscillation caractéristique des nombreuses tentatives d'installer la « rigueur » au sein d'une science. Considérons l'histoire. 1790 : Lagrange espère rendre le

---

1. Dans *Truth and Other Enigmas*, Cambridge, Harvard, 1978, p. 290-318.

calcul rigoureux, et ainsi articule des règles formelles de manipulation syntaxique. 1830 : Cauchy, prenant conscience que l'adhésion aveugle aux règles de Lagrange conduit au désastre inférentiel en mécanique céleste, essaie d'exfiltrer ce qu'il y a de mauvais en analysant la base sémantique des équations différentielles. 1890 : Heaviside, néanmoins, découvre des principes inférentiels avantageux qui n'ont pas leur fondement dans la sémantique de Cauchy. 1950 : Laurent Schwartz découvre une réinterprétation des équations différentielles en termes de « distributions » qui soutient le calcul de Heaviside et semble être plus appropriée à la réalité physique. Et ainsi de suite.

À chaque étape, nous obtenons une compréhension plus profonde de la manière dont le langage des équations différentielles s'y prend pour servir si bien ses applications au monde réel, mais aucune analyse ne vaut comme définitive. La perte d'un standard de « rigueur absolue » inébranlable n'implique pas que l'anarchie règne au sein d'une science, ou que « n'importe quoi fait l'affaire »[1], mais simplement que les facteurs propres par lesquels s'opère le guidage inférentiel entrent silencieusement dans la pratique linguistique – par la petite porte, pour ainsi dire. Et cette morale vaut, *mutatis mutandis*, pour notre lutte en cours pour maîtriser le « langage ordinaire ». À mesure que notre diagnostic des principes d'action du langage s'approfondit progressivement, les catégories assignées à la « forme logique » sont autant susceptibles de révision que n'importe quelles autres. La « forme logique » est, bien sûr, un guide

---

1. Je rejetterais vigoureusement, par exemple, les conceptions exprimées dans le livre de Stephen Stich, *The Fragmentation of Reason*, Cambridge, MIT, 1990.

important vers l'inférence fiable, mais il ne faudrait pas la créditer d'une autorité inébranlable.

Cet essai plaide en faveur de l'attention plus grande que nous devrions porter à ce qu'on peut nommer les « déterminants supérieurs de l'usage linguistique » – les facteurs qui influencent profondément la manière dont le langage se déplie, mais qui ne sont pas fondés dans les processus que nous associons normalement à l'acquisition de la compétence linguistique. Une attention myope à cette dernière, aussi importante soit-elle, nous a empêchés de voir l'importance des structures discutées ici. Des études de cas d'histoire des sciences ont isolé une grande variété de facteurs inattendus qui peuvent modeler l'« usage correct » d'un terme [1], mais les leçons de cette littérature ne semblent pas avoir filtré dans le courant dominant de la philosophie du langage.

544 | La manière dont je me suis approprié le terme de « grammaire » aura gêné certains lecteurs (bien que Ludwig Wittgenstein ait probablement eu quelque chose de semblable en tête il y a longtemps déjà). Puisqu'un niveau distinct et identifiable de structuration linguistique semble nécessaire à la « compétence » de base, le terme de « grammaire » pourrait peut-être être limité à ce premier produit de l'apprentissage. Je céderai volontiers « grammaire » aux grammairiens *si* l'importance des contraintes syntaxiques dans la réussite du langage était reconnue, comme aussi le fait que ces déterminants supérieurs possèdent assez de structure pour qu'il soit profitable d'en étudier les opérations. Puisque de telles recherches requièrent une

---

1. Pour son importance philosophique, on devrait citer en particulier le travail de Kenneth Manders sur les structures linguistiques de la géométrie analytique et synthétique à paraître dans un prochain livre sur Descartes.

bonne dose d'attention au contexte physique dans lequel un langage opère, les linguistes pourraient à bon droit arguer que de telles choses tombent en dehors de leur domaine propre.

Mais la philosophie ne peut pas emboîter le pas à la linguistique en ignorant ces « déterminants supérieurs de l'usage », car, comme l'a montré notre examen de l'impératif moral de la forme logique, leur présence potentielle peut affecter profondément le *droit* qu'une analyse syntaxique peut avoir de s'acquitter de tâches philosophiques. Sans l'opposition d'une autre structure qui la contrebalance, la « forme logique » a pu plastronner dans le paysage philosophique avec tout le panache du chef de convoi dans le film *Rivière rouge* [1].

On y voit l'éleveur de bétail (joué par John Wayne) balayer du regard les vastes étendues des plaines centrales du Texas, accompagné de son contremaître (joué par Walter Brennan). Ce dernier parle en premier :

> – « Dites, patron, je suppose qu'on devrait construire des clôtures pour le bétail »
> – « Pas besoin de clôtures, partout où vont les bêtes, elles seront sur ma terre »
> – « ça alors ! patron, tu te souviens pas qu'on s'est retrouvé avec seulement un demi-acre après la grande saisie immobilière de la banque ? »
> – « C'est juste, Groot ; c'est pas mon bétail, si c'est pas sur ma terre »

Beau discours, patron ; mais tu dois alors arrêter de marquer au fer rouge chaque vache que tu vois.

Traduction Ivahn Smadja

1. *Red River* est un film de Howard Hawks de 1948. (N.d. T.)

DEUXIÈME PARTIE

LANGAGES ET THÉORIES : DE LA PRATIQUE MATHÉMATIQUE À LA LOGIQUE

PRÉSENTATION

La question de l'appréciation exacte des relations entre langages formels, théories axiomatisées et pratique mathématique effective constitue l'une des questions centrales de la philosophie des mathématiques. Dès les premiers temps de l'axiomatisation, les mathématiciens avaient pris l'habitude de distinguer nettement, dans chaque branche des mathématiques, entre d'une part le « système mathématique », c'est-à-dire la classe d'objets mathématiques et conjointement la famille finie de relations distinguées entre ces objets, et d'autre part l'« axiomatisation » qu'on peut en proposer, c'est-à-dire l'ensemble des propositions portant sur ce système, formulées dans un langage adéquat qu'il convenait de préciser. Pour fixer les idées, supposons par exemple que l'on se donne un ensemble K de constantes non logiques et qu'on spécifie un langage formel $L(K)$ dont les constantes de K sont les primitives, on peut alors regarder certains « systèmes mathématiques » comme des « interprétations » du langage $L(K)$, et pour une interprétation I donnée, on appellera théorie de I, soit $Th(I)$, l'ensemble des énoncés de $L(K)$ – qui sont vrais dans I. Selon John Corcoran[1], deux idées directrices fondamentales ont normé le mouvement d'axiomatisation depuis le tournant du dix-

---

1. « Categoricity », *History and Philosophy of Logic* 1, 1980, p. 187-207.

neuvième au vingtième siècle. D'un côté, l'intuition que la vérité dans un langage formel ne dépend que de la forme de l'interprétation, et non de son contenu, a conduit à dégager progressivement la notion de « catégoricité »[1] : une théorie axiomatique pour un langage donné est dite « catégorique » si toutes ses interprétations sont isomorphes, et inversement si deux interprétations I et J d'un même langage sont isomorphes, alors leurs théories coïncident, $Th(I) = Th(J)$. Si l'axiomatisation fournit donc une forme de « description » de l'interprétation qu'on a en vue, il n'est cependant question ni de caractériser de manière unique un domaine mathématique donné au moyen d'un ensemble d'énoncés d'un langage formel, ni de capturer une prétendue « essence » des objets et des relations de ce domaine ; de sorte que le mieux que l'on puisse espérer à cet égard est une caractérisation à isomorphisme près[2]. Mais d'un autre côté, l'étude des propriétés des langages formels a peu à peu conduit à imposer l'idée que les relations entre une théorie axiomatique et son interprétation attendue d'une part (complétude[3]), ou la classe de ses interprétations d'autre

---

1. Sur cet aspect de l'histoire de la logique et les relations entre les notions de « catégoricité » et de « complétude », *cf.* Corcoran, « Categoricity », *op. cit.*, et « From Categoricity to Completness », *History and Philosophy of Logic* 2, 1981, 113-119 ; voir également S. Awodey, E. H. Reck, « Completeness and Categoricity. Part I : Nineteenth Century Axiomatics to Twentieth Century Metalogic », *History and Philosophy of Logic* 23 (1), 2002, 1-30, et « Completeness and Categoricity. Part II : Twentieth Century Metalogic to Twenty-First Century Semantics », *History and Philosophy of Logic* 23 (2), 2002, 77-94.

2. L'essentiel du malentendu entre Frege et Hilbert au sujet des fondements et de l'axiomatisation de la géométrie concerne ce point ; *cf.* la correspondance de la fin de l'année 1899 entre Hilbert et Frege.

3. Si l'on s'attache par exemple à l'interprétation attendue, c'était un but légitime que de rechercher une axiomatisation « complète » de l'interprétation I en cause, ce qui revient à établir que seul un sous-ensemble A de

part (catégoricité [1]), dépend en grande partie des ressources logiques disponibles (variables et constantes logiques) dans le langage choisi. L'entreprise d'axiomatisation requerrait ainsi la codification de l'inférence correcte, et par suite l'élaboration indépendante de la théorie de la logique comme système formel [2], la clarification des relations entre déduction syntaxique et conséquence sémantique. Une histoire complexe était ainsi enclenchée qui devait conduire à l'émergence progressive de la logique du premier ordre

---

Th(I) (les « axiomes » proprement dits) suffit pour obtenir *déductivement* tous les autres énoncés de *Th(I)*. Mais précisément la définition de cette notion de *déduction* supposait la codification indépendante de la logique comme système formel.

  1. *Cf.* Corcoran, « Categoricity », *op. cit.*, p. 191-2 : « Vers le milieu du premier quart du XXe siècle, la caractérisation catégorique de plusieurs interprétations importantes avait été établie. (…) Il devint courant qu'on « identifie » l'interprétation attendue d'un langage formel utilisé pour discuter un système mathématique standard avec le système lui-même. Par exemple, l'expression « le système des nombres naturels » indique parfois l'interprétation attendue du langage LK, où K est l'ensemble des « symboles arithmétiques primitifs ». En usant de cette terminologie, on peut dire que les systèmes suivants avaient fait l'objet d'une caractérisation catégorique : les entiers naturels, les entiers (relatifs), les réels, les nombres complexes, et l'espace euclidien. » Mais dans tous ces cas, la caractérisation catégorique suppose des langages du second ordre, et il fut établi que seules des interprétations finies sont susceptibles d'une caractérisation catégorique au premier ordre.

  2. Sur les rapports entre axiomatisation des mathématiques et formalisation de l'inférence logique chez Hilbert aux différents stades de développement de son programme fondationnel, voir Hallett M., « Hilbert's axiomatic method and the laws of thought », I A. George (ed.), *Mathematics and Mind*, Oxford University Press, Oxford, 1994, p. 158–200 ; M. Hallett, « Hilbert and Logic », *in* M. Marion, R. Cohen (eds), *Québec Studies in the Philosophy of Science, Part 1 : Logic, Mathematics, Physics and the History of Science*, (Boston Studies in the Philosophy of Science, Volume 177), Dordrecht, Kluwer, 1995, p. 135-87.

(comme fragment indépendant et significatif)[1] notamment vis-à-vis de la logique du second ordre, l'une et l'autre comprises avec leurs propriétés métalogiques respectives[2]. La question de l'arbitrage entre différentes exigences dans la détermination de la logique sous-jacente à telle ou telle branche des mathématiques devenait du même coup susceptible d'une formulation plus précise. En associant étroitement méthode axiomatique et théorie de la démonstration, le programme de Hilbert (H.P.) visait de son côté à justifier les méthodes abstraites en mathématiques par le recours à des méthodes métamathématiques censées permettre au bout du compte l'obtention d'une preuve de consistance finitiste pour les mathématiques infinitistes. Les théorèmes d'incomplétude ont conduit à infléchir la perspective initiale de Hilbert dans le sens d'un programme réductionniste à la fois plus libéral et plus général dont la moisson de résultats permet une meilleure intelligence des relations logiques entre énoncés, en étudiant de manière fine et systématique quels langages et quels fragments de théorie formelle sont nécessaires pour prouver quels théorèmes concrets : *what rests on what ?* Les deux textes que nous réunissons dans

---

1. Sur l'émergence de la logique du premier ordre, *cf.* W. Goldfarb, « Logic in the Twenties : The Nature of the Quantifier », *The Journal of Symbolic Logic* 44 (3), 1979, p. 351-368 ; G. H. Moore, « The Emergence of First-Order Logic », *in* W. Aspray, P. Kitcher (eds), *History and Philosophy of Modern Mathematics*, Minnesota Studies in the Philosophy of Science, Minneapolis, University of Minnesota Press, 1988, p. 95-135.

2. Rappelons qu'en logique du premier ordre, on ne quantifie que sur des variables d'individu, tandis qu'en logique du second ordre, on quantifie aussi sur des variables de propriétés. Pour ces notions fondamentales, on pourra par exemple se reporter à D. van Dalen, *Logic and Structure*, 3 e éd., Berlin-Heidelberg-New York, Springer, 1994. Le théorème de compacité, le théorème de complétude et les théorèmes de Löwenheim-Skolem sont vrais de la logique du premier ordre, mais pas de la logique du second ordre.

cette section abordent les questions philosophiques que posent ces développements historiques, selon des perspectives différentes auxquelles nous nous proposons d'introduire par les remarques qui suivent.

Complétude vs catégoricité, langages du premier ordre vs langages du second ordre

Que cherche-t-on à faire lorsqu'on axiomatise un domaine des mathématiques? En cherchant à répondre à cette question, Stewart Shapiro distingue essentiellement deux aspects différents dans le texte que nous présentons ici [1] : 1) le premier objectif est d'organiser et de présenter systématiquement les vérités et les inférences correctes d'un domaine mathématique donné; on cherche alors à donner une axiomatisation *complète* du domaine en question, c'est-à-dire telle que toutes les propositions vraies du domaine (et évidemment seulement celles-là) soient des théorèmes pour le langage et le système déductif fixés dans l'axiomatisation; 2) le second est de *décrire* une structure particulière, une branche des mathématiques. « Complétude » et « catégoricité » sont les traits des systèmes axiomatiques qui correspondent à ces deux exigences distinctes. Les théorèmes de Löwenheim-Skolem constituent un point de départ pour Shapiro. Dans son article de 1922 [2], Skolem énonce en effet une sorte de paradoxe en affirmant le

---

1. « Second-order languages and mathematical practice », *The Journal of Symbolic Logic* 50, 1985, 714-42.

2. T. Skolem, « Einige Bemerkungen zur axiomatischen Begründung der Mengenlehre », *Wissenschaftliche Vortrage gehalten auf dem Funften Kongress der Skandinavischen Mathematiker in Helsingfors vom 4. bis 7. Juli 1922*, Helsinki, Akademiska Bokhandeln, 1923, p. 217-232; trad. angl. in J. van Heijenoort, *From Frege to Gödel : A Source Book in Mathematical Logic (1879–1931)*, Cambridge (MA), Harvard University Press, 1967, p. 290-301.

caractère « inévitablement relatif » de toutes les notions ensemblistes, et par suite de toutes les notions mathématiques, si l'on accepte une théorie des ensembles au premier ordre comme *ZFC* comme cadre fondationnel. Les théorèmes de Löwenheim-Skolem (LS) révèleraient ainsi une inadéquation foncière dans l'entreprise même de formalisation. John Myhill[1] suggère à cet égard que les structures mathématiques sont d'abord appréhendées dans l'« intuition », et que LS nous apprend précisément qu'il ne faut jamais oublier complètement nos intuitions. Dans les termes de Myhill, la communication formelle des mathématiques présuppose une « communauté informelle de compréhension ». Toutefois il y a ici une prémisse implicite, à savoir que les seules formalisations acceptables de la pratique mathématique sont au premier ordre[2]. Shapiro propose de renverser la perspective et de regarder les arguments sceptiques à la Skolem comme une *reductio ad absurdum* de la thèse du primat du premier ordre. À cette fin, il compare

---

1. Dans son article « On the Ontological Significance of the Löwenheim-Skolem Theorem », *Academic Freedom, Logic and Religion* (M. White, editor), Philadelphia, Pennsylvania, American Philosophical Society, 1951, p. 57-70. Repris dans I. Copi, J. Gould (eds), *Contemporary readings in logical theory*, New York, Mac Millan, 1967, p. 40-54.

2. La question de savoir si la logique du second ordre relève véritablement de la logique proprement dite ou n'est que de la « théorie des ensembles déguisée », selon la formule célèbre de Quine, a nourri un débat intense devenu classique ; *cf.* en particulier l'énoncé de la thèse de Quine (in *Philosophy of Logic*, 1970, seconde édition : Cambridge, Harvard University Press, 1986 ; trad. fr. *Philosophie de la Logique*, Paris, Aubier, 1975) et sa réfutation par G. Boolos, « On Second-Order Logic », *The Journal of Philosophy*, LXXII, N° 16, 1975, 509-527 ; mais aussi L. Tharp, « Which logic is the right logic ? », *Synthese* 31, 1975, 1-31 ; C. Peacocke, « What is a Logical Constant ? », *The Journal of Philosophy*, vol. 73 (9), 1976 ; I. Hacking, « What is Logic ? », *The Journal of Philosophy*, LXXVI, N° 6, 1979.

les versions au premier et au second ordre de théories comme l'arithmétique de Peano, l'analyse réelle ou *ZFC*. Pour certains axiomes essentiels (respectivement l'axiome d'induction complète, l'axiome de complétion, l'axiome de remplacement), on a le choix entre une formulation au second ordre ou un schéma d'axiomes au premier ordre. La différence essentielle tient au fait que la propriété que l'on asserte vaut dans un cas pour tout sous-ensemble du domaine, qu'on puisse ou non le définir dans le langage de la théorie, tandis que dans le second, on se limite aux sous-ensembles du domaine de base qui sont définissables dans un langage du premier ordre donné. Shapiro prétend que cette restriction aux théories du premier ordre est artificielle et s'accorde mal avec la pratique mathématique[1] et pour étayer ce point il donne trois grands types d'arguments.

En premier lieu, un argument de nature épistémique. Il présuppose comme une évidence fondamentale que l'arithmétique et l'analyse réelle ont une interprétation attendue indépendante du langage utilisé pour la décrire. En ce sens, les théories ne sont pas prises comme des systèmes logistiques dont l'interprétation serait laissée en suspens. Shapiro cite un passage de l'article « Informal Rigour and Completeness Proofs » de Georg Kreisel[2] dans lequel il est

---

1. Sur la distinction standard/non-standard concernant la sémantique de la logique du second ordre et les relations avec la pratique mathématique, *cf.* J. Hintikka and G. Sandu, « The Skeleton in Frege's Cupboard : The Standard versus non standard distinction », *The Journal of Philosophy* 89 (6), 1992, 290-315 ; J. Hintikka, « Standard vs Nonstandard Distinction : a Watershed in the Foundations of Mathematics », *in* J. Hintikka, *Selected Papers* 3, *Language, Truth and Logic in Mathematics*, Kluwer, 1998.

2. G. Kreisel, « Informal Rigour and Completeness Proofs », *in* I. Lakatos (ed.), *Problems in the Philosophy of Mathematics*, Amsterdam, North-Holland, 1967.

dit que dans le cas de l'arithmétique de Peano, on n'accepte les instances du schéma d'axiomes au premier ordre que sur la base de l'axiome de second ordre que nous devons déjà avoir accepté préalablement. Le motif principal que l'on allègue contre les langages du second ordre tient au fait qu'ils nous engageraient ontologiquement au-delà de ce que nous sommes prêts à accepter. Mais, selon Shapiro, en pratique, l'acceptation des théories mathématiques classiques implique que nous souscrivions déjà à ces engagements, et le passage au second ordre ne constituerait de ce point de vue que l'acquittement d'une dette déjà contractée.

Il y a ensuite un second argument qui repose sur la théorie logique de la définition. Dans la mesure où elles ne contiennent pas de schémas d'axiomes, les théories au second ordre sont dans une certaine mesure indépendantes du langage non-logique. Pour établir ce point, Shapiro exploite une idée de John Corcoran [1] qui propose une caractérisation sémantique, en termes d'unicité de l'extension des modèles, de la notion logique de définition éliminable et non créatrice, mais il en tire une interprétation philosophique en faveur de la logique du second ordre. Si l'on part de la notion intuitive selon laquelle un concept est « défini » dans une théorie T à partir d'autres concepts de la théorie, et que l'on cherche à la rendre précise, on est amené à spécifier, pour un langage donné, la relation entre la théorie T, un symbole non logique du langage τ qui est censé « représenter » le concept « à définir » et les symboles non logiques $\beta_1, ..., \beta_n$ qui « représentent » les autres concepts qui servent à définir le premier. Il y a deux manières différentes de le faire. La première méthode, due à Padoa, part de l'idée que

---

1. Elle est développée dans J. Corcoran, « A semantic definition of definition », *The Journal of Symbolic Logic*, vol. 36, 1971, 366-367.

pour toute spécification de l'univers de discours de la théorie T et du sens des symboles qui représentent les concepts dont on se sert dans la définition, on doit pouvoir déterminer *de manière unique* le sens du symbole associé au concept à définir. En théorie des modèles, on dit alors que τ est « *implicitement définissable* » à partir de β_1, ..., β_n dans T, si deux modèles quelconques M et M$'$ de T qui ont même domaine de base et assignent la même interprétation à β_1, ..., β_n, assignent aussi la même interprétation à τ. La seconde méthode consiste à utiliser les outils de la logique pour préciser la notion pascalienne des « définitions nominales » et le principe qui enjoint « de substituer ... la définition à la place du défini »[1]. Supposons pour fixer les idées que τ soit un symbole de prédicat binaire, on dira que τ est « *explicitement définissable* » à partir de β_1, ..., β_n dans T s'il existe un énoncé de T de la forme $\forall x\ \forall y(\tau xy \leftrightarrow F(x, y))$, où $F(x, y)$ est une formule qui ne comporte que les symboles β_1, ..., β_n. L'adjonction de cet énoncé à la théorie T permet de garantir que la définition ainsi caractérisée vérifie certaines conditions intuitivement évidentes d'éliminabilité et de non créativité. Le théorème de définissabilité de Beth énonce que ces deux notions de « définissabilité implicite » et de « définissabilité explicite » sont en fait équivalentes pour les langages du premier ordre[2]. En s'appuyant sur ces résultats, Corcoran rompt alors cette symétrie en proposant de définir la définition au moyen de la seule notion sémantique et de ne regarder les conditions d'éliminabilité et de

---

1. Pascal, *Œuvres*, « De l'Esprit géométrique et de l'art de persuader », « Bibliothèque de la Pléiade », Paris, Gallimard, 1936, p. 358-386. *Cf.* Evert Beth, pour la référence à Pascal.

2. Pour les détails de la démonstration, *cf.* G. Boolos and R. Jeffrey, *Computability and logic*, 1re édition (1974), 3e éd. augmentée, Cambridge, Cambridge University Press, 1989, p. 245-249.

non créativité que comme des conditions nécessaires et suffisantes qui en constitueraient la contrepartie syntaxique. Pour apprécier le sens de cette réorganisation conceptuelle, il faut rappeler que les définitions usuelles dans la pratique mathématique, par exemple les définitions récursives, ne constituent pas toutes à proprement parler des « définitions explicites ». Pour illustrer ce point, prenons un exemple. Supposons que pour étudier l'arithmétique, on spécifie un langage du premier ordre avec égalité (L) qui comprenne les symboles 0, S, $<$, $+$ etc. correspondant respectivement dans l'interprétation attendue à 0, successeur, etc ; et que l'on s'intéresse à certaines des sous-structures du modèle standard qui correspondent à différents segments emboîtés de L : $N_S = (N, 0, S)$, $N_O = (N, 0, S, <)$, $N_A = (N, 0, S, <, +)$, etc. Pour chacune de ces structures, il y a une théorie correspondante, l'ensemble des énoncés du langage qui sont vrais dans la structure, qu'on peut chercher à axiomatiser. Il est alors naturel de se demander quels sont les sous-ensembles de N qui sont définissables dans la structure en cause. Si, dans la pratique, on définit l'addition des entiers naturels, de manière récursive, au moyen des deux formules suivantes :

$$\forall x(x + 0 = 0), \ \forall x \ \forall y(x + Sy = S(x + y)),$$

on démontre en revanche que l'addition n'est pas implicitement définissable dans $N_O = (N, 0, S, <)$[1] – c'est une conséquence de la propriété d'élimination des

---

1. *Cf.* H. B. Enderton, *A Mathematical Introduction to Logic*, New York, Academic Press, 1972, p. 187. La multiplication n'est pas davantage définissable dans $N_A = (N, 0, S, <, +)$, en dépit de la définition récursive habituelle, cf. *ibid.*, p. 193.

quantificateurs de la théorie correspondante [1]. On comprend donc tout le parti que Shapiro entend tirer de la suggestion de Corcoran pour étayer l'idée que les langages du second ordre respectent davantage la pratique mathématique que les langages du premier ordre. Lorsqu'un mathématicien introduit une nouvelle fonction – par exemple l'addition – il donne une description – une définition récursive – de cette fonction et démontre qu'il y a une et une seule fonction qui correspond à cette description. Ce faisant, il tient pour évident que la nouvelle fonction est introduite dans le même domaine que précédemment – les entiers naturels – et qu'il travaille toujours dans la même théorie, bien qu'il ait en effet besoin d'introduire de nouvelles fonctions pour démontrer par exemple certains théorèmes à propos des mêmes entiers naturels. Shapiro prétend que cette conception est capturée par l'axiomatisation au second ordre de l'arithmétique, dans la mesure où la preuve informelle qu'une unique fonction est introduite correspond très exactement à la démonstration que tout modèle de la théorie axiomatique dont on part peut être étendu *d'une et une seule manière* en un modèle de la théorie enrichie par l'introduction du nouveau symbole de fonction. Ainsi les langages du second ordre honorent le cahier des charges correspondant à la définition sémantique – « à la Corcoran » – de la définition, là où les langages du premier échouent à le faire pour des raisons logiques intrinsèques. Dans ce dernier cas en effet, tout se passe comme si l'élargissement du langage conduisait à changer de théorie. Sans définissabilité explicite, l'introduction de

---

1. *Cf.* C. Smorynski, *Logical Number Theory I. An Introduction*, Berlin, Heidelberg, New York, Springer, 1991, p. 307-334, pour une présentation de ces résultats démontrés indépendamment par Presburger (1929) et Skolem (1930).

nouvelles fonctions en arithmétique revient à étendre l'ensemble des formules susceptibles d'intervenir dans le schéma de l'induction complète, ce qui change l'axiomatique.

Enfin le troisième argument consiste à souligner que, dans leur pratique, les mathématiciens envisagent les structures non pas comme simplement juxtaposées les unes aux autres, mais comme opérant de multiples manières les unes sur les autres. Comme le souligne Kreisel dans un passage que commente Shapiro, il est important de comprendre pourquoi on obtient des résultats intéressants en « plongeant » une structure dans une autre, ou en « modelant » une structure dans une autre : « très souvent, les propriétés mathématiques d'un domaine D ne deviennent saisissables que lorsqu'on plonge D dans un domaine plus large D'. Exemples : 1) D les entiers, D' le plan complexe : usage de la théorie analytique des nombres; 2) D les entiers, D' les nombres p-adiques : l'usage de l'analyse p-adique; 3) D la surface d'une sphère, D' l'espace à trois dimensions : l'usage de la géométrie tridimensionnelle. »[1] Nous ne sommes fondés à extraire une information sur D (les entiers naturels) des propriétés de D' (le plan complexe), que parce que nous sommes en mesure de reconnaître dans D' une sous-structure E isomorphe à D. Comme les structures isomorphes ont les mêmes théorèmes, certaines propriétés des entiers naturels peuvent être démontrées par simple transposition. Shapiro soutient que seuls les langages du second ordre permettent de rendre compte des procédés de

---

1. G. Kreisel, « Informal Rigour », *op. cit.*, p. 166.

ce type[1]. Par l'usage qu'elles font des schémas d'axiomes, les théories de premier ordre pour l'arithmétique et l'analyse se présentent comme des théories indépendantes les unes des autres, sans lien entre elles, de sorte qu'il n'est plus possible de rendre compte du transfert des théorèmes d'une structure à l'autre. Et qui plus est, pour rendre compte du plongement d'une structure D dans une structure D′, il est nécessaire de pouvoir fournir une caractérisation catégorique de D, ce que les langages du premier ordre ne permettent pas.

Shapiro rassemble ainsi un large spectre d'arguments en faveur de la logique du second ordre, mais ceux-ci ne s'intègrent toutefois pas de manière cohérente dans un plan d'ensemble fondationaliste. En ce sens, la démarche qu'il adopte témoigne d'une sorte d'éclectisme délibéré au service de la promotion du second ordre[2]. Si logique du second ordre fournit de meilleurs modèles que la logique du premier ordre pour un grand nombre d'aspects significatifs de la pratique mathématique, il n'est toutefois nullement question de prétendre qu'elle surpasserait sa rivale eu égard à tous les aspects de cette pratique[3]. Dans le texte de Shapiro dont nous présentons ici la traduction, il s'agit de manière

---

1. *Cf.* S. Shapiro, *Foundations without Foundationalism : A Case for Second-order Logic*, Oxford, Clarendon Press, 1991, section 5.3. 3, p. 123-124.

2. Voir les railleries de John Burgess qui brocarde le zèle d'un « avocat ou d'un représentant de commerce de *Second Order Inc.* », dans son compte-rendu du livre de Stewart Shapiro, « Foundations without Foundationalism. A Case for Second-Order Logic », *The Journal of Symbolic Logic*, vol. 58 (1), 1993, 363-365.

3. *Cf.* M. Resnik, « Review of Shapiro [1991] », *History and Philosophy of Logic* 14, 1993, 221-222 : « Il n'y a pas un modèle qui puisse prétendre être le seul modèle vrai, ni même le meilleur modèle, pour une pratique informelle donnée, mais plutôt plusieurs modèles non équivalents qui illustrent plusieurs *desiderata* à des degrés divers ».

beaucoup plus circonscrite de rapprocher, pour éclairer l'une par l'autre, la notion de « communauté informelle de compréhension », qui joue un rôle central dans son plaidoyer pour le second-ordre, de la notion wittgensteinienne de ce que signifie que « suivre une règle ».

H.P. face aux théorèmes d'incomplétude

Le second texte que nous présentons dans cette section récapitule, pour en analyser les enjeux philosophiques, une ample séquence historique dont nous proposons de marquer les étapes principales. On s'accorde à reconnaître que les théorèmes d'incomplétude de Gödel ont constitué un redoutable défi pour le programme fondationnel que Hilbert avait formulé dans les années 1920. Mais la question de savoir s'il faut interpréter ces résultats comme scellant irrévocablement la mort de ce programme demeure une question controversée qui dépend largement de ce qu'on considère être son noyau central.

Selon l'interprétation courante du programme de Hilbert (H.P.), la conservativité aurait été le but ultime de l'entreprise, et les preuves de consistance finitistes pour les théories formelles encodant le raisonnement non finitiste le moyen d'y parvenir. Graig Smorynski [1] par exemple propose de distinguer en réalité deux programmes dans H.P., le « programme de conservation » et le « programme de consistance », le second se présentant comme un développement naturel du premier. Le « programme de conservation » consiste à justifier l'usage de notions *abstraites, infinitaires* ou *idéales* en mathématiques, en établissant que

---

1. Dans « The Incompleteness Theorems », *in* J. Barwise (ed.), *Handbook of Mathematical Logic*, Amsterdam, North-Holland, Elsevier, 1977, p. 821-866.

toute assertion *concrète, finitiste* ou *réelle*, qu'on peut démontrer au moyen de techniques dans lesquelles ces notions jouent un rôle central peut aussi être démontrée sans recourir à ces techniques, c'est-à-dire en n'utilisant que les moyens sûrs des mathématiques concrètes. De cette manière, la « sécurité » des mathématiques concrètes serait « conservée » alors même qu'on recourt à ces modes de raisonnement abstraits. Le « programme de consistance » consiste en revanche à fournir des preuves de consistance des théories idéales par des moyens finitistes. Bien qu'il n'ait donné lui-même aucune définition précise de ce domaine des « mathématiques concrètes » (voir plus loin pour une discussion de ce point), ce que Hilbert avait en vue lorsqu'il parlait d'énoncés et de moyens de preuve « finitistes » correspond plus ou moins aux modes de raisonnement combinatoires finis, où l'on opère sur des suites finies de symboles conformément à certaines règles bien définies. Smorynski présente un argument informel pour expliquer le fait qu'une preuve de consistance pour un système formel qui encode les concepts abstraits puisse conduire à établir aussi un résultat de conservativité. Supposons en effet qu'on ait deux systèmes formels R et I qui capturent respectivement d'une part les énoncés réels et le raisonnement finitiste, et d'autre part les énoncés idéaux et les modes de raisonnement abstrait. Soit ϕ un énoncé réel, par exemple de la forme $\forall x \, (fx = gx)$, où f et g sont des fonctions dont le calcul soit finitiste, disons des fonctions primitives récursives. Supposons maintenant que ϕ soit démontrable dans le cadre de la théorie idéale, i.e. $I \vdash \phi$, il y aurait donc une preuve formelle d de ϕ dans I. Mais les preuves formelles sont des suites finies de symboles et, en tant qu'objets syntaxiques, ce sont des objets concrets. Le fait que l'énoncé ϕ soit prouvable dans I peut donc être représenté dans le cadre du système R comme une relation $P(x, y)$ entre deux objets concrets, une dérivation formelle d et un objet $\lceil\phi\rceil$ qui encode (d'une manière à préciser) l'énoncé ϕ, c'est-à-dire, dans les notations de la logique,[1] $R \vdash P(d, \lceil\phi\rceil)$. Mais si ϕ était un énoncé faux, on aurait $fa \neq ga$, pour un certain a, et par conséquent il y aurait une dérivation formelle d' telle que $R \vdash P(d', \lceil\neg \phi\rceil)$. On aurait même une dérivation dx de ce genre pour chaque x tel que $fx \neq gx$, c'est-à-dire qu'on aurait

$$R \vdash fx \neq gx \to P(dx, \lceil\neg \phi\rceil).$$

Mais si la consistance de I est prouvable dans R, alors pour chaque valeur de x, on aurait

$$R \vdash \neg (P(d, \lceil\phi\rceil) \wedge P(d_x, \lceil\neg \phi\rceil)),$$

par conséquent, puisque $R \vdash (P(d, \lceil\phi\rceil)$, on a par *modus ponens*, $R \vdash fx = gx$, pour x variable libre[2], et donc $R \vdash \forall x (fx = gx)$. Ce qui constitue le résultat de conservativité cherché.

Cette interprétation de H.P. est toutefois tributaire des méthodes mêmes que Gödel met en œuvre pour démontrer ses théorèmes d'incomplétude, car pour convertir l'argument informel de Smorynski en un argument en bonne et due forme, il faudrait clarifier et rendre précises toutes les hypothèses implicites qu'il renferme, ce qui ne peut se faire qu'en recourant aux techniques de codage de Gödel. Les théorèmes d'incomplétude énoncent en effet que pour toute théorie formelle T contenant l'arithmétique, il y a un énoncé (qui énonce sa propre non-prouvabilité dans T) qui est à la fois

---

1. *Cf.* D. van Dalen, *Logic and Structure*, 3ᵉ éd., Berlin-Heidelberg-New York, Springer, 1994.

2. En effet, puisque par hypothèse $R \vdash P(d, \lceil\phi\rceil)$ et I est consistante, on a pour chaque x, $R \vdash \neg P(d_x, \lceil\neg \phi\rceil)$, donc par contraposition et *modus ponens*, $R \vdash fx = gx$.

vrai et non prouvable dans T (premier théorème d'incomplétude), et que, si en outre la théorie T est consistante, l'énoncé qui exprime la consistance de T n'est pas prouvable dans T (second théorème d'incomplétude). Or l'idée directrice de Gödel consiste précisément à mettre en place un ensemble de procédés dits d'« arithmétisation de la syntaxe » qui permettent de « coder » dans les entiers naturels les symboles et les suites de symboles dans un langage formel donné. Supposons que l'on cherche à coder une théorie T (moralement une théorie qui capture les modes de raisonnement abstraits) dans une théorie S (moralement de l'arithmétique, *i.e. PA, PRA*, etc.[1] ou toute théorie qui fournisse un stock suffisant de constantes et de termes clos du langage de l'arithmétique pour coder la syntaxe de T, c'est-à-dire en gros qui admette une représentation satisfaisante des fonctions primitives récursives). On dira que T contient S, en ce sens qu'il y a une interprétation standard de S dans T. Supposons pour simplifier que le langage de S soit le langage de l'arithmétique de Peano, l'idée du codage gödélien consiste à associer à chaque énoncé ϕ de T et à chaque preuve p dans T, les termes clos (entiers naturels) $\lceil \phi \rceil$ et $\lceil p \rceil$ qui les codent respectivement, de sorte qu'on puisse exprimer une relation syntaxique comme « p est une preuve de ϕ dans T »[2] au moyen d'une relation arithmétique dans

---

1. Cf. *infra*, le texte de Feferman, section 2.3, pour une présentation des systèmes *PA* et *PRA*. On note traditionnellement *PA* (l'arithmétique de Peano) la théorie formelle du premier ordre dont les axiomes sont les axiomes de Peano (*cf.* présentation de la section 3 dans le tome précédent) avec schéma général d'induction. Le système *PRA* l'arithmétique récursive primitive, est le fragment sans quantificateur de l'arithmétique de Peano, où l'on substitue une règle d'induction pour des formules sans quantificateurs au schéma d'axiomes d'induction de *PA*.

2. Dans le texte dont nous donnons la traduction plus bas, Feferman choisit pour ce prédicat une notation où les places sont interverties par

$S : S \vdash Preuve_T ([p], \ulcorner \phi \urcorner)$. Les faits syntaxiques de T sont ainsi « représentés » dans S. Le pivot de la démarche consiste alors à utiliser un procédé dit de « diagonalisation » qui, pour chaque formule $\phi(x)$ du langage de T dont x est la seule variable libre, permet d'obtenir l'énoncé auto-référentiel ψ tel que

$$S' \vdash \psi \leftrightarrow \varphi(\ulcorner \psi \urcorner)$$

où S' est la théorie conservative par rapport à S, obtenue en élargissant S au langage de T (puisque $\phi(x)$ appartient au langage de T). On peut alors définir un prédicat qui énonce la prouvabilité dans T,

$$Pr_T(x) \leftrightarrow \exists y \, Preuve_T (y, x),$$

et appliquer le procédé de diagonalisation à la formule $\neg Pr_T(x)$, de façon à obtenir un énoncé ψ qui dit de lui-même qu'il n'est pas prouvable dans T, c'est-à-dire tel que l'on ait

$$T \vdash \psi \leftrightarrow \neg Pr_T (\ulcorner \psi \urcorner)$$

et dont Gödel montre qu'il est vrai mais non prouvable dans T. C'est le premier théorème d'incomplétude. Gödel montre en outre que si l'on suppose T consistante, la consistance de T n'est pas prouvable dans T, ou en d'autres termes, si l'on pose que Con_T est $\neg Pr_T(\ulcorner C \urcorner)$, où C est n'importe quel énoncé contradictoire du langage de T (par exemple $0 = 1$ si $T = PA$), que

$$\mathbf{T} \nvdash Con_T.$$

C'est le second théorème d'incomplétude. Sur la base de l'interprétation de H.P. esquissée plus haut, Smorynski

---

rapport au choix qui est fait ici : $Dem_T(y, x)$ signifie « x est le code d'un énoncé dont la démonstration dans T est codée par y ». Nous optons ici pour la notation de Smorynski qui rend le raisonnement métamathématique plus fluide.

(« The Incompleteness Theorems », *op. cit.*) soutient alors non seulement que le second théorème d'incomplétude ruine de manière évidente le programme de consistance, et par suite aussi le programme de conservation, mais prétend même avec d'autres[1] que le premier théorème d'incomplétude montrerait déjà en lui-même que le programme de conservation ne peut pas être mené à bien.

Quoique largement reçues, ces conclusions ne sont toutefois pas incontestables. Ainsi Michael Detlefsen[2] récuse-t-il les deux formes d'arguments avancés pour établir que les théorèmes de Gödel « tuent » le programme de Hilbert, en mettant en lumière un certain nombre de leurs faiblesses inhérentes. L'« argument standard »[3] fondé sur le second théorème d'incomplétude (G2) consiste à soutenir que, selon G2, les méthodes requises dans une preuve de consistance pour une théorie formelle T sont nécessairement « plus puissantes », ou « moins élémentaires », que celles qui sont admises dans la théorie elle-même, et que par conséquent on ne peut pas prouver par des moyens finitistes

1. G. Kreisel, « What have we Learned from Hilbert's Second Problem? », *in* F. E. Browder (ed.), « Mathematical Developments Arising from Hilbert's Problems », *Proceedings of the Symposia in Pure Mathematics 28*, AMS, Providence, 1976, p. 93-130; D. Prawitz, « Philosophical Aspects of Proof Theory », *in* G. Flöistad (ed.), *Contemporary Philosophy, a New Survey*, vol. I, La Haye, Martinus Nijhoff, 1981, p. 235-277; S. G. Simpson, « Partial Realizations of Hilbert's Program », *The Journal of Symbolic Logic 53*, 1988, 349-363.

2. Voir « On Interpreting Gödel's Second Theorem », *Journal of Philosophical Logic*, 8 (1), 1979, 297-313; *Hilbert's Program. An Essay on Mathematical Instrumentalism*, Dordrecht, Reidel, 1986; et enfin, « On an Alleged Refutation of Hilbert's Program using Gödel's First Incompleteness Theorem », *Journal of Philosophical Logic*, 19, 1990, 343-377.

3. *Cf.* M. Detlefsen, *Hilbert's Program, op. cit.*, p. 78-80, pour une présentation détaillée de l'argument qui en explicite toutes les étapes intermédiaires et permet ainsi de mieux en apprécier les faiblesses.

la consistance d'une théorie formelle pour les mathématiques finitistes, ni *a fortiori* la consistance d'une théorie
pour les mathématiques idéales. À cela, Detlefsen répond
que l'énoncé qui joue le rôle clé dans G2, à savoir (par
exemple) l'énoncé Con_{PA} qui exprime la consistance de
l'arithmétique de Peano, $\forall y \neg Preuve_{PA}(y,[0=1])$, n'exprime pas la consistance en un sens qui serait adéquat aux
exigences propres à H.P. Plus précisément, Con_{PA} est un
énoncé universel dont les quantificateurs sont interprétés
classiquement, alors qu'ils devraient en droit l'être de
manière finitiste [1]. Detlefsen repère donc une confusion dans
l'argument : « G2 ne semble impliquer l'échec du programm-
me de Hilbert que pour autant qu'on ignore le fait que la
logique de la théorie de la preuve finitiste de *T* classique et
la logique de *T* classique elle-même sont deux logiques très
différentes ! (...) Le défaut fondamental de ceux qui utilisent
G2 pour contrecarrer H.P. est qu'ils ne réussissent pas à
reconnaître que la logique de la théorie de la preuve arithmétisée de *T* dans G2 est la logique de *T* elle-même (puisque
la théorie de la preuve arithmétisée est elle-même contenue
dans *T*), et non la logique de la théorie de la preuve finitiste
de *T* (laquelle *n*'est *pas* un sous-système de la logique de

---

1. *Cf.* M. Detlefsen, « On Interpreting ... », *op. cit.*, p. 309-310. Une
interprétation finitiste des quantificateurs différerait de l'interprétation
classique au sens où la preuve d'un énoncé universel devrait être envisagée
comme une sorte de « moule » pour produire des preuves particulières, une
description des opérations à exécuter dans chaque cas particulier. Detlefsen
suggère qu'une telle interprétation finitiste des quantificateurs universels
pourrait correspondre à une forme restreinte de la règle-ω : si nous disposons
d'une procédure effective pour montrer pour chaque n que $F(\bar{n})$ est
prouvable de manière finitiste, alors $\forall x F(x)$ est prouvable de manière
finitiste. *Cf.* Ignjatović A., « Hilbert's Program and the Omega-Rule », *The
Journal of Symbolic Logic*, 59 (1), 1994, 322-343, pour une appréciation
critique de la suggestion de Detlefsen.

T) ! » [1] En approfondissant cette première intuition, Detlefsen part d'une minutieuse analyse de l'« argument standard » pour identifier plus précisément où le bât blesse et formuler ce qu'il appelle le « problème de la stabilité » : « montrer que tout ensemble de propriétés qui suffit à faire d'une formule de T une expression appropriée de la consistance de T suffit aussi à rendre cette formule telle qu'elle ne soit pas prouvable dans T (si T est consistante) » [2]. Plus précisément la machinerie de l'arithmétisation est censée constituer

> un procédé qui nous permet d'inférer que la consistance de T ne peut pas être prouvée dans la métamathématique finitiste informelle de l'hypothèse qu'une certaine formule Con_T n'est pas prouvable dans T, [et] l'on suppose que cette inférence est sanctionnée par la "corrélation" spéciale que l'arithmétisation établit entre Con_T et la proposition que T est consistante [3].

Or cette inférence (anti H.P.) supposerait implicitement que l'on ait statué sur le « problème de la stabilité » en supposant que « *toutes* les formules de T qui expriment la consistance de T sont comme Con_T en ceci qu'elles ne sont pas prouvables dans T » [4]. Ce qui est loin d'aller de soi, bien au contraire. Quant à l'autre argument fondé sur le premier théorème d'incomplétude (G1), il fait jouer un rôle clef à l'exigence de conservativité dans l'interprétation proposée de H.P., et prétend réfuter H.P. en montrant par G1 que cette exigence ne peut être satisfaite. Detlefsen (1990) réplique en

---

1. *Cf.* M. Detlefsen, « On Interpreting ... », *op. cit.*, p. 310.
2. *Cf.* M. Detlefsen, *Hilbert's Program*, *op. cit.*, p. 81.
3. *Ibid.*, p. 97.
4. *Ibid.*, p. 100.

contestant que la conservativité soit centrale dans H.P.[1]. Ce qui est vraiment requis selon lui, ce n'est pas qu'une théorie idéale soit une extension conservative des mathématiques finitistes, mais seulement qu'elle puisse décider tout énoncé réel (« *real-completeness* »). Il suggère alors de remplacer la condition de conservativité par une condition plus faible, à savoir qu'une théorie idéale doit être une extension consistante des mathématiques finitistes, c'est-à-dire qu'elle ne doit permettre de prouver aucun énoncé réel dont on pourrait prouver de manière finitiste qu'il est faux. Le résultat de cette analyse est alors de contrer l'idée que non seulement G1 suffirait à ruiner H.P., mais qu'il ferait même l'essentiel du travail et rendrait au fond G2 superflu. En pensant disposer ainsi de G1, Detlefsen (1990) recentre le débat sur la critique de G2 dont il avait montré la nécessité dans (1986), en soulignant l'absence d'une justification satisfaisante pour certaines conditions de nature intensionnelle, dites « conditions de dérivabilité », auquel le prédicat de prouvabilité $\neg \Pr_T(\lceil \phi \rceil)$ est soumis dans la présentation standard[2]. Comme le note Panu Raatikainen[3] de manière très éclairante, quelles que puissent être les objections suscitées par les propositions de formalisation alternative que Detlefsen suggère, il lui revient incontestablement d'attirer l'attention sur ce fait qu'« il n'y a pas d'analyse conceptuelle qui montre[*rait*] que toute notion naturelle de prouvabilité satisfait nécessairement les conditions de

1. *Cf.* M. Detlefsen, « On an Alleged Refutation of Hilbert's Program … », *op. cit.*

2. *Cf.* par exemple C. Smorynski, « The Incompleteness Theorems », *op. cit.*, p. 827, voir aussi M. Detlefsen, *Hilbert's Program*, *op. cit.*, chap. IV, § 2, p. 94-97 une analyse critique des conditions de dérivabilité.

3. P. Raatikainen, « Hilbert's Program Revisited », *Synthese* 137, 2003, p. 157-177.

dérivabilité, [qu'] il y a seulement une évidence inductive partielle que les candidats naturels qui ont été suggérés jusqu'ici s'y conforment, et que les quelques cas qui ne s'y conforment pas sont clairement artificiels, [*mais que*] ce dont on a cruellement besoin, c'est d'une analyse concluante de la notion de prouvabilité en général, une analyse comme celle de Turing pour la notion de calculabilité, et par conséquent quelque chose comme la thèse de Church-Turing pour le concept de prouvabilité » [1]. Les conclusions que Detlefsen en tire quant à la possibilité de désamorcer l'effet destructeur pour H.P. des théorèmes d'incomplétude, ne sont cependant pas garanties selon Raatikainen, si toutefois l'on interprète H.P. en restant aussi fidèle que possible à l'esprit de Hilbert lui-même, pour qui « conservativité et consistance étaient les deux faces d'une même pièce » [2]. L'appréciation de la viabilité post-Gödelienne de H.P. dépend donc crucialement du fait de savoir 1) dans quelle mesure l'exigence de conservativité est ou non essentielle à H.P., et 2) dans quelle mesure la consistance recherchée est ou non indépendante de l'exigence de conservativité.

Une certaine latitude est de fait laissée à l'interprétation. Cependant la conception la plus communément reçue de l'impact des théorèmes d'incomplétude sur H.P. conduit à prononcer pour ce dernier un verdict sans appel (du moins

1. P. Raatikainen, « Hilbert's Program Revisited », *op. cit.*, p. 174, note 8.

2. P. Raatikainen, « Hilbert's Program Revisited », *op. cit.*, p. 164 : « En résumé, Hilbert pensait qu'une preuve de consistance garantit la conservativité de la théorie idéale, et que la consistance doit être prouvée *via* la conservativité, c'est-à-dire que la preuve de consistance permet d'éliminer les éléments idéaux d'une preuve d'un énoncé réel, et la consistance devrait être prouvée en montrant qu'une preuve idéale d'inconsistance peut toujours être transformée en une preuve finitiste d'inconsistance ».

dans sa version originale). Le débat ne pouvait donc être tranché en ce sens qu'en vertu d'une reconstruction rationnelle de H.P. consistant à substituer à la version originale une « version formelle » qui supposait 1) qu'on ait spécifié quel système formel est censé représenter le mode de raisonnement finitiste, et 2) qu'on ait précisé les relations entre consistance et conservativité au moyen de ce qu'on appelle les « principes de réflexion ». Avant d'envisager tour à tour ces deux aspects, notons toutefois que le verdict va ici de pair avec la fécondité d'un programme de recherches renouvelé. « La version formelle du programme est définitivement réfutée par le théorème de Gödel. Mais la version fournit aussi un contexte dans lequel des réalisations partielles peuvent être étudiées d'une manière précise et féconde »[1]. L'interprétation rationnelle de H.P. *via* des « principes de réflexion » ouvrait ainsi la voie à H.P. relativisé[2].

Finitisme

Hilbert ne donne aucune caractérisation précise de ce qu'il entend en général par finitisme, mais se contente d'en fournir des illustrations empruntées à ce qu'il appelle l'« arithmétique contentuelle ». William Tait, dans son article « Finitism »[3], avance la thèse que : « *finitisme = PRA* »[4]. Selon lui, toute explication du finitisme consiste à clarifier le sens dans lequel nous pouvons considérer que nous prouvons des propositions générales portant

---

1. S. G. Simpson, « Partial Realizations ... », *op. cit.*, p. 349.
2. *Cf.* P. Raatikainen, « Hilbert's Program Revisited », *op. cit.*, p. 166-168, pour une critique de l'interprétation de HP fondée sur les « principes de réflexion », et la suggestion d'une hypothèse pour une interprétation alternative.
3. W. Tait, « Finitism », *Journal of Philosophy* 78, 1981, 524-526.
4. *PRA* est le système pour l'arithmétique primitive récursive, *cf.* note 1, p. 153, et la section 2.3 du texte de Feferman, *infra*.

sur les nombres naturels, telles que par exemple
$\forall x\,\forall y(x + y = y + x)$, sans cependant présupposer l'infinité
des nombres ou quelque autre totalité infinie. Or cette
clarification dépend pour une large part de la possibilité ou
non de fournir une analyse du concept de nombre qui ne se
ramènerait pas à une simple construction ensembliste des
nombres entiers, pour autant que les modes de raisonnement
ensemblistes sous-jacents sont justement ce qu'il convient
d'éviter. À partir d'une analyse fine de la notion de « preuve
finitiste » d'une proposition générale, il formule donc un
certain nombre de conditions précises auquel le raisonnement finitiste doit satisfaire, puis montre que le mode de
raisonnement primitif récursif défini par Skolem en 1923
n'est rien d'autre que la codification de ces conditions, de
sorte qu'il soutient pour finir que nous avons de bonnes
raisons d'identifier mathématiques « finitistes » et arithmétique primitive récursive (*PRA*). Comme la « thèse de
Church »[1], la thèse de Tait vise à établir une correspondance
entre une notion intuitive et un concept mathématique bien
défini. En première approche, si *p* est une « preuve finitiste »
d'une proposition générale de la forme $\forall x F(x)$, où *x* est une
variable d'un certain type *A* et *F(x)* une équation entre des
termes d'un certain type *B*, alors pour tout *a* de type *A*, la
preuve *p* devrait fournir une preuve de *F(a)*. En d'autres
termes, une « preuve finitiste » constitue un schéma dont les
instances sont des preuves particulières. Mais pour que cette
analyse puisse être complète, il faudrait d'une part rendre
compte de la manière dont nous construisons les types
d'objets dont nous avons besoin à partir de types simples,
eux-mêmes obtenus en spécifiant le mode d'engendrement

---

1. La « thèse de Church » pose que les fonctions numériques calculables
sont les fonctions récursives générales.

des objets par itération à partir d'un alphabet fini donné ; mais il faudrait aussi d'autre part clarifier la notion de « fonction finitiste ». Quel sens donnons-nous en effet aux symboles de fonction, comme « + », que nous incluons dans notre langage, si nous ne sommes pas encore en mesure de prouver des propositions comme $\forall x \, \forall y (x + y = y + x)$? L'analyse se heurte ici d'emblée à une difficulté essentielle qui tient au fait qu'on cherche à fixer le sens de notions comme celle de « preuve » ou de « fonction finitiste », mais qu'on ne peut le faire qu'en en proposant une caractérisation extensionnelle, et non intensionnelle, c'est-à-dire en recourant subrepticement à des formes d'expression qu'un « finitiste » devrait en toute rigueur refuser (à commencer par les quantificateurs pour l'expression de la généralité). Il s'agit donc de chercher à « caractériser les fonctions et les preuves finitistes d'un point de vue *non finitiste* » [1] Prenons le cas des fonctions. Si l'on voulait préciser ce qu'on entend par « fonction finitiste », on pourrait par exemple dire qu'on a affaire à une fonction finitiste, lorsqu'on donne un algorithme permettant de calculer ses valeurs.

> Mais un tel algorithme n'est pas à proprement parler un objet finitiste ; car, bien qu'il puisse être exprimé par un signe, le signe doit être lu, c'est un signe doué de signification et pas simplement un objet syntaxique. On sent sans doute aussi qu'un algorithme n'est toutefois pas un objet transfini. Mais indépendamment de cela, considérer simplement les fonctions comme des algorithmes ne peut pas être le fin mot de l'histoire … Ce qui manque dans cette histoire, c'est qu'en tant que finitistes, nous devons voir que l'algorithme fonctionne, qu'il produit un unique B pour chaque A. En laissant de côté l'unicité, cette exigence a la

---

1. W. Tait, « Finitism », *op. cit.*, p. 527.

forme logique $\forall x \exists y G(x, y)$, où $G(x, y)$ signifie que y est un calcul de la valeur pour x. Mais le seul moyen de comprendre une telle proposition de manière finitiste est de la comprendre de telle sorte qu'elle dise que nous avons une fonction g telle que $\forall x G(x, gx)$. Ainsi, notre analyse de la fonction comme algorithme nous ramène à la notion d'une fonction et d'une proposition générale : nous sommes dans un cercle [1].

De ce constat de circularité, Tait tire la conclusion que la notion de « fonction finitiste » est primitive, c'est-à-dire que nous ne devons pas chercher à la définir à proprement parler, mais que nous devons plutôt tenter de caractériser ces fonctions en spécifiant les conditions qui permettent de les introduire, lesquelles se ramènent en fin de compte à des clauses de nature récursive qui correspondent en fait à l'arithmétique primitive récursive de Skolem.

Cette caractérisation du finitisme est toutefois contestée aussi bien d'un point de vue historique que conceptuel. Du point de vue historique [2], le fait que Hilbert et Bernays aient eu recours dans le contexte de preuves de consistance à certaines méthodes qui vont au-delà de *PRA* [3] semble

---

1. *Ibid.*, p. 528.

2. *Cf.* R. Zach, « Hilbert's Program Then and Now », *in* D. Jacquette (ed.), *Handbook of the Philosophy of Science, Vol. 5 : Philosophy of Logic*, Elsevier, 2006.

3. Il s'agit essentiellement de la fonction d'Ackermann (qui n'est pas primitive récursive), de la règle $-\omega$, et de quelques passages des *Grundlagen der Mathematik* de Hilbert et Bernays. Pour une réponse à ces objections, *Cf.* W. Tait, « Remarks on Finitism », *in* W. Sieg, R. Sommer, C. Talcott (eds), *Reflections on the Foundations of Mathematics. Essays in Honor of Solomon Feferman*, Lecture Notes in Logic 15. ASL and A K Peters, 2002. Repris dans W. Tait, *The Provenance of Pure Reason : Essays in the Philosophy of Mathematics and its History*, Oxford, Oxford University Press, 2005, p. 43–53. Kreisel par exemple tirait déjà argument des remarques de Hilbert sur la fonction d'Ackermann, « finitiste » sans être

suggérer que le choix de Tait est trop restrictif. De fait
Kreisel[1] avait proposé une autre analyse selon laquelle les
fonctions « finitistes » sont exactement celles dont on peut
prouver qu'elles sont bien définies dans *PA*, en sorte qu'il
puisse y avoir des fonctions « finitistes » qui ne sont pas
primitives récursives. Mais Tait juge la délimitation de
Kreisel incompatible avec l'analyse conceptuelle du concept
de nombre et d'itération qui doit constituer en l'occurrence
la seule justification admissible. D'un point de vue conceptuel, Parsons[2] rappelle à l'inverse que le finitisme devrait
fondamentalement avoir partie liée avec l'intuition et la
connaissance intuitive, pour autant que Hilbert considérait
les objets de l'arithmétique finitiste comme « intuitivement
donnés » et « visualisables dans toutes leurs parties », par
opposition aux fonctions et ensembles qui ne seraient, en
tant qu'objets transfinis, que des idées de la raison. Or
l'identification « finitisme = *PRA* » soulève à cet égard un

primitive récursive, pour faire valoir que le sens de ce que Hilbert entendait
par « finitisme » a varié d'une époque à l'autre : voir « Principles of proof
and ordinals implicit in given concepts », *in* A. Kino, J. Myhill, R. E. Vesley
(eds), *Intuitionism and Proof Theory*, Amsterdam, North-Holland, 1970,
p. 489-516. La réponse de Tait consiste à montrer comment ramener la
fonction d'Ackermann aux schémas de l'arithmétique primitive récursive
moyennant l'adjonction d'un type non finitiste $A \rightarrow B$, le type des fonctions
de A vers B. La prise en compte dans la définition de la fonction de ce type
supérieur la disqualifie immédiatement aux yeux de Tait comme fonction
« finitiste ».

    1. Dans G. Kreisel, « Ordinal logics and the characterization of informal
notions of proof », *in* J. A. Todd (ed.), *Proceedings of the International
Congress of Mathematicians*, Edinburgh, 14-21 August 1958, Cambridge,
Cambridge University Press, 1960, p. 289-299.

    2. Voir C. Parsons, « Finitism and intuitive knowledge », *in* M. Schirn,
The Philosophy of Mathematics Today, Oxford, Oxford University Press,
1998, p. 249-270 ; C. Parsons, *Mathematical Thought and its Objects*,
New York, Cambridge University Press, 2008.

certain nombre de difficultés que Bernays avait déjà relevées[1] : de quelle nature est l'évidence qu'un nombre tel que $67^{257^{769}}$ est bien défini ? En quel sens pourrait-il s'agir d'une évidence intuitive ? Il y a bien dans ce cas définition primitive récursive de l'exponentiation, mais l'expression en chiffres arabes ne revêt aucun sens concret, en dehors des règles primitives récursives[2]. Mais Tait rejette précisément ce qu'il appelle la « base épistémologique » de la distinction entre mathématiques finitistes et non finitistes, c'est-à-dire l'idée que les nombres entiers sont des objets finitistes parce qu'ils sont représentables dans l'intuition[3]. Le finitisme ne constitue pas la strate absolument sûre sur laquelle on puisse fonder le reste des mathématiques, mais plutôt « une forme minimale de raisonnement présupposée par toute forme de raisonnement mathématique non trivial portant sur les nombres »[4]

Des « principes de réflexion » à H.P. relativisé

Les « principes de réflexion » pour une théorie T sont les instances du schéma suivant

$$\mathrm{Pr}_T(\lceil \phi \rceil) \to \phi$$

1. Dans P. Bernays, « On Platonism in Mathematics », *in* P. Benacerraf, H. Putnam, *Philosophy of Mathematics : Selected Readings*, Cambridge, Cambridge University Press, 1964, p. 258–271 ; trad. fr. dans P. Bernays, *Philosophie des mathématiques*, Paris, Vrin, 2003, p. 83-98.

2. Sur l'exponentiation et la connaissance intuitive, *cf.* C. Parsons, « Mathematical Thought », *op. cit.*, p. 256-262.

3. *Cf.* W. Tait, « Finitism », *op. cit.*, p. 539 : « La réelle difficulté … est que l'essence de l'idée de Nombre est l'itération. Cependant et de quelque manière qu'on puisse représenter l'opération successeur, pour comprendre le Nombre, on doit comprendre l'idée d'itération de cette opération. Mais avoir cette idée, qui elle-même ne se trouve pas dans l'intuition, c'est faire de l'idée de nombre quelque chose d'indépendant de toute sorte de représentation dans l'intuition. »

4. *Ibid.*, p. 525.

où $\mathrm{Pr}_T(\lceil\phi\rceil)$ est le prédicat de prouvabilité canonique dans la théorie T. La conception reçue se fonde sur une reformulation de H.P. *via* les « principes de réflexion ». Cette interprétation a sa source dans une idée de Kreisel[1], mais elle très largement reprise par la suite, et on en trouve peut-être l'expression la plus nette dans les articles de Wilfried Sieg[2] où l'exigence historique est étroitement liée à l'exigence systématique. La propriété essentielle ici est que, sous certaines conditions, un « principe de réflexion » est prouvablement équivalent à une preuve de consistance pour T, comme on s'en convaincra au moyen de l'observation suivante. Pour une théorie comme l'arithmétique de Peano, l'énoncé Con_{PA} qui exprime la consistance de PA s'écrit $\neg\,\mathrm{Pr}_{PA}(\lceil\bot\rceil)$ (où $\bot$ est un symbole pour le faux), par conséquent, par définition de la négation, Con_{PA} est équivalent à un « principe de réflexion » pour l'énoncé $\bot$, à savoir $\mathrm{Pr}_{PA}(\lceil\bot\rceil) \to \bot$. La question centrale du programme de Hilbert peut donc être reformulée ainsi : peut-on établir un

1. *Cf.* G. Kreisel, « Hilbert's Programme », *Dialectica* 12, 1958, 346-372, repris sous une forme révisée dans P. Benacerraf and H. Putnam, *Philosophy of Mathematics : Selected Readings, op. cit.*, p. 207-238 ; voir par exemple le passage p. 226 : « La première chose à faire, si l'on doit prendre en compte sérieusement cette distinction [*entre « vérité » et « dérivabilité formelle »*], c'est de considérer l'assertion : ([A] est un théorème formel) → A. Exprimer cette assertion au moyen d'une formule arithmétique est un pas essentiel en direction des résultats d'incomplétude. » Cette idée est précisée ensuite avec la notion de « critères d'adéquation », *in* G. Kreisel, « A Survey of Proof Theory », *The Journal of symbolic Logic* 33 (3), 1968, 322 ; *cf.* aussi W. Sieg, « Foundations for Analysis and Proof Theory », *Synthese* 60 (2), 1984, 159-200 ; 172, où le second critère d'adéquation de Kreisel est interprété comme un « principe de réflexion ».

2. *Cf.* W. Sieg, « Foundations for Analysis and Proof Theory », *Synthese* 60 (2), 1984, 159-200 ; « Hilbert's Program Sixty Years Later », *Journal of Symbolic Logic* 53 (2), 1988, 338-348 ; « Relative Consistency and Accessible Domains », *Synthese* 84, 1990, 259-297.

« principe de réflexion » pour T (*i.e.* une preuve de consistance pour T) par des moyens purement finitistes ? Le bénéfice de cette reformulation consiste en ceci que nous disposons désormais d'une explication du fait que pour Hilbert une preuve de consistance finitiste devait entrainer à la fois la correction et la conservativité des preuves pour tous les énoncés réels. « Le principe [*de réflexion*] exprime, dans la terminologie de Hilbert, le fait que les éléments idéaux peuvent être éliminés des preuves des énoncés réels »[1]. Supposons que F soit une théorie finitiste et T une théorie idéale, et supposons également que $F \vdash \mathrm{Pr}_T(\lceil \phi \rceil) \to \phi$; alors, puisque si $T \vdash \phi$, alors $F \vdash \mathrm{Pr}_T(\lceil \phi \rceil)$; par *modus ponens*, on a $F \vdash \phi$. Hilbert considérait que les méthodes finitistes constitueraient une *base fondamentale* pour *toutes* les mathématiques infinitaires, et qu'une telle preuve de *consistance absolue* garantirait une fois pour toutes la sécurité des modes de raisonnements abstraits. Plusieurs facteurs ont contribué à l'abandon de ce dogme du « *finite Standpunkt* » et conduit à infléchir H.P. vers la recherche de preuves de *consistance relative* : la sanction des théorèmes d'incomplétude bien sûr, mais aussi un résultat décisif dû à Gödel et Gentzen établissant la consistance de l'arithmétique classique non par des moyens finitistes mais par des moyens intuitionnistes[2]. Le

---

1. W. Sieg, « Hilbert's Program Sixty Years Later », *op. cit.*, p. 341.

2. Sur l'importance de cette preuve de consistance relative de l'arithmétique classique par rapport à l'arithmétique intuitionniste de Heyting (*HA*), *cf.* W. Sieg, « Foundations for Analysis and Proof Theory », *op. cit.*, p. 174; voir aussi W. Sieg, « Hilbert's Program Sixty Years Later », *op. cit.*, p. 342; et W. Sieg, « Relative Consistency and Accessible Domains », *op. cit.*, p. 269. Dès 1932, K. Gödel et G. Gentzen sont en effet parvenus (indépendamment l'un de l'autre) à établir la consistance de l'arithmétique classique en montrant qu'elle est réductible à l'arithmétique intuitionniste de Heyting *HA*. Comme il était communément admis que *HA*

programme réductionniste qui généralise H.P. (en conservant la même structure *via* les « principes de réduction ») comprend alors trois tâches distinctes : 1) trouver une théorie formelle T^* qui permette de formaliser une portion significative de la pratique mathématique classique (à défaut de *toutes* les mathématiques classiques) ; 2) formuler une théorie « constructive » (et non plus nécessairement finitiste) F^* ; et 3) prouver dans F^* un « principe de réflexion » pour T^*, *i.e.* $F^* \vdash \mathrm{Pr}_{T^*}(\ulcorner \phi \urcorner) \to \phi$. Sous cette forme relativisée, H.P. ne vise plus à résoudre définitivement le problème des fondements, mais, en couvrant une très grande variété de résultats, « cherche plutôt à rassembler des matériaux pour nourrir une réflexion informée sur l'épistémologie (de certaines parties) des mathématiques »[1].

Sur la base de l'interprétation de H.P. *via* les « principes de réflexion », Stephen G. Simpson[2] établit ainsi un pont entre le programme de recherches « *reverse mathematics* » et H.P. en montrant que le premier conduit à des résultats qui peuvent être envisagés comme des réalisations partielles du second. Le système Z_2, l'arithmétique au second ordre, peut être considéré comme le système approprié pour représenter

était correcte d'un point de vue intuitionniste, ce qu'ils avaient fait revenait à une preuve de consistance par des moyens intuitionnistes, moins restrictifs que les moyens finitistes. Avant ces résultats de 1932, « on pensait que les méthodes finitistes et intuitionnistes étaient co-extensives » (*Cf.* Sieg, « Hilbert's Program... », *op. cit.*, p. 342). C'était le premier pas dans le sens d'une extension du point de vue finitiste. Quelques années plus tard, Gentzen donnera sa célèbre preuve de consistance de *PA* par induction transfinie sur l'ordinal de Cantor ε_0. Cf. *infra*, le texte de Feferman, section 1, sur cette séquence historique et son importance pour l'histoire du programme de Hilbert.

1. W. Sieg, « Foundations for Analysis and Proof Theory », *op. cit.*, p. 343.

2. *Cf.* S. G. Simpson, « Partial Realizations of Hilbert's Program », *op. cit.*

les mathématiques infinitistes, spécifiquement l'analyse[1]. Les théorèmes de Gödel montrent qu'il n'est pas possible de réduire toutes les mathématiques infinitistes aux mathématiques finitistes (moralement *PRA*), mais il demeure légitime de demander quelle portion des mathématiques finitistes pourrait l'être. Plus précisément, si l'on accepte l'interprétation de H.P. *via* les « principes de réflexion », une réalisation complète de H.P. reviendrait à montrer que Z_2 *est conservative par rapport à PRA pour les énoncés* $\prod_1^0$[2], ce qui est impossible du fait des théorèmes d'incomplétude. Il est alors naturel de chercher à déterminer *quels sous-systèmes de Z_2 seraient conservatifs par rapport à PRA pour des énoncés d'un certain type.* Harvey Friedman a ouvert la voie à ce type de recherches en isolant un sous-système remarquable de Z_2, connu sous le nom de WKL_0, dont il a montré qu'il est *conservatif par rapport à PRA pour les énoncés* $\prod_2^0$, ce qui signifie que tout énoncé de la forme $\prod_2^0$ et du langage de *PRA* qui est prouvable dans WKL_0 l'est déjà dans *PRA*. Or ce fragment est intéressant parce qu'un grand nombre de théorèmes importants d'analyse sont prouvables dans WKL_0. Le fait que l'on puisse par exemple formaliser les techniques de l'intégrale curviligne dans WKL_0 permet d'obtenir des preuves « élémentaires » de théorie analytique des nombres[3], car le résultat de conservativité autorise à

---

1. *Cf.* D. Hilbert and P. Bernays, *Grundlagen der Mathematik*, vol. 2, 2ᵉ éd., Berlin, Springer-Verlag, 1970 (trad. fr. dans D. Hilbert et P. Bernays, *Fondements des mathématiques 2*, Paris, L'Harmattan, 2001), supplément IV.

2. Les énoncés $\prod_1^0$ sont les énoncés du premier ordre dont le préfixe est de la forme $\forall\exists$; cf. *infra* le texte de Feferman, section 2.3 pour une explication générale des classes de formules des langages arithmétiques du premier et du second ordre.

3. *Cf.* S. G. Simpson, « Partial Realizations ... », *op. cit.*, p. 354.

« éliminer » les calculs d'évaluation de ces intégrales dans le plan complexe, de sorte que tout énoncé d'arithmétique élémentaire prouvable en utilisant l'intégrale curviligne peut être prouvé dans *PRA*. Mais l'utilité de résultats de conservativité de ce genre dans la perspective de réalisations partielles de H.P. n'est apparue que dans un second temps, parce que les motivations qui ont d'abord conduit à isoler tel ou tel fragment de Z_2 relevaient d'un programme de recherches à l'origine indépendant de H.P. L'idée directrice de ce programme consiste à partir d'un théorème de mathématiques pour déterminer les axiomes que sa preuve requiert, d'où son nom « *reverse mathematics* ». Techniquement, on dispose de toute une gamme de fragments de Z_2 (dont WKL_0), ordonnés selon leur force croissante, et l'on cherche à prouver l'équivalence entre l'un de ces fragments et le théorème mathématique en cause dans le cadre du fragment immédiatement plus faible[1]. Ce procédé permet ainsi de déterminer avec précision quels sont les axiomes d'existence ensembliste nécessaires et suffisants pour prouver tel ou tel théorème de mathématiques. Quoique distinct de H.P., « *reverse mathematics* » joue toutefois par surcroît un rôle heuristique essentiel dans la perspective de H.P. « en nous aid[*ant*] à découvrir les sous-systèmes de Z_2 qui sont pertinents pour des réalisations partielles du programme de Hilbert »[2].

Dans le texte dont nous donnons ici la traduction, Feferman propose un cadre théorique unifié permettant de présenter de manière ordonnée et cohérente toute la gamme

1. *Ibid.*, p. 355-356 pour une présentation synthétique, et S. G. Simpson, *Subsystems of Second Order Arithmetic*, ASL, Cambridge University Press, 2009 ; 1 re éd., Berlin, Springer, 1999, pour un traitement d'ensemble des résultats de ce type.
2. S. G. Simpson, « Partial Realizations … », *op. cit.*, p. 356.

des résultats de théorie de la démonstration qui s'avèrent pertinents dans une perspective réductionniste, quelle que puisse être la diversité des programmes de recherches et des motivations qui ont permis de les obtenir : constructivisme, prédicativité, « *reverse mathematics* », etc. Le concept opératoire qui joue le rôle essentiel dans cette unification est le concept de « réduction *au sens de la théorie de la démonstration* » (*proof-theoretic reduction*), qui étend l'interprétation de H.P. *via* les « principes de réflexion ». Ce concept permet d'expliciter dans les termes de la théorie de la démonstration les relations précises qui lient différents langages, théories formelles et cadres fondationnels, de manière à produire une analyse « à géométrie variable » de la pratique mathématique, laquelle permet en retour de renouveler l'approche fondationaliste en la démultipliant dans le sens de H.P. relativisé.

STEWART SHAPIRO

| LA LOGIQUE DU SECOND ORDRE,
LES FONDEMENTS ET LES RÈGLES [1]

> Pas d'empirisme et pourtant du réalisme en philosophie,
> c'est là le plus dur.
> Et l'image qu'on pourrait avoir en tête ici serait celle
> d'un petit bout de rampe, au moyen de laquelle je dois
> me laisser guider plus loin que là où la rampe cesse.
> [Mais là, *il n'y a* plus rien ; mais il n'y a pas *rien*.]
> La difficulté n'est pas de creuser jusqu'au fondement,
> mais de reconnaître comme fondement le fondement
> que nous avons devant les yeux [2].

Un langage interprété, ou partiellement interprété, est dit
« de second ordre » ou « d'ordre supérieur » si le parcours
de ses variables comprend des relations, des fonctions
propositionnelles, des propriétés, des classes ou des
ensembles de tout ce que comprend le parcours des variables

---

1. S. Shapiro, « Second-Order Logic, Foundations, and Rules », *The
Journal of Philosophy*, 87/5, 1990, 234-261.
2. L. Wittgenstein, *Bemerkungen über die Grundlagen der Mathematik*,
p. 325, 430, 333 (Voir aussi la traduction française de Marie-Anne
Lescourret, *Remarques sur les fondements des mathématiques*, Paris,
Gallimard, 1983, p. 268, 340, 273). [N.d.T. : Les références à Wittgenstein
(1956) qui suivront sont à l'édition anglaise].

ordinaires ou du premier ordre. De nombreuses études ont
réservé une attention soutenue à la différence de ces items.
On a noté, par exemple, que les fonctions propositionnelles
sont intensionnelles alors que les classes et les ensembles
sont extensionnels ; les ensembles sont « constitués de leurs
éléments » alors que les classes sont des extensions de
propriétés [1]. Dans ce qui suit, je néglige ces différences et
j'utilise ces termes comme s'ils étaient interchangeables. S'il
s'avère qu'est requise une relation d'identité sur des termes
de ce genre, alors je les considère comme extensionnels,
mais, parmi mes remarques, très peu, peut-être aucune,
dépendent de ces considérations et je présente mes excuses
au lecteur scrupuleux.

Quoi qu'il en soit, le trait distinctif des langages de
second ordre ou d'ordre supérieur ne tient pas tant à la
nature des items individuels qui interviennent dans le
parcours des variables supplémentaires qu'à leur extension
ou *totalité*. On a souvent noté dans cet ordre d'idées que le
principal trait distinctif de la logique du second ordre réside
dans sa sémantique, qu'on oppose alors au langage lui-même
et à son système de déduction. On peut même aller jusqu'à
235 prétendre | que les langages et les systèmes de déduction ne
sont, par eux-mêmes, ni du premier ordre ni d'ordre supérieur. Je l'ai moi-même écrit, par exemple [2]. Je pense encore
que c'est correct, en particulier lorsqu'on se concentre sur la
théorie tarskienne des modèles, formelle ou semi-formelle,

1. Ce point est traité de manière très éclairante tout au long du livre de
Charles Parsons, *Mathematics in Philosophy*, Ithaca, Cornell, 1983 ; voir en
particulier le huitième essai : « Sets and Classes ».
2. *Cf.* mon article « Second-order Languages and Mathematical
Practice », *The Journal of Symbolic Logic*, L, 1985, 714-742, ainsi que
S. Shapiro, *Foundations without Foundationalism : A Case for Second-order
Logic*, New York, Oxford, 1991.

mais que, pour cette raison, ça peut aussi être trompeur. Tout dépend de ce qu'on entend par « sémantique ».

Dans ce qui suit je montre que les principaux problèmes soulevés par les langages du second ordre réapparaissent lorsqu'on compare les théories de la preuve formelle avec les pratiques mathématiques informelles ou préformelles. Il s'agit encore de « sémantique », au moins dans un sens, puisque sont enveloppés des problèmes de « signification », mais il ne s'agit plus de la théorie traditionnelle des modèles.

I

Soit L2 un langage du second ordre dans lequel, par souci de simplicité, toutes les variables de second ordre sont monadiques. Soit L1 la restriction au premier ordre de L2. Le parcours des variables de premier ordre, le *domaine*, n'a pas à être spécifié, comme c'est le cas dans la logique formelle ; on peut aussi avoir une structure – les nombres naturels, les nombres réels, la hiérarchie de la théorie des ensembles – qui vaut comme *domaine attendu.*

Comme c'est l'usage, les variables du premier ordre sont des lettres minuscules et les variables de prédicat sont des majuscules. Un système de déduction pour L2 est obtenu à partir d'un système de déduction pour L1 en ajoutant les simples ajustements des axiomes quantificationnels (par exemple : $\forall X(\phi(X)) \rightarrow (\phi(Y))$ et le schéma d'axiome de compréhension :

$$\exists X \,\forall x\, (Xx \equiv \phi(x))$$

pour toute formule ϕ dans laquelle X n'est pas libre [1].

---

1. *Cf.* D. Hilbert, W. Ackermann, *Grundzüge der theoritischen Logik*, (Berlin, Springer, 1928). On notera que, dans le schéma de compréhension, la formule ϕ peut contenir des variables de prédicat liées. Par suite certaines

Une brève esquisse de la théorie des modèles sous-jacente nous permettra de nous concentrer sur les points principaux. Il existe au moins trois sémantiques qui ont été introduites pour des langages du genre de L2, mais deux d'entre elles sont « équivalentes » dans un sens simple.

Dans la *sémantique standard*, qui à proprement parler, élève la logique au second ordre, les variables de prédicat ont pour parcours la collection de tous les sous-ensembles du domaine. Plus précisément : une interprétation standard de **236** | L2 est une structure <*d, I*> où *d* est le domaine et *I* une assignation appropriée sur le domaine pour la terminologie non logique ordinaire. Une *assignation de variable* est une fonction de la collection des variables de premier ordre sur *d* et une fonction de la collection des variables de prédicat sur l'ensemble des parties de *d*. La relation de *satisfaction* entre les interprétations, les assignations de variables et les formules est définie de la manière simple.

Bien que cette sémantique soit correcte pour tous les systèmes de déduction ordinaires, il lui manque les théorèmes de complétude, de compacité et de Löwenheim-Skolem ; et des caractérisations catégoriales de structures infinies sont possibles [1].

---

de ses instances sont imprédicatives. Pour éviter cet inconvénient, on a envisagé des versions restreintes du schéma qui ont abouti à la théorie des types ramifiée. D'un autre côté, si des variables de fonction et de relation sont introduites dans le langage, il faudrait inclure l'axiome du choix :

$$\forall R(\forall x\, \exists y\; Rxy \rightarrow \exists f\, \forall x\; Rxfx)$$

On peut également introduire avec l'axiome d'extensionalité un symbole pour l'identité entre prédicats :

$$\forall X\, \forall Y[\forall x\, (Xx \equiv Yx) \rightarrow X = Y]$$

1. Voir G. Boolos, R. Jeffrey, *Computability and Logic* (New York, Cambridge, 1980, 2ᵉ éd.), chap. 18 ; voir aussi S. Shapiro, *Foundations ...*, *op. cit.*, 1991.

On notera qu'une interprétation standard pour L2 est tout à fait identique à une interprétation pour L1 du premier ordre : un domaine et une assignation pour la terminologie non logique (commune). Cela signifie que, dans la sémantique standard, en déterminant un domaine, on détermine par là conjointement le parcours des variables de premier ordre et celui des variables de second ordre. On n'a pas à « interpréter » davantage. Ce n'est pas le cas avec les deux autres sémantiques en lice. Dans les deux cas on doit déterminer séparément le parcours des variables de premier ordre et celui des variables de second ordre. C'est là une différence cruciale.

Dans la *sémantique de Henkin*, les variables de prédicat ont pour parcours une collection déterminée de sous-ensembles du domaine (qui peut ne pas inclure tous les sous-ensembles). Autrement dit, une *interprétation de Henkin* de L2 est une structure <d, D, I> dans laquelle d est le domaine, D un sous ensemble de l'ensemble des parties de d et I une assignation appropriée sur d pour la terminologie non logique. Considéré de manière informelle, D est le parcours des variables de prédicat. Une *assignation de variables de Henkin* est une fonction de la collection des variables de premier ordre sur d et une fonction de la collection des variables de prédicat sur D. La relation de satisfaction correspondante est définie de manière simple.

Non sans ironie, il existe de nombreux systèmes de déduction pour lesquels cette sémantique n'est pas correcte. La raison réside dans le fait que certaines interprétations de Henkin ne satisfont pas le schéma de compréhension (et d'autres axiomes qui peuvent avoir été ajoutés). Définissons une interprétation comme *fidèle* à un système de déduction donné pour L2 si elle satisfait ses axiomes du second-ordre.

Leon Henkin [1] a établi un théorème de complétude pour L2 pour cette sémantique. Un énoncé Φ est prouvable dans un système de déduction donné pour L2 si Φ est satisfait par toute interprétation de Henkin fidèle à ce système de déduction. Les théorèmes de compacité et de Löwenheim-Skolem

237 | peuvent également être prouvés pour L2 muni d'une sémantique de Henkin (fidèle). Par suite, il n'y a pas de caractérisation catégorique de structures infinies.

[...]

Dans la perspective de la sémantique du premier ordre, L2 peut être considéré comme équivalent à un langage du premier ordre *comportant deux sortes de variable*, et la relation de « prédication » (ou d'« appartenance ») entre les propriétés (ou les classes) et les objets est alors considérée comme une relation non logique. En particulier, une interprétation de L2 au premier ordre est une structure $<d_1, d_2, <I, p>>$ dans laquelle d_1 et d_2 sont des ensembles, p un sous-ensemble de $d_1 \times d_2$, et I une assignation appropriée sur d_1 pour la terminologie non logique. D'une manière informelle, d_1 est le parcours des variables de premier ordre, d_2 le parcours des variables de prédicat et p l'interprétation de la relation de « prédication ». Une *assignation de variable du premier ordre s* est une fonction de la collection des variables de premier ordre sur d_1 et une fonction de la collection des variables de prédicat sur d_2. Ici encore, on a la notion de satisfaction simple, avec une condition :

> Soit *s* qui assigne *u* (un élément de d_1) à la variable *x* et *v* (un élément de d_2) à X. Alors $<d_1, d_2, <p, I>>$ et *s* satisfont la formule atomique X*x* si et seulement si la paire $<u, v>$ est dans *p*.

1. L. Henkin, « Completeness in the Theory of Types », *Journal of Symbolic Logic*, 15, 1950, 81-91.

Comme on l'a fait plus haut, on dit qu'une structure est *fidèle* à un système de déduction si elle en satisfait tous les axiomes de second ordre. Et bien sûr les théorèmes de complétude, de compacité et de Löwenheim-Skolem valent dans cette sémantique (lorsqu'elle est restreinte aux interprétations fidèles).

Chaque interprétation de Henkin $<d, D, I>$ est équivalente à l'interprétation de premier ordre dans laquelle le « second » domaine est D et p la relation d'appartenance ou de prédication « réelle ». Une espèce de converse vaut également : pour toute interprétation du premier ordre M^1, il existe une interprétation de Henkin M^H dont le domaine est le premier domaine de M^1 et telle que, pour tout énoncé Φ de L2, $M^H \models \Phi$ ssi $M^1 \models \Phi$[1].

Mais revenons à la distinction entre logique du premier ordre et logique du second ordre. Il est clair que rien n'empêche un langage du premier ordre « de porter sur » des prédicats, des propriétés, des ensembles – ou d'ailleurs | sur tout autre chose – pourvu seulement que des items de ce genre existent et qu'on puisse formuler à leur propos des énoncés cohérents. De même rien n'empêche que soit introduit un langage du premier ordre à deux sortes de variables, étant entendu qu'une des deux sortes de variables a pour parcours des « objets » et l'autre des « propriétés » de

238

---

1. Voir P. Gilmore, « The Monadic Theory of Types in the Lower-predicate Calculus », *Summaries of Talks Presented at the Summer institute of Symbolic Logic at Cornell*, Institute for Defense Analysis, 1957. Pour tout $A \in d2$, soit $S(A)$ l'ensemble : $\{a \in d_1 \mid <a, A> \in p\}$, Soit $D^1 = \{S(A) \mid a \in d2\}$. L'interprétation de Henkin équivalente à M^1 est $<d_1, D^1, I>$. Pour prendre un exemple sans importance : supposons que dans M^1, d_1 est une collection de pommes et d_2 une collection d'oranges ; alors dans le modèle de Henkin équivalent à M^1, chaque orange est « remplacée » par l'ensemble des pommes qui entretient avec elle (l'interprétation de) la relation de « prédication ».

ces objets. La relation de prédication entre les « propriétés »
et les « objets » serait alors non logique. Mais tracer la
démarcation entre la terminologie logique et la terminologie
non logique n'est pas quelque chose qu'on peut faire sans
déterminer aussi quelle « sémantique » on souhaite pour ce
langage.

[...]

Ceux qui défendent la logique du second ordre *en tant*
239 *que logique*, | considèrent donc qu'avec une sémantique
standard, la terminologie du second ordre est suffisamment
claire et intuitive, qu'elle ne pose pas trop de problèmes et
que, comme cadre sous-jacent à l'axiomatisation et à la
fondation des mathématiques, elle fait parfaitement l'affaire.
Ils prétendent qu'une fois qu'on a déterminé un domaine
pour les variables de premier ordre, on accède à une compréhension claire et sans ambiguïté de locutions telles que
« toute propriété » ou « tout sous-ensemble » de ce
domaine[1], locutions qui jouent un rôle central dans les
fondements des mathématiques.

D'un autre côté, ceux du parti opposé, attachés au
premier ordre, contestent ce point. La plupart ne prétendent

1. On notera que ce qu'on affirme ainsi est nettement plus faible que
l'assertion selon laquelle toute la hiérarchie de la théorie des ensembles est
claire et intuitive. La théorie des ensembles de Zermelo, par exemple,
possède un opérateur ensemble des parties qui peut être itéré – y compris
dans l'ordre du transfini. La thèse du second ordre dit seulement que, lorsque
le domaine est déterminé, le parcours des variables de second ordre l'est
également. Soit *d* un domaine que l'on considère comme non problématique.
La thèse dont il est question admet alors la notion de *tous* les sous-ensembles
de *d* – l'ensemble des parties de *d*. Si l'on considère alors *cela* comme un
nouveau domaine, la thèse du second ordre autorise de considérer l'ensemble
de ses parties – la collection de tous les ensembles de sous-ensembles de *d*.
Mais cette « construction » ne peut être itérée dans le transfini. On est tout au
plus engagé aux ensembles (de *d*) « du $n^{\text{ième}}$ ordre », pour tout nombre
naturel *n*.

pas que les ensembles n'existent pas et que le discours portant sur les ensembles ou sur les propriétés serait en quelque manière illégitime. De fait, beaucoup de partisans éminents de la logique du premier ordre – comme Skolem, Quine et Gödel – ont explicitement reconnu la théorie des ensembles et contribué à son développement. De plus Quine et Gödel ont adopté et défendu – chacun d'une manière différente – des attitudes réalistes à l'égard de la théorie des ensembles. Ce qui semble plutôt affirmé dans ce camp est que des variables qui auraient pour parcours toutes les propriétés d'un domaine déterminé ne sont pas assez claires pour fournir le fondement des mathématiques et que cette terminologie elle-même requiert un « fondement » supplémentaire. Autrement dit : la théorie des ensembles correspondante devrait être formulée comme une théorie axiomatique en elle-même, une théorie qu'on peut présumer *du premier ordre*. Quine dit de la logique du second ordre qu'elle est « la théorie des ensembles déguisée »[1]. Il va sans dire que la notion de « clarté suffisante » telle qu'elle est employée ici requiert également une clarification. Toute

---

1. Quine, *Philosophy of Logic*, (Englewood Cliffs, NJ, Prentice-Hall, 1970). Pour autant que je puisse en juger, ni Skolem ni Gödel n'ont jamais *plaidé* dans leurs textes pour une restriction à la logique du premier ordre. C'est très clair dans la correspondance de Gödel avec Zermelo. Voir I. Grattan-Guinness, « In Memoriam Kurt Gödel : His 1931 Correspondence with Zermelo on His Incompletability Theorem », *Historia Mathematica*, VI, 1979, 294-304 ; J. Dawson, « Completing the Gödel-Zermelo Correspondence », *Historia Mathematica*, XII, 1985, 66-70 et G. H. Moore, « Beyond First-order Logic : The Historical Interplay between logic and Set Theory », *History and philosophy of logic*, I, 1980, 95-137 et « The Emergence of First-order Logic », *in* W. Aspray, P. Kitcher (eds), *Essays in the History and Philosophy of Mathematics* (Minneapolis, Minnesota Studies in the Philosophy of Science, 1988), p. 95-135.

cette question est particulièrement délicate et il semble impossible de ne pas en laisser de côté certains aspects.

On notera en passant que le fondationnalisme, la conception selon laquelle il y a, ou il peut y avoir, un fondement unique et sûr pour toute connaissance, est aujourd'hui l'objet d'une réprobation presque universelle. Il se peut que certaines de ses variantes restreignant le fondement à la seule connaissance mathématique trouvent de nos jours certains avocats, mais si celles-ci devaient également se voir **240** repoussées, alors on ne devrait attendre | ni un unique fondement ni un fondement absolument sûr pour les mathématiques. On pourrait avoir différents fondements servant éventuellement différents desseins, mais en aucun cas celui d'atteindre une certitude parfaite ne pourrait en faire partie. La présente contribution s'inscrit dans cette perspective [1].

1. La relation que le fondationnalisme entretient avec les fondements des mathématiques donnerait lieu à une étude passionnante. Dans « Some Remarks on the Foundation of Set Theory » [*Proceedings of the International Congress of Mathematicians, Cambridge, Massachusetts*, Providence, American Mathematical Society, 1952, p. 695-704] Skolem assigne trois buts aux fondements des mathématiques. Le premier est « de fournir une manière de raisonner logiquement correcte de telle sorte qu'il soit par avance clair et certain que [...] tout ce que nous prouvons est en quelque manière une vérité ». C'est ce qu'il appelle le point de vue « naturel » et identifie au logicisme. Le second but est de « disposer d'un fondement qui rende possible le développement des mathématiques telles qu'elles existent à présent et qui soit, pour autant qu'on le sache aujourd'hui, consistant ». Il déplore que ce point de vue « pratique » et « opportuniste » présente « un aspect indésirable : qu'on ne peut jamais savoir quand nous avons terminé la fondation des mathématiques. Nous ne nous contentons pas d'ajouter de nouveaux étages au sommet de la construction, de loin en loin il peut s'avérer nécessaire d'introduire des changements dans la base ». Enfin, la troisième perspective est le programme de Hilbert qui consiste à « abandonner le point de vue logiciste sans toutefois se contenter du point de vue opportuniste. » Le penchant de Skolem pour le fondationnalisme est clair mais il a conscience des difficultés que celui-ci soulève. Voir de S. Wagner, « The

II

Imaginons à présent un dialogue entre un avocat de la logique du second ordre, que nous appellerons *Second*, et une avocate de la logique du premier ordre que nous appellerons *First*. *Second* développe en premier lieu un langage formel muni de variables sur des propriétés et il en explique (en langage informel) la « sémantique » intuitive standard, l'idée que les variables de propriété ont pour parcours toutes les propriétés, ou tous les ensembles, de nombres. Puis il prouve que l'arithmétique et l'analyse, formulées dans un langage de second ordre, sont catégoriques et il montre que les nombres réels ne sont pas dénombrables. Lorsqu'il est parvenu à ce point, *First* soulève une question portant sur le parcours des variables de second ordre. Elle déclare que la signification de la terminologie du second ordre n'est pas très claire et demande qu'elle soit plus complètement développée. *Second* pourrait répondre que *First* sait parfaitement ce que signifient des locutions comme « tous les sous-ensembles », il pourrait l'accuser de faire des difficultés pour rien et le débat serait dans une impasse.

D'un autre côté, *Second* pourrait considérer que la demande de clarification est légitime. On peut très bien, en effet, faire de la sémantique formelle et fournir effectivement une fondation pour la théorie d'arrière-plan. Donc *Second* entreprend de développer une version (faible) de la théorie axiomatique des ensembles, suffisante pour formuler la sémantique standard des théories du second ordre. Appelons la métathéorie formelle MT. *Second* montre

Rationalist Conception of Logic », *Notre Dame Journal of Formal Logic*, XXVIII, 1987, 3-35 pour une discussion récente du rationalisme et du fondationnalisme en logique.

comment les preuves des théorèmes de catégoricité et de cardinalité peuvent être effectuées dans MT.

241 | C'est ici que la discussion devient intéressante. *First* applaudit devant tant d'efforts. Elle reconnaît qu'avoir développé MT constitue un événement significatif qui offre une clarification substantielle. Elle va même jusqu'à contribuer au développement de MT en prouvant certains théorèmes et en suggérant de nouveaux axiomes. Mais elle considère MT comme une théorie du premier ordre. Elle prétend en particulier que la théorie sémantique est elle-même sujette aux théorèmes du type Löwenheim-Skolem. MT a donc plusieurs interprétations. D'après ce qu'elle affirme, les théorèmes de catégoricité montrent seulement que, selon chaque interprétation de la sémantique MT, tous les modèles de l'arithmétique sont isomorphes et que, de même, selon chaque interprétation, tous les modèles de l'analyse sont isomorphes. De plus, selon chaque modèle de la sémantique, l'interprétation des nombres réels est non dénombrable *dans ce modèle*. C'est un relativisme.

Second rétorque que MT ne doit pas être seulement considérée comme une théorie non interprétée – une de plus – avec différents modèles de différentes cardinalités. MT possède au contraire une *interprétation attendue* – la sémantique intuitive des langages de départ. En bref les résultats de catégoricité doivent être pris à la lettre, comme faisant référence aux domaines possibles des langages de départ et non à tel ou tel modèle d'une théorie formelle comme MT. Il s'ensuit que l'arithmétique et l'analyse sont réellement catégoriques, qu'elles ne le sont pas seulement dans chaque modèle de MT et *Second* ajoute que les nombres réels sont réellement non dénombrables. Il note de plus que l'argument avancé par *First* dépend en partie des théorèmes de Löwenheim-Skolem dont il est démontré qu'ils sont faux pour les langages de second ordre dont il est question. Qu'on pense aux théorèmes de catégoricité.

La réponse de *First* sur ce point est prévisible. Tout ce que montre la « réfutation » des théorèmes de Löwenheim-Skolem est que, selon chaque interprétation M de MT, chaque modèle *m* de, disons, l'analyse, est non dénombrable dans M. Cela n'exclut pas la possibilité que le même modèle *m* soit dénombrable dans un autre modèle de MT plus englobant – mais bien entendu dans ces structures plus englobantes *m* ne serait pas un modèle de l'analyse. De fait on ne peut pas exclure la possibilité de modèles dénombrables de MT même. Tout ce que montrent les théorèmes, c'est que la même structure ne peut pas à la fois être non dénombrable et un modèle de l'analyse dans la même perspective. Comme pour l'affirmation selon laquelle MT serait déjà interprétée, *First* réclame que soit clarifié ce qu'on entend par : « la sémantique attendue par les langages de départ ». *Second* rappelle qu'il a déjà donné cette clarification, puisque celle-ci n'est pas autre chose que MT, ce que *First* admet. Mais elle paraît encore portée à penser que MT doit elle-même être interprétée. Il semble qu'on ait atteint une autre impasse.

Il apparaît après un examen plus poussé (car ni *First* ni *Second* ne sont entêtés) que le centre de la dispute réside dans l'axiome de séparation (dans MT) selon lequel, pour *x* un ensemble et *P* une propriété | bien définie sur les membres de *x*, il existe un sous-ensemble *y* de *x* qui contient tous les membres de *x* qui possèdent *P* et seulement ceux-là. Sa formulation habituelle est : 242

$$\forall x \exists y \forall z \, [z \in y \equiv (z \in x \,\&\, Pz)]$$

Il s'agit d'un énoncé de second ordre. *Second* insiste pour qu'on en fasse une lecture *standard*, telle que la

variable *P* ait pour parcours toutes les propriétés de l'univers
(c'est-à-dire toutes les classes), alors que *First* réclame une
interprétation du premier ordre (ou de Henkin). *Second*
pourrait alors répondre à la nouvelle difficulté en dévelop-
pant une sémantique pour MT, une métasémantique qu'on
appellerait MMT. Mais *First* concevrait MMT comme une
théorie du premier ordre et non *Second* : notre volonté
d'éviter l'impasse entre *First* et *Second* nous a fait régresser.

Le scepticisme ou le relativisme dont *First* se fait le
défenseur n'est pas limité à la seule logique du second ordre.
Il y a une régression ou une impasse remarquablement
semblable à propos du parcours des variables du premier
ordre dans des théories assez élémentaires. Celles-ci peuvent
être considérées comme non interprétées et sujettes à un
large spectre de modèles standards et non standards. Mais on
peut aussi faire valoir qu'il existe une manière intuitive et
non ambiguë de concevoir le parcours de leurs variables.
Supposons par exemple que *First* s'interroge sur ce qu'on
entend par « les nombres naturels » : le domaine attendu de
l'arithmétique. *Second* répond au moyen d'une axiomatisation de l'arithmétique de Peano, dont l'élément crucial est
l'axiome d'induction :

$$(P0 \,\&\, \forall x \,(Px \to Psx)) \to \forall x Px$$

First pose la question désormais habituelle concernant le
parcours de la variable de propriété *P*. Elle considère que
l'induction est un schéma d'axiome du premier ordre et
remarque que la théorie, conçue de cette manière, admet de
nombreux modèles de différentes cardinalités. Il va de soi
que *Second* rejette cette manière de voir et répond que la
compréhension à laquelle il pense – le modèle attendu – est
le « plus petit » des modèles. Il s'agit de la structure qui est
un segment initial de tous les modèles du premier ordre.

First réclame une précision à propos des expressions comme : « le plus petit des modèles » ou « segment initial de tout modèle », affirmant que les quantificateurs qui y sont employés soulèvent trop de problèmes pour servir de fondement sans plus de cérémonie. Faute de mieux, *Second* affirme qu'il entend par « nombre naturel » : « membre de la séquence 0, 1, 2, 3, 4, ... » et *First* fait alors porter ses questions sur les « ... ».

En résumé, notre avocat de la logique du second ordre tient pour acquis que la référence, par exemple, aux nombres naturels, est claire et sans ambiguïté, au moins à présent. Deux mathématiciens, quels qu'ils soient, qui discutent l'arithmétique parlent des mêmes structures ou de structures isomorphes. Supposons que *First* et *Second* tombent d'accord – ne serait-ce que pour les besoins du débat – sur le fait que l'arithmétique formelle codifie adéquatement le discours préthéorique – tout comme ils sont tombés d'accord sur le fait que MT | codifie la sémantique informelle. *Second* 243 pense que les résultats de catégoricité confirment la croyance antérieure selon laquelle l'arithmétique n'est pas ambiguë. Mais ces résultats incluent des locutions telles que « toute propriété » ou « tout sous-ensemble », de sorte que la confirmation qu'ils apportent suppose que ces locutions elles-mêmes ne soient pas ambiguës. Or *First* fait valoir de nouveau que nous n'avons aucune raison de penser cela à propos des variables de second ordre, et donc aucune raison d'accepter que la croyance selon laquelle l'arithmétique n'est pas équivoque est confirmée.

Je conclus que le scepticisme ou relativisme concernant les langages du second ordre s'applique (ou ne s'applique pas) exactement de la même manière aux théories mathématiques dont les domaines attendus sont infinis. Le relativisme à l'égard des variables de second ordre va de pair avec ce qu'on pourrait appeler le « relativisme du langage-objet ». Mais, d'un autre côté, lorsqu'on est prêt à accepter les mathématiques classiques plus ou moins telles qu'elles sont, alors on doit aussi accepter la logique du second ordre. C'est tout ce qui est en jeu. Alonzo Church notait de manière semblable :

> Des objections pourraient être soulevées contre ce nouveau point de vue, prenant appui sur l'espèce d'*absolutisme* qu'il suppose. [...] Mais on devrait alors faire remarquer que celui-ci [...] est inhérent aux mathématiques classiques en général et n'est rendu ni plus prononcé ni plus douteux par son application à la [logique] mais seulement plus visible. On peut en effet considérer que notre définition des conséquences d'un système de postulats [...] n'est pas essentiellement différente de [celle] qui est requise [...] dans les mathématiques classiques. Il est vrai qu'une notion de conséquence non effective telle que nous l'avons introduite [...] présuppose la notion absolue de *toutes* les fonctions propositionnelles d'individu. Mais ceci est également présupposé dans les mathématiques classiques, en particulier dans l'analyse classique [1].

On trouve des parties de notre dialogue dans les échanges entre des acteurs historiques du début du XXe siècle. Ernst Zermelo [2], celui qui correspond à *Second*, a produit une formulation de la théorie axiomatique des ensembles en 1908. Selon la définition qu'il donnait, une

---

1. A. Church, *Introduction to Mathematical Logic*, Princeton, University Press, 1956, p. 326.
2. « Neuer Beweis für die Möglichkeit einer Wohlordnung », *Mathematische Annalen*, LXV, 1908, 107-128 ; ainsi que « Untersuchungen über die Grundlagen der Mengenlehre I », *Mathematische Annalen*, LXV, 1908, 261-281. Ces deux articles sont traduits dans J. van Heijenoort, *From Frege to Gödel* (Cambridge, Harvard, 1967).

fonction propositionnelle $P(x)$ était *definit* pour un domaine *d* si, pour tout élément *x* de *d*, « les relations fondamentales du domaine, au moyen des axiomes et des lois universellement valides de la logique, déterminent sans arbitraire si $[P(x)]$ est le cas ou non ». Quant à l'axiome de séparation, il était donné dans les termes suivants :

> Lorsque la fonction propositionnelle $[P(x)]$ est *definit* pour tous les éléments d'un ensemble M, M possède un sous-ensemble dont les éléments sont précisément les éléments de M pour lesquels $[P(x)]$ est vrai.

| La plus grande part de l'ample critique suscitée par   244 l'œuvre de Zermelo a été dirigée contre l'axiome du choix, mais l'axiome de séparation n'a pas été laissé pour compte. La plus réussie des tentatives d'aménagement est celle proposée par Thoralf Skolem[1] en 1922. Comme notre personnage *First*, il formulait la séparation par un schéma ayant une instance pour chaque formule du langage (de premier ordre). Il s'agit d'une pratique courante.

Lorsque Zermelo s'intéressa de nouveau à l'axiomatisation en 1929, il reconnut que la notion du *definit* n'avait pas été formulée à l'origine avec assez de précision et parut reconnaître que l'explication dépend des ressources logiques dont on dispose[2] :

1. «Einige Bemerkungen zur axiomatischen Begründung der Mengenlehre », *Mathematikerkongressen i Helsingfors den 4-7 Juli 1922*, Helsinki, Akademiska Bokhandeln, 217-232 (trad. *in* J. van Heijenoort, *From Frege to Gödel, op. cit.*, p. 291-301). Pour une discussion approfondie de l'axiomatisation de Zermelo, voir G. H. Moore, *Zermelo's Axiom of Choice : Its Origins, Development and Influence*, New York, Springer, 1988.

2. « Über den Begriff der Definitheit in der Axiomatik », *Fundamenta Mathematicae*, XIV, 1929, 339-344. Le passage cité appartient à la p. 340. Voir G. H. Moore, « The Emergence of First-order Logic », *op. cit.* Il est vrai qu'il existe à présent une logique mathématique généralement reconnue : le

Il n'existait pas alors une logique mathématique
généralement reconnue à laquelle j'aurais pu avoir recours,
[...] pas plus qu'il n'en existe aujourd'hui où chaque
chercheur a son propre système.

Il proposa donc de donner à la notion de *definit* un
traitement axiomatique. Le résultat de ce traitement était de
second ordre de manière essentielle, ce qu'on peut voir dans
la condition selon laquelle si $P(g)$ est *definit* pour toute
fonction propositionnelle g – dont toutes les variables sont
individuelles – alors $\forall f(P(f))$ *et* $\exists f(P(f))$ le sont aussi.

Skolem répondit presqu'immédiatement, notant que la
nouvelle formulation de Zermelo était assez semblable à
celle qu'il avait lui-même donné en 1922 ; la seule différence
importante résidait dans l'usage – non critique – des
« fonctions propositionnelles ». Skolem se demandait si
Zermelo avait l'intention de proposer encore des axiomes
pour les caractériser. On peut présumer que Zermelo ne
pensait pas devoir donner une formulation plus poussée –
c'est la matière dont sont faites les fondations.

Il est vrai que Zermelo aurait pu produire des axiomes
pour caractériser les fonctions propositionnelles, ce qu'ont
fait à peu près à la même époque Hilbert et Ackermann
lorsqu'ils ont traité de la logique d'ordre supérieur dans les
Grundzüge der theoretischen Logik. Mais Skolem restait
enclin à interpréter tout ce que Zermelo pouvait dire comme
fondamentalement du premier ordre et donc sujet à réinterprétation à partir du théorème de Löwenheim-Skolem. Le
dialogue finit dans une impasse.

calcul des prédicats classique du premier ordre. L'ironie est que Zermelo n'y
aurait pas « eu recours » parce qu'il le pensait trop faible. En élaborant ses
conceptions Zermelo a proposé un langage massivement infinitaire.

| La présentation de Skolem dans « Über die   245
mathematische Logik » ne contient que quelques remarques
sur la logique du second ordre. Il y montrait, après avoir
développé un langage du premier ordre, comment pouvaient
être introduites des variables sur des « fonctions propositionnelles » et évoquait la possibilité de quantifier sur ces
variables de second ordre [1] :

> Si « tout » et « il existe » peuvent être appliqués à des
> fonctions propositionnelles variables, se pose alors la
> question de savoir quelle est la totalité de toutes les
> fonctions propositionnelles.

Il s'agit du genre de question que Zermelo – comme
Second – pensait ne pas avoir à poser. Une fois qu'un
domaine est fixé, le parcours de la locution « tout sous-
ensemble » est déterminé. Après tout, on ne pose pas de
questions semblables à propos des variables du premier
ordre et d'autres parties de la terminologie logique comme
les connecteurs. Et de ce point de vue la seule manière de
répondre aux questions de ce genre est d'*utiliser* la terminologie correspondante dans le métalangage. On dit par
exemple que *A&B* est vrai si *A* est vrai et *B* est vrai.

Pour Skolem néanmoins – comme pour *First* – la
question demeure légitime et d'actualité. Il prétend que le
parcours des variables d'ordre supérieur n'admet que deux
conceptions « scientifiquement tenables ». La première est
en réalité la théorie des types ramifiée, dans laquelle les
fonctions propositionnelles sont associées à des formules
dans un langage sans cesse enrichi. La seconde consiste à

---

1. « Über die mathematische Logik », *Norsk matematisk tidsskrift*, X,
1928, 125-142; traduit dans J. van Heijenoort (ed.), *From Frege to* Gödel,
op. *cit.*, , p. 508-524.

introduire de manière axiomatique la notion de fonction
propositionnelle (*ibid.*) :

> Les axiomes deviendront des propositions du premier ordre
> puisque les […] "fonctions propositionnelles" prendront le
> rôle d'individus. La relation entre les arguments et les
> fonctions apparaitra alors […] comme primitive.

Le débat porte sur la matière dont sont faites les fondations.

Il est vrai que ce n'est certes pas avec les fonctions
propositionnelles et les ensembles, que les mathématiciens
ont pour la première fois affaire à des entités controversées.
Les nombres négatifs, irrationnels et complexes viennent
immédiatement à l'esprit [1]. Pour parler très grossièrement,
on peut distinguer trois attitudes adoptées à l'égard des
entités de ce genre par ceux qui les ont défendues. La
première consiste simplement à *postuler* l'existence des
entités en question. On considère alors que tous les axiomes
que l'on donne *décrivent* les entités postulées. On insiste sur
la distinction entre les axiomes et les entités elles-mêmes et
par suite les interprétations concurrentes sont considérées
246 comme non pertinentes. Inutile de préciser que | par elle-
même cette manière de postuler risque de ne pas convaincre
les esprits prudents. C'est le meilleur moyen d'éluder la
question. On l'accompagne souvent d'arguments relatifs à
l'utilité des entités et au caractère fécond de la théorie qui
s'ensuit. Une bonne partie des écrits de Cantor et de Zermelo
suivent cette voie. Toutefois, le caractère de fécondité serait
reconnu à *toute* structure qui satisfait les axiomes. D'où la
seconde possibilité qui est celle de *la définition implicite*. En
premier lieu, on donne les axiomes, puis on indique que

1. Voir E. Nagel « Impossible Numbers : A chapter in the History of
Modern Logic », in *Teleology Revisited and Other Essays in the Philosophy
and History of Science*, New York, Columbia, 1979, p. 166-194.

les entités définies « sont » ou « peuvent être » tout ce qui les satisfait. En arithmétique par exemple, le texte célèbre de Richard Dedekind *Was sind und was sollen die Zahlen ?* [1] définit un « système simplement infini » comme toute collection d'objets munie d'une opération possédant certaines propriétés. Il donnait ensuite une preuve de catégoricité et définissait les « nombres naturels » comme l'un de ces systèmes. La deuxième des attitudes que Skolem présente comme « scientifiquement tenable » relativement aux fonctions propositionnelles, le traitement axiomatique, est également une définition implicite. Le problème est que cette conception conduit principalement à se demander quels systèmes satisfont quels axiomes. Or les ensembles, les propriétés, les fonctions propositionnelles et les entités de ce genre sont des items centraux de cette entreprise. Si l'on considère que les axiomes employés dans les définitions sont du premier ordre, comme le prétendait explicitement Skolem, alors plusieurs systèmes – non isomorphes – sont définis de cette manière et il n'y a pas moyen de faire valoir une interprétation préférable. C'est le relativisme et la confirmation du relativisme. Si, d'un autre côté, les axiomes sont du second ordre, alors les définitions implicites sont circulaires : on « définit » les entités en question en utilisant ces mêmes entités. Encore une fois, la compréhension des variables de premier ordre du langage-objet est liée aux items dans la logique. La troisième conception des entités problématiques est la *construction*. On montre comment les objets en question peuvent être conçus comme des

1. Voir Dedekind, *Essays on the Theory of Numbers*, W. W. Berman (ed.), New York, Dover, 1963, p. 31-115 (publié à l'origine en 1888). Voir P. Kitcher, « Frege, Dedekind, and the Philosophy of Mathematics », *in* L. Haaparanta and J. Hintikka (eds), *Frege Synthesized*, Dordrecht, Reidel, 1986, p. 299-343.

combinaisons d'entités moins problématiques. Parmi les exemples, on a la construction par Dedekind des réels comme des ensembles de rationnels et la « définition » des nombres complexes comme paires de réels. La première conception défendue par Skolem pour les fonctions propositionnelles à l'aide de la théorie des types ramifiée relève de cette forme. On construit une séquence de langages et chaque fonction propositionnelle est associée à certaines de leurs formules. Du point de vue du partisan de la logique d'ordre supérieur cette construction demeure inadéquate, car seule une quantité dénombrable de fonctions propositionnelles peut être construite de cette manière. Surtout, toute construction fait virtuellement appel à la notion intuitive d'ensemble et, comme Skolem le reconnaît[1], de nombre naturel. Ce sont encore les « entités problématiques » qu'on cherche à étudier.

---

1. Rappelons que la théorie des ensembles est supposée valoir comme la théorie dans laquelle toute la mathématique, y compris l'arithmétique, est reformulée. Ce serait donc violer la « fondation » envisagée que de faire appel aux nombres naturels dans la formulation de la théorie des ensembles. Dans les premières tentatives pour codifier la notion de fonction *definit* telle que Zermelo l'utilisait, par exemple dans celle de H. Weyl (« Über die Definitionen der mathematischen Grundbegriffe », *Mathematisch-naturwissenschaftliche Blätter*, VII, 1910, 93-95, 109-113) et de Fraenkel (« Zu den Grundlagen der Mengenlehre », *Jahresbericht der Deut. Mat. Verein*, XXXI, 1922, 101-102) étaient utilisées des expressions comme : « en nombre fini » qui fait bien entendu appel aux nombres naturels. Dans l'article d'exposition mentionné plus haut (« Über die mathematische Logik ») Skolem concédait que chacune des conceptions des fonctions propositionnelles qu'il disait « scientifiquement tenables » reposait sur les nombres. Il suggérait que ne soient considérés comme antérieurs ni les ensembles ni les nombres, mais que leurs fondements soient posés conjointement « d'une manière qui les relie ».

| III

Les régressions du genre de celle qu'on rencontre ici ne sont pas rares en philosophie. On ne peut pas continuer indéfiniment à définir les termes que quelqu'un emploie en utilisant d'autres termes ; on ne peut pas indéfiniment continuer à prouver les prémisses de quelqu'un en utilisant toujours plus de prémisses ; et, dans le cas qui nous intéresse, on ne peut pas indéfiniment codifier la signification du discours de quelqu'un en fournissant toujours plus de méta-sémantique. Le fondationnalisme s'accompagnait de l'espoir que les régressions de ce genre trouveraient un point d'arrêt dans ce qui est à soi-même sa propre preuve, mais cela n'a pas eu lieu. Dans la situation où nous sommes, il semble que ces questions doivent être laissées de côté. Le camp des partisans du premier ordre rejette ou, tout au moins, conteste le cadre conceptuel que les avocats de l'ordre supérieur utilisent lorsqu'ils expliquent la signification du discours mathématique informel.

Nous disposons ici de plusieurs options. L'une d'entre elles consiste à maintenir que la plus grande partie du discours des mathématiques informelles peut être prise à la lettre – c'est-à-dire n'a pas à être réinterprétée – et que ce discours réussit à faire référence à des structures uniques – à isomorphisme près. Ces structures incluent celles des nombres naturels, des nombres réels et complexes ainsi peut-être que la hiérarchie de la théorie des ensembles. J'appelle cette conception le *réalisme neutre*, parce qu'on n'y prend aucune position relative à la nature des structures en question. On peut alors se demander comment les structures sont *appréhendées* ou comprises par les mathématiciens eux-mêmes, comment elles sont *caractérisées* ou décrites dans la pratique, comment enfin les descriptions et inférences faites à leur propos sont *communiquées*.

Comment sait-on, par exemple, que tous les théoriciens des nombres parlent des mêmes structures ? Il va de soi qu'on ne voit pas bien jusqu'où on peut apporter des réponses à ces questions tout en restant philosophiquement neutre. Tous les points de vue dits « réalistes » partagent au contraire cette contrainte : ils doivent faire voir qu'il est possible d'apporter des réponses à ces questions.

Dans l'article « Second-order Logic and Mathematical Practice », j'accepte le réalisme neutre et prétend dans cette perspective que les langages du premier ordre sont inadéquats. Si le langage des mathématiques informelles est conçu **248** | comme un système du premier ordre non interprété, alors la caractérisation et la communication des structures présumées est impossible. Une « solution » consiste à maintenir que les langages sous-jacents aux discours informels sont au moins du second ordre, avec la sémantique standard. Cela revient à accepter ou à supposer que la terminologie du second ordre est elle-même comprise sans ambiguïté, que cela ne pose pas davantage de problèmes que le réalisme neutre concernant les mathématiques informelles. Nous avons noté que Church avait soutenu cette position – et je lui emboîte le pas. Les présuppositions de la logique du second ordre sont celles des mathématiques classiques prises à la lettre.

Une autre option, toujours dans la rubrique du réalisme neutre, consiste à penser qu'on parvient à caractériser avec succès (à isomorphisme près) les structures mathématiques et à les communiquer, tout en maintenant que ce n'est possible qu'au niveau intuitif ou seulement dans les pratiques informelles. Autrement dit, que la communication des mathématiques est intrinsèquement informelle [1]. Cela revient

---

1. *Cf.* J. Myhill, « On the Ontological Significance of the Löwenheim-Skolem Theorem », in *Academic Freedom, Logic and Religion*,

à dénier un rôle significatif à toute sémantique formelle dans l'explication de la description et de la communication mathématique et l'on peut alors prétendre que, dans la mesure limitée où les mathématiques peuvent être codifiées, la logique sous-jacente est du premier ordre. Contre Church, cette position mixte rejette le lien entre les présuppositions des mathématiques classiques telles qu'elles sont pratiquées et la logique du second ordre, admettant les premières et rejetant la seconde.

La troisième option consiste à rejeter le réalisme neutre et à embrasser une version du relativisme à la manière de Skolem. On affirme alors que les théories mathématiques n'ont pas d'interprétation non équivoque, pas même d'interprétation unique à isomorphisme près. Il est bien entendu qu'avec une dose modérée de théorie des ensembles, des modèles peuvent être caractérisés pour les différentes théories et il est possible, dans certains cas, d'utiliser les ressources de la théorie des ensembles pour préciser quelle est l'interprétation « attendue » d'une théorie. On montre de cette manière que le modèle standard de l'arithmétique est isomorphe à l'ensemble des ordinaux finis. Mais, et c'est là le problème, invariablement cette position conduit à insister sur le fait que les théories mathématiques et les métathéories admettent une sémantique du premier ordre. Si, en effet, une théorie, de quelque niveau qu'elle soit, est satisfiable dans un domaine infini, elle possède des modèles de toute cardinalité infinie et aucun principe ne permet finalement de privilégier une manière d'identifier un domaine attendu.

M. White (ed.), Philadelphia, American Philosophical Society, 1951, p. 57-70, repris dans I. Copi, J. Gould (eds), *Contemporary Readings in Logical Theory*, New York, MacMillan, 1967, p. 40-54, pour une présentation lucide de cette option. Des positions semblables m'ont été suggérées dans la correspondance ou la conversation par plusieurs logiciens éminents.

Autrement dit : la théorie des modèles sous-jacente est une autre théorie encore avec de nombreuses « interprétations » (à préciser sans doute dans sa propre métathéorie). Il

249 n'existe | pas une manière non équivoque de comprendre des termes comme « ensemble », « sous-ensemble », « fini » et des quantificateurs comme « tout modèle ».

[...]

251 | IV

Il est vrai que, dans la pratique, la régression que nous découvrons ne va pas bien loin. Personne, par exemple, ne s'est donné le mal de formuler un méta-méta-métalangage et ne s'est demandé comment le comprendre ou l'interpréter. Dans toutes les versions la régression s'arrête au discours des mathématiques informelles. Il n'y a pas de codification formelle plus poussée à ce niveau, peut-être parce que l'on s'aperçoit que ce serait repousser le problème un peu plus loin. Cela ne signifie pas qu'on ne peut pas formuler avec précision le métalangage suivant, mais on ne voit pas l'intérêt de le faire.

Il existe aussi aujourd'hui un consensus presque universel parmi les mathématiciens quant à la pratique des mathématiques informelles et l'usage du discours informel. À l'exception des constructivistes traditionnels, il n'existe aucun désaccord profond et systématique sur les exemples de preuve correcte, du moins plus maintenant. Tout au plus quelques escarmouches occasionnelles. La dispute la plus philosophique ne concerne pas l'exactitude des mathématiques informelles. Elle porte plutôt sur la manière de décrire le discours, sur ce qu'il signifie, ce à quoi il fait référence et en quoi consiste sa terminologie non logique. Aucun des protagonistes de la dispute, réel ou fictif, ne doit être soupçonné de prôner une révision de la pratique en usage.

C'est la raison pour laquelle les logiques qui font ici l'objet d'un examen s'appuient sur des théories de la preuve remarquablement semblables. Cela constitue un argument en faveur de ma toute première remarque : les différences entre la logique du premier ordre et la logique d'ordre supérieur résident principalement dans les différentes façons d'envisager la totalité du parcours des variables supplémentaires, autrement dit dans la « sémantique ». De fait, on ne peut pas prouver davantage de théorèmes au moyen d'une logique du second ordre qu'avec une logique du premier ordre munie de variables d'ensemble (et des axiomes appropriés). L'une comme l'autre ont remarquablement bien réussi à « sauver les apparences » en ce qui concerne l'usage correct du discours informel[1].

Ainsi dans la pratique, la régression s'achève lorsque, pour reprendre une expression de Quine, on « verse dans la langue maternelle » du discours mathématique informel, où les choses se passent plutôt en douceur, du moins pour l'instant. Cette remarque va plutôt dans le sens de ceux qui, | parmi les philosophes, ont soutenu que comprendre un 252 concept n'est rien de plus que connaître l'usage du langage

---

1. Les systèmes de déduction des théories du second ordre communes sont un peu plus forts que leurs pendants au premier ordre. On peut, par exemple, prouver la consistance de l'arithmétique du premier ordre dans l'arithmétique du second ordre. C'est que le schéma d'axiome de compréhension de la logique du second ordre a des instances qui contiennent des variables de prédicat liées. Ces définitions imprédicatives produisent des classes qui ne peuvent pas être définies dans les langages de premier ordre et qui, par suite, ne tombent pas sous les schémas d'axiome du premier ordre. Quoi qu'il en soit, l'arithmétique du second ordre est équivalente à l'analyse du premier ordre et la théorie des ensembles du premier ordre est bien plus forte que l'analyse du second ordre. Sur la comparaison de la théorie des ensembles du premier ordre et de la théorie des ensembles du second ordre, voir mon article : « Second-order Languages and Mathematical Practice », *op. cit.*, ainsi que S. Shapiro, *Foundations …*, *op. cit.*

pertinent. Des variations sur ce thème ont été proposées
par Hilary Putnam, Michael Dummett et le dernier
Wittgenstein[1].

On associe habituellement aux positions de ce genre un
slogan : « la signification, c'est l'usage » qui est, me semble-
t-il, trompeur. Dans la perspective qui est la nôtre, la thèse
ne porte pas sur la signification mais sur la compréhension.
Ce qui est affirmé est que la compréhension ne saurait être
ineffable. On comprend les concepts incarnés dans un langage dans la mesure où l'on sait comment utiliser le langage
correctement. Nommons cela la *thèse de l'usage*.

Ceux qui s'opposent frontalement à la thèse de l'usage
en philosophie du langage relient la compréhension à la
saisie de quelque chose qui transcende l'usage ou en est
conceptuellement indépendant. Un exemple de ces oppo-
sants est probablement Frege, puisqu'il pensait que toute
expression pourvue de sens appartenant à un langage interprété est associée à une entité éternelle, objective et indépendante de l'esprit appelée son *sens*. Les concepts associés à
un fragment de langage sont compris seulement si les sens
requis sont saisis. La capacité d'une personne à utiliser un
langage comme celui de l'arithmétique est certainement la
preuve qu'elle a compris le sens des expressions qu'elle
emploie, mais usage et compréhension demeurent deux
choses différentes. Il semble qu'une position semblable
sous-tend la distinction entre compétence et performance
qu'on trouve chez Chomsky, mais l'envisager de cette

1. H. Putnam, « Models and Reality », *Journal of Symbol Logic*, XLV,
1980, 464-482. M. Dummett, « The Philosophical Basis of Intuitionistic
Logic », in *Truth and other Enigmas*, Cambridge, Harvard, 1978,
p. 215-247 ; Wittgenstein, *Remarks on the Foundations of Mathematics* and
Philosophical Investigations, trad. G.E.M. Anscombe, New York,
MacMillan, 1958.

manière nous mènerait trop loin. La thèse de l'usage oppose à ces positions que la capacité à utiliser un langage constitue la compréhension et ainsi la saisie des concepts.

Comme l'écrit Dummett[1] :

> Un individu ne peut pas communiquer quelque chose s'il est impossible d'observer qu'il le communique. Supposons qu'un individu associe un contenu mental à un symbole ou à une formule mathématique alors que cette association n'apparaît pas dans l'usage qu'il en fait, dans ce cas il ne pourrait pas transmettre ce contenu au moyen du symbole ou de la formule car son auditoire ne serait pas informé de cette association et n'aurait aucun moyen de le devenir.

De plus, lorsqu'on apprend un langage comme celui de l'arithmétique, on n'apprend pas directement le sens de chaque expression, encore moins la dénotation de chaque terme. On apprend plutôt comment utiliser chaque expression : comment effectuer le calcul sous-tendu par des équations simples, | comment appliquer l'arithmétique aux problèmes quotidiens et, plus tard, comment prouver et réfuter les énoncés arithmétiques et soutenir des raisonnements hypothétiques dans le langage[2] : 253

> C'est là tout ce qu'on apprend lorsqu'on fait l'apprentissage des significations des expressions d'un langage de la théorie mathématique en question, car c'est là tout ce qu'on peut faire voir.

Une autre manière de présenter cette opposition consisterait à remarquer qu'il est possible, au moins en principe, d'un point de vue fregéen, qu'une personne (ou une machine) soit capable d'utiliser correctement un langage

1. M. Dummett, « The Philosophical Basis… », *op. cit.*, p. 216.
2. *Ibid.*, p. 217.

sans pourtant saisir les concepts impliqués. On peut « le feindre ». Dummett écrit à ce propos [1] :

> Lorsqu'on suppose qu'il existe dans la signification un ingrédient qui transcende l'usage qui est fait de ce qui véhicule la signification, on suppose également que quelqu'un pourrait avoir appris tout ce qui lui est directement enseigné lorsqu'il apprend le langage d'une théorie mathématique, puis, dans sa manière de se comporter, faire exactement comme quelqu'un qui comprendrait le langage, alors qu'en fait il ne le comprendrait pas réellement ou seulement de manière incorrecte.

À l'inverse, il semble possible, selon ces positions, de saisir des concepts sans pourtant être capable d'en dire quoi que ce soit de correct. Encore une fois, la compréhension est conceptuellement indépendante de l'usage bien que, dans la pratique, l'écart entre les deux ne soit habituellement pas très grand. La thèse de l'usage écarte complètement ces deux possibilités [2].

1. *Ibid.*, p. 217-218.
2. Il est vrai que ce genre de possibilités de principe en appelle à une modalité métaphysique assez large. Un fregéen peut encore défendre la thèse selon laquelle feindre de manière complète ou même assez importante est impossible dans un certain sens, peut-être épistémique. On peut considérer que c'est la position de Platon au sens où la méthode socratique suppose, semble-t-il, que lorsqu'une personne ne parvient pas à saisir un concept, alors il doit exister des situations dans lesquelles elle est incapable de donner des réponses intelligentes. Il est certainement raisonnable de penser que, comme pour la possibilité inverse et à nouveau pour des raisons épistémiques, l'écart entre la compétence et la performance ne peut dépasser une certaine limite. On pourrait aussi noter que la thèse de l'usage peut, elle aussi, entériner une distinction entre compétence et performance, mais que dans ce cas elles sont l'une et l'autre reliées à la capacité du sujet à utiliser le langage. La compétence fait alors référence à l'usage global du langage et à la capacité à mettre en rapport ses aspects pertinents et son ensemble. La performance concerne les énoncés particuliers propres à un domaine restreint

On pense fréquemment que la thèse de l'usage vient s'opposer au réalisme, c'est-à-dire à la position selon laquelle le parcours des variables du langage est constitué d'objets dont l'existence est indépendante du mathématicien et de la vie de son esprit. Dans les faits le slogan : « la signification, c'est l'usage » est souvent perçu comme la marque de l'antiréalisme. Dummett, par exemple, prétend que la thèse de l'usage suggère, et même affirme, que la sémantique tarskienne, avec un univers du discours et des conditions de vérité, n'est pas appropriée. Il propose de remplacer la « vérité » et la « satisfaction » par « l'usage » comme ingrédient principal de la sémantique compositionnelle. On fournit alors des « conditions de preuve » et non des « conditions de vérité ».

| Je ne pense pas qu'on soit autorisé à aller aussi loin 254 dans la conclusion. La thèse de l'usage est tout à fait plausible et impose des contraintes raisonnables à toute théorie de la signification. Mais elle n'impose pas par elle-même une ontologie antiréaliste ou une sémantique non tarskienne. Elle n'entraîne pas que « usage » soit un élément central de la sémantique. Elle entraîne que l'ontologie et les conditions de vérité doivent être compatibles avec le fait qu'un langage puisse être appris et compris par son usage. Les conditions de vérité ne doivent pas être très éloignées de la connaissance implicitement mobilisée dans l'usage correct d'un langage et de ce qu'on apprend, quelle qu'en soit la nature, lorsqu'on y acquiert de l'aisance. Il devrait y avoir un lien naturel (si ce n'est inévitable) entre l'usage et les conditions de vérité. Idéalement, il devrait être clair, ou au

qui peuvent être ou ne pas être consistants avec l'usage global. La distinction de la compétence et de la performance est, dans cette esquisse, une différence de degré et non une différence générique.

moins défendable, qu'une théorie du langage-objet
augmentée de sa sémantique est une articulation plus
poussée de la seule théorie du langage-objet et non une
manière de passer à tout autre chose. Pour employer une
métaphore wittgensteinienne (sans doute en la déplaçant) on
devrait pouvoir penser qu'en ajoutant la sémantique à une
théorie, on a « continué comme avant ». Dans le cas
contraire, Dummett serait fondé à penser que la signification
est ineffable, ou, tout au moins la critique qu'il a formulée
resterait sans réponse [1].

[...]

255 | On peut s'interroger sur la « signification » de certains
mots et sur leur référence au niveau du discours informel,
antérieurement à la sémantique. Beaucoup de réponses
s'avèrent de simples platitudes, par exemple « 12 est un
nombre naturel » ou « 6 est le sixième nombre naturel
après 0 ». De manière semblable le métalangage informel
est capable de distinguer des modèles (ou sémantiques)
standards ou non standards : « les modèles standards de
l'arithmétique sont ceux qui sont isomorphes aux nombres
naturels ; les modèles non standards sont ceux qui commencent par un exemplaire des nombres naturels, suivi par
d'autres éléments du domaine ». On dit effectivement des
choses de ce genre aux étudiants de logique et certains le
comprennent ou semblent le comprendre. Bien entendu, en
ce qui concerne la régression mentionnée plus haut, c'est

---

1. Dans mon article « Logic, Ontology, Mathematical Practice »,
Synthese, 1989, 13-50, je prétends que le structuralisme est compatible avec
le réalisme, la sémantique tarskienne et la thèse de l'usage. Voir C. Parsons,
Mathematics in Philosophy..., *op. cit.*, troisième essai, pour une discussion
pénétrante du sens selon lequel l'arithmétique considérée dans la théorie de
l'arithmétique-augmentée-de-la-vérité-arithmétique est la même (ou
différente) de l'arithmétique prise *simpliciter*.

encore une manière d'éviter la question. Les « problèmes » relatifs à la signification et à la référence s'appliquent à ces énoncés aussi. Nous ne pouvons pas exclure des interprétations du métalangage non attendues sans avoir en quelque manière déterminé sa sémantique, et nous ne pouvons pas le faire sans utiliser davantage de langage ; dans ce cas nous devons nous inquiéter à nouveau de son interprétation. Et ainsi de suite. La thèse de l'usage bloque cette régression ou, au moins, décide de l'arrêter en refusant de poursuivre. Nous utilisons des langages sans ajouter d'interprétation, mais cela ne signifie pas, pour parler comme Wittgenstein, que nous n'avons pas le droit de les utiliser. Le métalangage informel et le langage objet sont l'un et l'autre compris lorsque nous savons comment les utiliser. Nous formulons des énoncés, nous les comprenons et nous voulons dire ce que nous disons. Cela n'a aucun sens de s'inquiéter de la signification et de la référence du langage informel tout entier et d'attendre de la réponse qu'elle soit en quelque sorte indépendante de ce langage.

Rappelons que deux des options évoquées plus haut impliquent ce que j'ai appelé le réalisme neutre, c'est-à-dire la position selon laquelle le discours mathématique doit être pris à la lettre : l'arithmétique porte sur les nombres naturels, l'analyse sur les nombres réels, la théorie des ensembles sur les ensembles, etc. Tout ceci est compatible avec la thèse de l'usage et même semble en être une conséquence. Qu'est-ce que le théoricien de l'usage pourrait soutenir d'autre ? Pour être tout à fait explicite, le langage informel ou préformel des mathématiques possède un prédicat N pour « est un nombre naturel ». Il s'agit d'un item de base du lexique. Le mathématicien dit que 4 est un nombre naturel, $N4$. Il suit par généralisation existentielle, $\exists x\, Nx$: les nombres existent. Point. Je propose que sur la base de la thèse de l'usage le relativisme à la Skolem soit rejeté sans appel. La possibilité de réinterprétation du langage n'a rien à voir avec l'usage originel et donc rien à voir avec la compréhension. Tel qu'il est employé le langage informel n'a rien d'équivoque.

À un certain moment, semble-t-il, nous attendons que l'utilisation de la sémantique formelle nous serve à comprendre comment les structures sont appréhendées, caractérisées et communiquées. Comme le note Putnam, c'est le pas de trop. Non que le désir d'une sémantique formelle soit illégitime. C'est même le contraire. | Ce qui pose problème, c'est l'idée selon laquelle on aurait besoin de la sémantique formelle pour rendre compte de ce qui est saisi lorsque nous apprenons la signification d'un langage, ou même qu'elle serait d'un quelconque secours[1] :

> Adopter une théorie de la signification selon laquelle, lorsque l'usage d'un langage est complètement spécifié il lui manque encore quelque chose – c'est-à-dire son « interprétation » – c'est accepter un problème qui ne peut avoir que des solutions folles. Dire, comme si c'était mon problème : « je sais comment utiliser mon langage, mais comment devrais-je choisir son interprétation ? » c'est dire quelque chose qui n'a pas de sens.

Si l'on doit soutenir cette conception de la compréhension, un problème intéressant se présente, analogue à celui de la référence des modèles non standard. On reproche souvent aux théoriciens de l'usage que leur concept « d'usage » reste vague. Une explication est certainement requise, bien que des problèmes relatifs à

256

---

1. H. Putnam, « Models and Reality », *op. cit.*, p. 481-482.

l'interprétation de cette explication apparaissent inévitablement. Comme Wittgenstein le dit[1] :

> Tout cela dépend de *ce* qui fixe le sens d'une proposition
> [...] L'usage des symboles doit le fixer ; mais qu'est-ce qui
> est considéré comme l'usage ?

Il semble que notre attention soit en train de se déplacer
de la sémantique vers la théorie de la preuve, mais c'est une
impression trompeuse. Le problème qu'il faut expliquer est
le suivant : comment la compréhension d'un langage mathématique, à travers son usage, impose une contrainte à l'usage
futur du langage. Comment « continuer comme avant » ?
Plus spécialement, quelle relation existe-t-il entre la preuve
formelle et « l'usage » sous sa forme globale impliquée
dans la compréhension ? Je persiste à penser que la thèse
de l'usage et le formalisme forment un partenariat
philosophique déplorable.

Il existe un aspect important de la pratique mathématique
– *l'usage* du discours mathématique – qui n'est pas rendu
par les langages du premier ordre : le sens selon lequel le
discours dépasse, ou même « transcende », ses manifestations antérieures. Je voudrais aussi suggérer qu'il est aisé de
comprendre dans ces termes beaucoup de considérations
favorables aux langages du second ordre. Lorsqu'on avance
que certains concepts et que certaines théories résistent au
traitement du premier ordre, cela revient à affirmer que les
langages du premier ordre ne sont pas adéquats pour rendre
des aspects importants de l'usage des langages impliqués.
J'en viens bientôt à un exemple. Pour anticiper sur la
conclusion : bien que la thèse de l'usage dissolve la

---

1. L. Wittgenstein, *Remarks on the Foundations of Mathematics*,
op. cit., p. 366-367.

régression dans la sémantique mentionnée ci-dessus, elle ne dissout pas la question de la logique du second ordre. Le problème d'une interprétation de l'interprétation est remplacé par le problème des règles pour suivre des règles.

257 | Il existe une affinité intéressante entre notre manière de poser le problème du langage du second ordre et la discussion du *suivre une règle* dans l'ouvrage de Crispin Wright : *Wittgenstein on the Foundations of Mathematics* [1]. Dans notre scénario, les deux personnages *Second* et *First* semblaient, à certains moments, tomber d'accord. Ils acceptaient la même description verbale de l'interprétation du langage pour s'apercevoir, plus tard, qu'ils interprétaient la description (de l'interprétation) de manière différente. C'est ainsi que commence la régression. Wright, quant à lui, présente une expérience de pensée dans laquelle deux personnes qui s'accordent sur la description d'une règle commencent pourtant à l'appliquer de manière différente : il y a une divergence cachée qui porte sur l'interprétation de la description de la règle. Tâchons de pousser plus loin l'analogie.

Saul Kripke [2] formule au nom de Wittgenstein un problème intéressant. La plupart d'entre nous avons appris à additionner à l'école élémentaire et employons le symbole « + ». Le problème consiste à rendre compte par « + » de la signification qu'a pour nous la fonction d'addition. La thèse est que la signification du terme est fixée par l'usage que nous en faisons et que nous faisons d'autres expressions. Mais « que considérons-nous comme l'usage ? » La fonction

---

1. C. Wright, *Wittgenstein on the Foundations of Mathematics*, Londres, 1980, chap. 2. Je dois cette observation à Barbara Scholz.
2. S. Kripke, *Wittgenstein on Rules and Private Language*, Cambridge, Harvard, 1982.

d'addition admet une infinité d'arguments et de valeurs. Nous n'avons pas « fait usage » de chacun d'entre eux et nous ne le ferons jamais. Soit « quus » une fonction binaire qui coïncide avec l'addition pour tout argument plus petit qu'un grand nombre donné N et diffère au-delà. Je suggère que le rôle de la fonction « quus » ici est analogue au rôle des modèles non standard dans la discussion précédente. Par cette version du problème Kripke entend montrer comment on peut réfuter l'argument d'un sceptique, selon lequel on tenterait d'affirmer que, dans le passé, nous avons réellement entendu « quus » par « + ». L'analogie vaut avec un autre sceptique (en l'occurrence Skolem) qui tenterait d'affirmer que notre usage passé du discours mathématique pourrait avoir fait référence à un modèle non standard.

Pour une valeur de N assez grande la fonction plus et la fonction quus sont l'une comme l'autre consistantes avec tout ce que nous avons fait dans le passé, tous les nombres que nous avons additionnés (ou quadditionnés) jusqu'ici. L'une et l'autre sont aussi consistantes avec nos dispositions physiques à additionner (en supposant qu'il existe une limite dans la grandeur des nombres tels que nous possédons la disposition à les considérer). De plus, tout ce que nous avons dit sur nos pratiques, comme la définition récursive de « + », est sujet à deux interprétations, en termes de « plus » ou en termes de « quus ».

Outre les mérites exégétiques et philosophiques de la solution (antiréaliste) proposée par Kripke, le problème soulève une difficulté pour la thèse de l'usage ou, tout au moins, fait voir une présupposition derrière l'usage du langage ordinaire. Virtuellement toute personne qui n'appartient pas au monde de la fiction pense positivement que nous voulons dire « plus » et non « quus » au moyen de « + ». Il suit que notre capacité | à additionner et notre connaissance **258** de l'arithmétique vont en quelque sorte au-delà de tout ce que nous avons effectué antérieurement, de nos dispositions à agir, etc. En tout cas nous supposons qu'elles le font. Lorsque nous rencontrons de nouvelles instances de l'addition et les traitons correctement, nous ne faisons que « continuer comme avant ». Le problème de Wittgenstein consiste à maintenir la thèse de l'usage alors que les motifs de « l'usage » d'une expression à un moment donné vont au-delà de ses manifestations antérieures. Il nous faut un compte rendu plausible de ce que c'est que « continuer comme avant ». Je pense que c'est le sens du premier passage qui sert d'épigraphe au présent article. Le problème consiste à maintenir le réalisme, au sens ou nous voulons positivement dire quelque chose par les termes que nous employons – le relativisme à la Skolem est absurde – tout en n'étant pas limité par « l'observation » de nos comportements antérieurs : pas « d'empirisme ».

La même difficulté se fait jour dans la situation présente, mais cette fois à grande échelle. C'est ici que « le réalisme sans le formalisme est la chose la plus difficile ». Considérons, par exemple, l'analyse réelle et, pour les besoins de l'analogie, admettons que l'axiome de complétude sanctionne une règle :

> Lorsqu'on apprend qu'un ensemble S de nombres réels est majoré, on peut inférer que S admet un plus petit majorant.

Supposons qu'un mathématicien, ou une communauté de mathématiciens, élabore l'analyse, apprend la règle de complétude et l'utilise avec succès pendant plusieurs décades. Appelons ce mathématicien (ou cette communauté) « Karl ». Supposons aussi que, pendant ces décennies, l'analyse soit la plus puissante des théories à laquelle

Karl ait accès (en particulier que la théorie des ensembles de Zermelo-Fraenkel n'a pas été développée).

Une formulation du premier ordre de l'analyse réelle considère la règle de complétude comme un schéma, avec une instance pour chaque formule ouverte du langage de Karl. Comme la fonction quus de Kripke, l'analyse du premier ordre caractérise 1) l'usage (correct) que Karl a fait dans le passé de la règle de complétude et 2) ses dispositions physiques à appliquer la règle correctement. Elle permet de saisir encore plus : 3) tout usage de la règle qu'il *peut* faire compte tenu de ses ressources expressives – où le terme modal « peut » n'est pas limité à la possibilité physique, le schéma du premier ordre inclut toute application de la règle dans le langage qui est celui de Karl à présent ; 4) sa capacité à décrire ses usages possibles ; 5) notre capacité à décrire sa capacité à décrire sa capacité à appliquer la règle correctement, etc.

Il ne faut donc pas s'étonner si, dans la perspective qui est celle de Karl, il n'existe pas de différence significative entre la classe des théorèmes qu'il peut prouver dans l'analyse du premier ordre et la classe correspondante dans l'analyse du second ordre. Le schéma du premier ordre admet des instances qui couvrent à peu près tous les usages qu'il peut faire compte tenu de ses (ou de leurs) ressources. Autrement dit : tout usage qu'il peut faire *à telle étape* de son développement. Or, | comme dans le cas de la fonction **259** quus de Kripke, ce n'est pas suffisant. Le problème consiste à maintenir la thèse de l'usage tout en soutenant que « l'usage » d'au moins certaines expressions (comme la règle de complétude) va au-delà des caractères (1)-(5) ci-dessus.

Supposons à présent que Karl développe (ou soit informé) de nouvelles ressources expressives. Il pourrait, par exemple, formuler une théorie des ensembles et y donner un modèle des nombres réels. Supposons également qu'il utilise cet élargissement de son langage pour définir les ensembles de nombres réels qu'il ne pouvait pas définir avant ces nouveaux développements. Il est évident, en tout cas c'est ce qu'il me semble, qu'il a (ou qu'ils ont) « continué comme avant ». La réaction qui est celle de Karl devant les ensembles de réels nouvellement définis est exactement analogue à la nôtre lorsque nous rencontrons une somme particulière pour la première fois. Nous appliquons la même règle à un cas nouveau.

[...]

L'analyse du second ordre permet de saisir l'intuition du « continuer comme avant ». Pour Karl, la terminologie de la théorie des ensembles est impliquée dans le fait d'élargir le schéma de compréhension (de logique du second ordre) utilisé pour décrire et établir l'existence des « nouveaux » ensembles de nombres réels. Une fois que c'est fait, la règle de complétude est appliquée aux ensembles et c'est alors la même règle de complétude que Karl utilisait auparavant. La règle elle-même n'est ni élargie ni réinterprétée.

La situation n'est pas si simple dans le cadre de l'analyse du premier ordre. Afin de dériver de nouveaux théorèmes, la terminologie de la théorie des ensembles doit être utilisée pour produire de nouvelles instances du schéma de complétude lui-même. Autrement dit, Karl doit produire de nouveaux cas d'énoncés définitionnels propres à l'analyse. Le *nouveau langage* entraîne que Karl dans les faits travaille dans une *nouvelle théorie*, avec un nouvel ensemble de règles. Il s'agit certes d'un élargissement de l'ancienne théorie, mais celle-ci admet de nombreux élargissements (puisqu'elle est incomplète). Il manque un principe d'explication pour rendre compte du fait que la théorie choisie est la

« même » : comment Karl a-t-il continué comme avant ? Il est facile | de prouver qu'il existe des modèles de la 260 théorie du premier ordre de départ dans lesquels certains des nouveaux théorèmes sont faux. Par suite, si l'usage du discours de l'analyse qui était celui de Karl antérieurement n'implique rien de plus que ce qui peut être saisi dans la théorie du premier ordre (avec son parfait appariement de la sémantique et de la théorie de la preuve), alors les « nouveaux » théorèmes ne « portent pas » sur les nombres réels.

En somme, la position du premier ordre et celle du second ordre semblent diverger dans la pratique lorsque les ressources expressives sont élargies. La théorie du premier ordre est limitée aux ensembles de nombres réels qui peuvent être définis dans le langage de départ. L'explication du second ordre applique la même règle aux ensembles nouvellement définis. Peut-être n'avons-nous pas noté cette divergence potentielle dans les scénarii mentionnés plus haut parce que nous avons supposé que la totalité des ressources expressives demeurait constante à travers la régression ; ou bien nous avons tacitement autorisé notre avocat de la logique du premier ordre à reconstruire les théories de base à chaque niveau [1].

1. Il existe une analogie intéressante entre ces considérations et l'un des principaux arguments donné par Michael Friedman en faveur de la réalité de l'espace-temps dans *Foundations of Space-Time Theories*, Princeton, University Press, 1983. Friedman concède que lorsqu'on concentre exclusivement son attention sur la théorie physique la plus puissante et la plus complète dont nous disposons, par exemple la relativité générale, les versions substantives qui font référence à l'espace-temps sont équivalentes aux versions relationnelles qui ne le font pas. Mais l'espace-temps est requis pour faire voir la relation harmonieuse qui unit, par exemple, la théorie de la gravitation et la théorie de la gravitation jointe à l'élecro-dynamique. Les théories relationnelles ne s'accordent pas aussi bien les unes aux autres et la

Je ne dis pas qu'adopter une logique d'ordre supérieur revient en quelque sorte à résoudre les problèmes jumeaux du *suivre une règle* et du relativisme à la Skolem. Cela ne réfute pas les sceptiques. Si *First*, notre personnage, entrait ici de nouveau en scène, elle ferait valoir que le langage de second ordre crée l'apparence trompeuse d'un « continuer comme avant ». Peut-être que la règle de complétude reste la même lorsqu'on adopte la théorie des ensembles, mais le schéma de compréhension change. Elle ferait valoir qu'il y a une modification dans le parcours des variables de second ordre. Rappelons qu'elle nie que ce parcours soit fixé. Il change d'un modèle de la sémantique à un autre.

La thèse que je défends est que, pour le pire et le meilleur (et, je crois, pour le meilleur), l'attitude que sous-tend la pratique des mathématiques consiste à croire que le scepticisme est faux. Nous continuons effectivement comme avant, aussi bien lorsque nous suivons des règles que lorsque nous élargissons nos théories, ou, au moins, nous nous exprimons et agissons dans ce sens. Il se pourrait que ce soit une illusion. Mais une fois qu'on a produit la philosophie de cette question, nous ne prenons plus le scepticisme au sérieux. Et la même présupposition est relayée dans les langages du second ordre. Cette thèse s'inscrit dans la lignée de l'affirmation de Church, selon laquelle on remarque davantage les réquisits de la logique du second ordre que ceux qui président aux pratiques des mathématiques classiques, mais que les premiers ne posent pourtant pas plus de problèmes que les seconds.

261 | Le même genre de considérations invite à rejeter le compte rendu formaliste de « l'usage » du discours

réalité de l'espace-temps est confirmée par le passage historique d'une théorie d'abord plus faible à une théorie plus compréhensive lui succédant.

mathématique. Il n'existe aucun algorithme particulier, formulable explicitement, qui permettrait de saisir la compréhension et l'usage que Karl possède antérieurement de son langage. Le théorème d'incomplétude suffit à s'en convaincre. Aucun algorithme ne peut expliquer comment Karl « continue comme avant » lorsque ses ressources sont élargies. Un algorithme explicite peut tout au plus codifier les applications des théories de Karl selon leurs articulations présentes – dans leur langage, à un certain moment.

Benacerraf décrit très bien la situation[1] :

> Nous *avons effectivement* besoin d'une explication métaphysiquement et épistémologiquement satisfaisante de la manière selon laquelle la pratique mathématique détermine ou incarne la signification du langage mathématique. On pourrait aussi utiliser une telle explication ailleurs que dans les mathématiques. Il se peut que nous ayons à inventer un *nouveau* concept de signification pour produire une explication de ce genre.
>
> [...] La pratique mathématique reflète nos intuitions et contrôle notre usage du langage mathématique selon des modes dont nous pouvons ne pas avoir conscience à un certain moment, mais qui dépassent tout ce que nous avons rendu explicite par une *explication*, quelle qu'elle soit – et même tout ce que nous sommes capables de faire en matière d'explicitation.
>
> J'ai, comme Gödel, tendance à aller vers cette position. Mais j'ai suffisamment conscience de son caractère vague et inadéquat pour ne pas être tenté d'y voir une *position*. C'est tout au plus une direction.

J'ai également tendance à aller vers cette « position » et je pense que le dernier Wittgenstein, au moins tel que je l'ai

---

1. P. Benacerraf, « Skolem and the Skeptics », *Proceedings of the Aristotelian Society*, Suppl. vol. LIX, 1985, p. 110-111.

présenté ici, était aussi dans ce cas. La différence avec le platonisme gödelien (et avec le formalisme) réside dans la mesure selon laquelle nous sommes capables de déterminer complètement l'usage de nos termes. Il nous manque ici une synthèse entre le relativisme et le platonisme traditionnel, le premier prétendant que les contraintes qui pèsent sur l'usage de notre langage s'étendent à peine au-delà de notre capacité présente à décrire et appliquer nos règles, le second que notre esprit peut en quelque sorte saisir des structures infinies et que les concepts sont par là déterminés complètement et une fois pour toutes. La question consiste à se demander dans quelle mesure notre pratique présente, par exemple de l'analyse, détermine l'usage futur des termes ou, pour employer une autre expression de Wittgenstein, dans quelle mesure la signification et l'usage sont, ou ne sont pas, déterminés « à travers l'espace logique ».

Quelle que soit la solution proposée, je suggère modestement que les concepts requis de signification et de référence et le sens selon lequel ils peuvent dépasser leurs manifestations antérieures trouvent une source d'éclaircissement dans l'étude de l'usage des concepts de second ordre en mathématique.

Traduction Jean-Baptiste Rauzy

SOLOMON FEFERMAN

| QU'EST-CE QUI REPOSE SUR QUOI ?
L'ANALYSE DES MATHÉMATIQUES PAR
LA THÉORIE DE LA DÉMONSTRATION [1]

INTRODUCTION

À chaque fois qu'un sujet est organisé à des fins de
présentation ou de fondation (ou les deux), l'on est confronté
à la question : *qu'est-ce qui repose sur quoi ?* Dans le cas
des mathématiques, la façon de répondre à cette question
dépend de la façon dont on la considère, à savoir informellement ou formellement, c'est-à-dire du point de vue du
mathématicien ou du logicien, respectivement. Ce dernier
envisage habituellement la question en termes de ce qui
découle spécifiquement de quoi dans un système logique/
axiomatique donné. La théorie de la démonstration fournit
des notions et des résultats techniques qui – quand ils y
parviennent – servent à donner une réponse d'un genre plus
général, en termes de réduction d'un tel système à un autre ;
de plus, ces résultats établissent une passerelle technique

1. S. Feferman, « What rests on what ? The proof-theoretical analysis of
mathematics » [1993], tiré de *In the Light of Logic*, New York, Oxford
University Press, 1998, p. 187-208.

allant des mathématiques vers la philosophie. Le but de ce
chapitre est d'illustrer les réussites obtenues à ces différents
égards par la théorie réductive de la démonstration. Ma
propre approche du sujet est décrite dans ses grandes lignes
dans la section 1, accompagnée d'une brève comparaison
avec une autre, plus traditionnelle. Ceci est suivi dans la
section 2 d'une description de quelques résultats techniques
qui illustrent l'approche générale. Le chapitre se conclut
dans la section 3 en analysant comment la théorie réductive
de la démonstration relie les mathématiques à la philosophie.
Un exposé plus technique et plus détaillé du contenu des
sections 1 et 2 a déjà été donné dans Feferman (1988).

1. RÉDUCTIONS AU SENS DE LA THÉORIE DE LA DÉMONSTRATION ET RÉDUCTIONS FONDATIONNELLES

Dans ce qui suit, nous employons les lettres :

– $\mathcal{M}$ pour une partie informelle des mathématiques
(comme l'arithmétique, l'analyse, l'algèbre, etc., ou un
fragment d'une telle partie) ;

188 | – L pour le langage formalisé d'une partie des mathé-
matiques (par exemple, le langage de l'arithmétique
élémentaire) ;

– ϕ, ψ, ... pour les formules ou énoncés bien définis
d'un langage L ;

– T pour un système formel axiomatique dans L (par
exemple PA le système de l'arithmétique du premier
ordre de Peano dans le langage de l'arithmétique
élémentaire) ; et

– $\mathcal{F}$ pour un cadre général de fondation (par exemple
finitaire, constructif, prédicatif, infinitaire dénombrable,
ensembliste, infinitaire indénombrable, etc.).

Ces catégories donnent différentes notions au moyen desquelles nous pouvons interpréter la question de savoir ce qui repose sur quoi d'un point de vue logique :

    – *M repose sur T*, au sens où *M peut être formalisée* dans *T* ;

    – *φ repose sur T*, au sens où *φ est démontrable* dans *T* ;

    – *T repose sur F*, au sens où *T est justifié par F* ; et

    – *T_1 repose sur T_2* au sens où T_1 est *réductible à T_2*.

Pour ce qui est de ce dernier point, il existe différentes notions techniques de réductibilité d'un système axiomatique à un autre. En particulier, nous voulons distinguer la notion de l'*interprétabilité* (ou *traductibilité*) de T_1 dans T_2 de celle de la *réductibilité au sens de la théorie de la démonstration* de T_1 à T_2, notée $T_1 \leq T_2$, (une notion qui sera définie dans la section 2). En général, du point de vue fondationnel, celles-ci s'opposent quant à leur direction, puisque nous avons principalement affaire à la relation $T_1 \leq T_2$, lorsque T_2 est une partie de T_1, que ce soit directement ou moyennant une traduction ; tandis qu'au contraire, dans le cas des interprétations, T_2 est généralement plus étendue que T_1 ; comme dans l'exemple familier de l'interprétation de l'arithmétique de Peano *PA* (pour T_1) dans la théorie des ensembles de Zermelo-Frænkel *ZF* (pour T_2) lorsque les entiers naturels sont interprétés par les ordinaux finis. C'est là une *réduction conceptuelle*, mais non une *réduction fondationnelle*, de l'arithmétique à la théorie des ensembles, car le second de ces systèmes n'est justifié que dans un cadre infinitaire indénombrable tandis que le premier l'est simplement dans un cadre infinitaire dénombrable.

La fin visée par le programme de Hilbert sous sa forme initiale (H.P.) était de donner une justification finitaire de l'emploi de l'« infini actuel » dans les mathématiques.

Elle devait être atteinte en formalisant directement quelque
partie substantielle $\mathcal{M}$ des mathématiques infinitaires dans
une théorie axiomatique formelle T_1 et en démontrant la
consistance de T_1 par des moyens purement finitaires; en
pratique, on l'établissait par une réduction au sens de la
théorie de la démonstration de T_1 à un système T_2 justifié sur
des bases finitaires. Il est généralement admis qu'en
conséquence des théorèmes d'incomplétude de Gödel
(1931), H.P. sous sa forme initiale ne peut être mené à bien
même en prenant l'arithmétique élémentaire PA comme
système T_1. Ceci fut à l'origine de certaines formes relati-
visées de H.P. dont l'histoire sera retracée brièvement plus
loin. Selon l'approche développée dans Feferman (1988)[1],
les résultats attendus d'un H.P. relativisé s'expriment au
mieux de la façon suivante :

189 | (*) Une partie substantielle $\mathcal{M}$ des mathématiques est
représentée directement dans un système formel T_1 qui est
justifié dans un cadre fondationnel $\mathcal{F}_1$. T_1 est réduit au sens
de la théorie de la démonstration à un système T_2, lequel
est justifié dans un autre cadre de ce genre plus
élémentaire, $\mathcal{F}_2$.

Dans le schéma de Hilbert, $\mathcal{F}_1$ devait être le cadre
infinitaire des mathématiques modernes caractérisé par
(i) l'infini « actuel » ou « achevé » (à la fois dénombrable et
indénombrable) et (ii) le raisonnement non-constructif,
tandis que $\mathcal{F}_2$ devait être le cadre des mathématiques
finitaires avec pour seules caractéristiques (i)′ l'infini
« potentiel » des objets combinatoires finis et (ii)′ le
raisonnement constructif appliqué à des énoncés sans
quantificateur (habituellement des équations). Selon Hilbert,

---

1. *Cf.* Feferman (1988), p. 364.

le système *PA* incorpore déjà (i) et (ii) par l'emploi de variables quantifiées supposées parcourir l'ensemble **N** des entiers naturels et l'hypothèse de la loi du tiers exclu qui entraîne des énoncés de la forme $\forall x \phi(x) \vee \exists x \neg \phi(x)$. Même pour des ϕ sans quantificateur et décidables, ces énoncés supposent pour être justifiés d'examiner la totalité des entiers naturels par une sorte d'acte infinitaire d'omniscience[1].

Le problème général que suscitent les résultats d'incomplétude de Gödel (1931) pour H.P. est que si les mathématiques finitaires elles-mêmes ont à être prises en compte comme une partie substantielle des mathématiques, elles devraient être formalisables dans une théorie axiomatique formelle consistante *T*. Alors, par le deuxième théorème d'incomplétude de Gödel, la consistance de *T* ne serait pas démontrable dans *T*, donc ne serait pas démontrable de façon finitaire, et ainsi H.P. ne pourrait être réalisé pour *T*. L'école de Hilbert n'a pas déterminé exactement quelle théorie *T* pourrait servir à cette fin. En fait, le genre de raisonnement finitaire employé par ses membres dans les années 1920 pouvait être formalisé de manière évidente dans *PA* et même dans son fragment sans quantificateur *PRA* (l'arithmétique primitive récursive) et il serait difficile d'imaginer quoi que ce soit de ce genre qui ne puisse pas être formalisé dans la théorie des ensembles de Zermelo ou dans *P* la théorie finie des types de Gödel (1931) qui lui est

---

1. Cette conception de l'école de Hilbert se manifeste, par exemple, dans le titre de Ackermann (1924), « Begründung des 'tertium non datur' mittels der Hilbertschen Theorie des Widerspruchsfreiheit » ; et lorsque Hilbert nomme « axiomes transfinis » les axiomes pour la quantification.

équivalente [1]. Malgré tout, Gödel était prudent à cette époque quant à la signification du deuxième théorème d'incomplétude pour H.P. : « Je souhaite noter expressément que [ce théorème] ne contredit pas le point de vue formaliste de Hilbert [...] on peut concevoir qu'il existe des démonstrations finitaires qui *ne puissent pas* être exprimées dans le formalisme de *P* » [2]. Et, dans sa préface à Hilbert et Bernays

190 (1934), | Hilbert soulignait aussi (implicitement) cette possibilité, en disant que la seule conséquence des théorèmes d'incomplétude pour son programme était qu'il faudrait travailler plus dur que prévu pour le mener à bien.

En dépit de l'optimisme maintenu de Hilbert, le sentiment général après 1931 était que le second théorème d'incomplétude condamnait H.P. à l'échec et qu'une idée essentiellement nouvelle serait nécessaire pour mener à bien quelque chose qui lui ressemblerait. Pourtant un autre résultat de Gödel dans son article de 1933 (obtenu indépendamment par Bernays et Gentzen) obligea à reconsidérer de nouveau H.P. en montrant que *PA* pouvait être traduite de façon simple dans le système intuitionniste (*HA*) de l'arithmétique de Heyting qui ne se distingue de *PA* qu'en omettant la loi du tiers exclu de ses principes logiques de base. Ainsi l'un des buts spécifiques de H.P. était atteint

---

1. Le problème d'axiomatiser complètement les mathématiques finitaires a été envisagé par Kreisel (1960); et par Tait (1981); le premier parvient à un système équivalent à *PA*, tandis que le second les restreint de façon beaucoup plus étroite à *PRA*.

2. *Cf.* Gödel (1986), p. 138-139 et 195. Plus tard, Gödel changea nettement d'opinion dans son article de 1958 : « il est nécessaire de sortir du cadre de ce que sont, au sens de Hilbert, les mathématiques finitaires si l'on veut prouver la consistance des mathématiques classiques où même celle de l'arithmétique classique ». Il y a des éléments qui montrent qu'il était parvenu à ce point de vue bien avant 1958.

d'un seul coup (*cf.* note 1). De plus, les intuitionnistes soutenaient que *HA* est justifié dès lors que les entiers naturels sont conçus comme formant un ensemble potentiellement infini. De ce point de vue, la traduction de Gödel de *PA* dans *HA* avait pour résultat d'éliminer l'infini actuel en faveur de l'infini potentiel et ainsi d'atteindre le but principal de H.P. au moins pour la théorie des nombres. Cependant, par le libre usage qu'il fait du langage de la théorie de la quantification du premier ordre, le système *HA* n'est de ce fait pas justifié sur la base de formes de raisonnement plus strictement finitaires, n'employant que des formules sans quantificateur, comme le demandait Hilbert. D'une part, le résultat de Gödel en 1933 rectifia une tendance, commune dans l'école de Hilbert avant cette date, à identifier l'intuitionnisme avec le finitisme. D'autre part, sa réduction de *PA* à *HA* apporta de l'eau au moulin de la préoccupation grandissante visant à élaborer une conception plus large de H.P. Comme Bernays (1967) devait le rappeler des années plus tard :

> Il devint ainsi apparent que le « *finite Standpunkt* » n'est pas la seule alternative aux modes classiques de raisonnement et que l'idée de théorie de la démonstration ne l'impose pas nécessairement. Par conséquent, une libéralisation des méthodes de la théorie de la démonstration fut suggérée ; au lieu de se restreindre à des méthodes finitistes, l'on demanda seulement aux raisonnements d'avoir un caractère constructif, nous permettant ainsi d'employer des formes d'inférence plus générales.

C'était là le germe d'une forme relativisée de H.P.

Une avancée spécifique d'une nouveauté remarquable fut effectuée par Gentzen dans son article de 1936 où il démontra la consistance de *PA* par induction transfinie sur l'ordinal de Cantor ε_0 ($TI(\varepsilon_0)$) pour des prédicats sans quantificateur et en n'employant par ailleurs que le raisonnement finitaire. Ici les ordinaux inférieurs à ε_0 sont représentés par leur forme normale de Cantor $\omega^{\alpha_1} + \ldots + \omega^{\alpha_n}$, $(\alpha_1 \geqslant \ldots \geqslant \alpha_n)$ et l'ordre sur ces derniers est isomorphe à un ordre effectif sur les entiers naturels en faisant correspondre $\omega^{\alpha_1} + \ldots + \omega^{\alpha_n}$, à la suite d'entiers

$$p_1^{a_1}, \ldots, p_n^{a_n}$$

lorsque a_i correspond à α_i. Le principe $TI(\varepsilon_0)$ peut lui-même être justifié dans un cadre constructif (mais, clairement, il ne l'est plus dans un cadre finitaire, même pour des prédicats décidables). Gentzen montra que son résultat était le meilleur possible en s'assurant que chaque instance de $TI(\beta)$ était démontrable dans PA, pour chaque $\beta < \varepsilon_0$. Nous dirions aujourd'hui que ε_0 fut ainsi identifié comme étant « l'ordinal de PA » en ce sens qu'il est le plus petit bon ordre récursif 191 | qui ne puisse être prouvé tel dans PA. Apparemment, la démonstration de consistance de Gentzen incita Bernays à accepter de s'éloigner davantage encore de H.P. tel qu'il se présentait sous sa forme initiale, comme le montre sa présentation dans la section de Hilbert et Bernays (1939) intitulée « *Überschreitung des bisherige methodischen Standpunktes der Beweistheorie* »[1].

Durant la période d'après-guerre, les démonstrations de consistance dans le style de Gentzen et l'analyse ordinale de différents sous-sytèmes de l'analyse et de la théorie des ensembles devinrent l'approche dominante en théorie de la démonstration. Elles ont mis en jeu la construction de bons ordres récursifs $\prec$ de plus en plus complexes sur les entiers naturels, obtenus à partir de systèmes de notation pour des

---

1. La rédaction de Hilbert et Bernays (1934 et 1939) avait été entièrement confiée à Bernays par Hilbert.

ordinaux α de plus en plus grands, cet ordinal étant à chaque
fois identifié comme le plus petit bon ordre récursif ne
pouvant être prouvé tel dans la théorie T étudiée ; de plus, la
consistance de T est démontrée par induction transfinie sur
α, $TI(\alpha)$ (c'est-à-dire pour la relation récursive $\prec$ correspondante) étant appliquée à des prédicats décidables en n'utili-
sant par ailleurs que des raisonnements finitaires. Ce genre
d'extension de l'approche de Gentzen est présenté dans
quelques ouvrages récents comme ceux de Schütte (1977),
Takeuti (1987) et celui de Girard (1987), et aussi celui de
Pohlers (1989). Ils sont extrêmement techniques et mathématiquement irréprochables ; tout au contraire, ils contiennent beaucoup de résultats profonds. Mais leur apport à H.P.
étendu tel que l'envisageait Bernays n'est pas clair du tout.
La question cruciale est la suivante : en quel sens est-il
justifié constructivement de supposer le principe $TI(\alpha)$ pour
les très grands ordinaux α employés dans ces démonstrations
de consistance ? En effet, apparemment, la justification des
ordinaux α employés emprunte aux concepts et aux résultats
mêmes de la théorie des ensembles infinitaire dont on essaye
de rendre compte sur une base constructive. Par exemple,
dans le chapitre 9 de Schütte (1977), un système de notation
est introduit en le définissant au moyen d'une hiérarchie de
fonctions normales sur l'ensemble des ordinaux inférieurs au
plus petit point fixe de $\aleph_\alpha = \alpha$. Mais ce n'est que le début.
Dans les travaux plus avancés de Jäger et Pohlers (1982), un
système de notation basé sur les ordinaux inférieurs au
premier cardinal inaccessible (au sens de la théorie des
ensembles) est employé pour montrer la consistance d'un
sous-système de l'analyse d'une force modérée. Et Rathjen
(1991) a employé des systèmes de notation basés sur les
ordinaux inférieurs au premier cardinal de Mahlo pour
prouver la consistance d'un sous-système de la théorie des

ensembles (en allant même beaucoup plus loin, *cf.* Rathjen (1995)). Les systèmes de notations définis pour atteindre ces objectifs sont tous dénombrables, bien qu'ils dénotent des ordinaux indénombrables extrêmement grands. Ensuite, en analysant les relations d'ordre, on montre à chaque fois que l'ordre sur les notations est récursif. De plus, des démonstrations de bon ordre d'un caractère plus ou moins constructif peuvent être données qui ne reposent pas sur le fait que les systèmes de notation sont tirés de hiérarchies de fonctions définies sur des classes de très grands ordinaux. Toutefois c'est de là que vient la certitude que les relations employées sont vraiment des bons ordres et non des démonstrations de bon ordre dans lesquelles ces origines ont été effacées.

192 Enfin, il y a à première vue une anomalie dans l'emploi | de l'induction transfinie appliquée à des relations d'ordre sur des ordinaux gigantesques tout en insistant par ailleurs sur la restriction au raisonnement finitaire. Dès lors que H.P. sous sa forme initiale a été abandonné en faveur d'une réduction des mathématiques classiques infinitaires à une partie, ou une autre, des mathématiques constructives, il semble ne pas y avoir de raison d'en conserver les vestiges finitaires.

L'accent mis sur les démonstrations de consistance est une autre caractéristique du programme étendu de Hilbert-Gentzen qui mérite d'être critiquée : presque plus personne ne doute de la consistance de la théorie de Zermelo-Fraenkel ou, plus modestement, de celle du système de l'analyse (l'arithmétique du deuxième ordre). Et, certainement, le nombre de ceux qui doutent de la consistance de *PA* se rapproche de zéro. Il est vrai que Takeuti (1987, p. 100-101) et Schütte (1977, p. 3) prétendent encore viser le but des démonstrations de consistance, mais ceux qui les ont suivis ont minimisé l'importance de ce point et mis l'accent sur d'autres objectifs, comme l'analyse ordinale des systèmes formels (*cf.* Pohlers, 1989, p. 5-6).

Kreisel a été à l'origine d'une remise en cause plus profonde de H.P. dans ses articles « La signification mathématique des démonstrations de consistance » (1958a) et « Le programme de Hilbert » (1958b). Le premier met l'accent sur l'information mathématique supplémentaire qui peut être obtenue de l'emploi efficace des méthodes de la théorie de la démonstration, en indiquant ce que l'on sait de plus d'un énoncé, par delà sa vérité, lorsque l'on sait qu'il a été démontré par des méthodes spécifiques. Par exemple, pour des théorèmes d'existence, cela peut prendre la forme de bornes effectives tirées de leur démonstration. Le second article suggère pour la première fois l'idée d'une « hiérarchie » de programmes de Hilbert ; ce que développe Kreisel (1968, p. 323-324), en considérant, en sus des réductions finitaires et constructives, des réductions à des conceptions semi-constructives (par exemple, prédicatives) et, dans le cadre de chacune, une analyse plus fine des principes nécessaires à différentes parties de l'entreprise de réduction.

Dans Feferman (1988), ma propre approche d'une forme relativisée de H.P., formulée dans les termes de (*) plus haut, est similaire à cet égard à celle de Kreisel (1968) mais, pour me citer, p. 367 :

> les détails diffèrent tant eu égard à la catégorisation des conceptions auxquelles les réductions fondationnelles renvoient qu'eu égard au genre de travail en théorie de la démonstration auquel ces réductions correspondent. Concernant le dernier point, cela est dû simplement au fait que, pour l'essentiel, les travaux présentés ont été effectués dans les vingt dernières années. Et, concernant le premier aspect, nous avons essayé de nous appuyer sur *les caractéristiques les plus immédiates de ces conceptions*

> *fondationnelles (ou cadres fondationnels)* afin que *dans la*
> *mesure du possible les résultats obtenus au terme de ce*
> *travail se passent de commentaire.*

Quelques exemples illustrant le schéma (*) et empruntés
à ma présentation de 1988 sont donnés dans la section
suivante.

193 | 2. LE PROGRAMME DE HILBERT RELATIVISÉ
             ET LES RÉDUCTIONS FONDATIONNELLES

2.1. *Les réductions au sens*
     de la théorie de la démonstration

Dans ce qui suit, les systèmes T considérés sont supposés
contenir *PRA* (décrite en 2.3). Le langage L(T) de T et ses
axiomes et règles d'inférence sont supposés être spécifiés
par des présentations primitives récursives au moyen des
arithmétisations (codage) de Gödel habituelles des expressions formelles ; nous pouvons identifier ces dernières à
leurs codes. Ainsi la relation Dem_T (x, y), qui est vraie quand
y est (le code d') une démonstration de la formule (de code)
x, est primitive récursive. La métathéorie des présentation
primitives récursives des systèmes axiomatiques peut être
formalisée dans *PA* et même dans un sous-système de *PA*
(décrit en 2.4) qui est une extension conservative de *PRA* ;
pour plus de détails voir Smorynski (1977) ou Feferman
(1989).

Lorsque l'on considère une paire de systèmes T_1, T_2,
L(T_i) est noté L_i, ($i=1,2$). Soit Φ une classe primitive
récursive de formules incluse à la fois dans L_1 et dans L_2, et
contenant chaque équation close $t_1 = t_2$. L'idée fondamentale
de la réduction (au sens de la théorie de la démonstration) de
T_1 à T_2 conservant Φ est que nous disposons d'une méthode

effective transformant chaque démonstration dans T_1 se terminant par une formule ϕ de Φ en une démonstration de ϕ dans T_2 ; de plus, il devrait être possible de démontrer dans T_2 que cette méthode a cette propriété. Plus précisément, l'on dit que T_1 est *réductible (au sens de la théorie de la démonstration)* à T_2 *en conservant* Φ, et l'on note

$$f : T_1 \leq T_2 \text{ pour } \Phi$$

si f est une fonction partielle récursive telle que

(1) si $Dem_{T_1}(x, y)$, et x est (le code d') une formule de Φ, alors $f(y)$ est définie et $Dem_{T_2}(x, f(y))$

et

(2) la formalisation de (1) est démontrable dans T_2.

On note $T_1 \leq T_2$ pour Φ s'il existe une telle fonction satisfaisant (1) et (2). En pratique, f peut être choisie primitive récursive et la formalisation de (1) est démontrable dans *PRA*.

Il est immédiat que si $T_1 \leq T_2$ pour Φ, alors T_1 est conservative par rapport à T_2 pour Φ, c'est-à-dire que

(3) si $\phi \in \Phi$ et $T_1 \vdash \phi$, alors $T_2 \vdash \phi$.

De l'hypothèse générale sur Φ, il suit que

(4) si T_2 est consistante, alors T_1 est consistante,

| car si $T_1 \vdash 0 = 1$, alors $T_2 \vdash 0 = 1$. De plus, par (2), la **194** formalisation de (4), c'est-à-dire de $Con_{T_2} \rightarrow Con_{T_1}$, est démontrable dans T_2 (et, en pratique, elle l'est déjà dans *PRA*).

Remarque. Il faut noter que T_1 peut être conservative par rapport à T_2 sans qu'il y ait aucune réduction de T_1 à T_2 au sens de la théorie de la démonstration. Par exemple, si Φ est la classe des équations closes $t_1 = t_2$ du langage de *PRA* et

T_1 est n'importe quelle extension consistante de *PRA*, alors T_2 est conservative par rapport à *PRA* pour Φ, car si $T_1 \vdash t_1 = t_2$, alors nécessairement *PRA* $\vdash t_1 = t_2$, sinon on aurait *PRA* $\vdash t_1 \neq t_2$. Prenons alors pour T_1 un système consistant qui prouve *Con* $_{PRA}$, afin qu'il ne soit pas réductible (au sens de la théorie de la démonstration) à *PRA* (par exemple, pour forcer le trait, $T_1 = ZF$).

2.2. *Réductions fondationnelles*

Selon notre schéma (*) de la section 1, une réduction au sens de la théorie de la démonstration $T_1 \leq T_2$ fournit une *réduction fondationnelle partielle* d'un cadre $\mathcal{F}_1$ à $\mathcal{F}_2$, si T_1 est justifiée directement par $\mathcal{F}_1$ et T_2 par $\mathcal{F}_2$. La raison de l'emploi du qualificatif « partiel » est qu'il est tout à fait possible que nous ayons un système T_1 qui soit directement justifié par $\mathcal{F}_1$ mais qui ne soit réductible à *aucun* $T_2{}'$ justifié par $\mathcal{F}_2$. Par exemple (pour forcer le trait une nouvelle fois) le système *ZF*, qui est justifié par le cadre infinitaire indénombrable de la théorie cantorienne des ensembles, n'est réductible à aucun système justifiable de manière finitaire. Par ailleurs, il peut aussi arriver que la justification d'un système T_1 demande, à première vue, de faire appel à un cadre infinitaire, mais que T_1 se réduise (au sens de la théorie de la démonstration) à un T_2 justifié de façon finitaire ; dans ce cas nous avons une réduction partielle d'un cadre infinitaire à un cadre finitaire.

Dans les sections 2.4 et 2.6-2.8, je décris quelques résultats qui sont autant d'exemples de réductions fondationnelles partielles pour les paires de cadres qui suivent :

$\mathcal{F}_1$	$\mathcal{F}_2$
Infinitaire	Finitaire
Infinitaire indénombrable	Infinitaire dénombrable
Imprédicatif	Prédicatif
Non constructif	Constructif

Remarques.

(i) Les paires $\mathcal{F}_1$, $\mathcal{F}_2$ ne sont pas les seules qui pourraient être prises en compte dans cette perspective (*cf.* Feferman (1988), p. 367).

(ii) En établissant ces réductions au sens de la théorie de la démonstration qui fournissent des réductions fondationnelles partielles, on peut tout à fait utiliser des résultats dans le style de Gentzen-Schütte-Takeuti, mais ceux-ci restent dans les coulisses. L'important est d'appliquer ces travaux afin d'obtenir des résultats qui se passent de commentaires (à la différence des démonstrations de consistance par induction transfinie sur des ordinaux gigantesques).

(iii) L'insistance ici sur l'emploi de la théorie de la démonstration pour une forme de H.P. relativisé ne vise pas à minimiser d'autres applications de la théorie de la démonstration, au contraire. Mais l'intérêt de ces dernières dépend de considérations fort différentes.

| 2.3. *Le langage et les axiomes de base*   195
de l'arithmétique du premier ordre

Afin de décrire dans la section suivante les résultats de réduction pour plusieurs systèmes d'arithmétique, quelques préliminaires logiques et syntaxiques sont nécessaires. Le langage L_0 est un formalisme de type 0 (du premier ordre) dont toutes les variables sont du même genre. Il contient des variables x, y, z, ..., le symbole de constante 0, le symbole

pour successeur $'$ et des symboles f_0, f_1, ... pour chaque
fonction primitive récursive en commençant par $f_0(x, y)$ pour
$x+y$, $f_1(x, y)$ pour $x.y$. Les termes t, t_1, t_2, ... sont donnés par
la clôture des variables et 0 pour $'$ et les f_i. Les formules
atomiques sont des équations $t_1 = t_2$ entre termes. Les
formules sont données par la clôture de ces dernières pour
les connecteurs propositionnels ($\neg$, $\wedge$, $\vee$, $\rightarrow$) et pour la
quantification ($\forall x$, $\exists x$) sur n'importe quelle variable. Une
formule est dite sans quantificateur, ou encore elle est dite
appartenir à la classe QF, si elle ne contient pas de quantificateur. Une formule est dite appartenir à la classe $\sum_n^0$ si elle
est donnée par une suite de n quantificateurs alternés
commençant par $\exists$, suivie d'une matrice QF. Par exemple, si
$\psi \in QF$, $(\exists x)\psi \in \sum_1^0$ et $(\exists x_1)(\forall y_2)\psi \in \sum_2^0$ (Dans « $\sum_n^0$ »,
l'exposant indique que les variables sont de type 0 et « Σ »
que la suite de quantificateurs commence par « $\exists$ »). De
façon duale, ϕ est dans la classe $\prod_n^0$, si elle est donnée par
une suite de n quantificateurs alternés commençant par $\forall$,
suivie d'une matrice QF. Par exemple, si $\psi \in QF$,
$(\forall x)\psi \in \prod_1^0$ et $(\forall y_1)(\exists x_2)\psi \in \prod_2^0$.

Sauf indication contraire, la logique sous-jacente est
celle du calcul classique des prédicats avec égalité. Les
axiomes non logiques de base, Ax_0, de l'arithmétique sont

(1) $x' \neq 0$,
(2) $x' = y' \rightarrow x = y$,
(3) $x + 0 = x \wedge x + y' = (x + y)'$,
(4) $x.0 = 0 \wedge x.y' = x.y + x$,

et ainsi de suite, pour chaque f_i (en employant les équations
récursives primitives qui la définissent comme axiomes).
Certaines instances du schéma d'axiome d'induction

IA $\phi(0) \wedge \forall x(\phi(x) \rightarrow \phi(x')) \rightarrow \forall x \phi(x)$, pour chaque formule $\phi(x)$ (qui peut contenir d'autres variables libres que x), peuvent être-ajoutées à Ax_0. Φ-IA dénote *à la fois* la restriction de ce schéma à $\phi \in \Phi$ *et* le système dont les axiomes sont ceux de Ax_0 augmentés de ceux de Φ-IA. Nous notons PA (l'arithmétique de Peano) le système dont les axiomes sont ceux de Ax_0+IA où le schéma le plus général est employé [1].

Le langage de PRA (l'arithmétique récursive primitive) est le fragment sans quantificateur de L_0. À la place de IA, il emploie une règle d'induction

196 $|IR$ $$\frac{\phi(0) \quad \phi(x) \rightarrow \phi(x)}{\phi(x)} \text{ pour chaque } \phi \in QF$$

2.4 *Réduction de l'infinitaire dénombrable au finitaire*

Il est généralement admis que le système PRA est justifié de façon finitaire ou, pour être plus précis, que chaque théorème de PRA est justifié de cette façon [2]. Par ailleurs, comme cela a été expliqué précédemment dans la section 1, l'emploi de la logique classique de la quantification dans *tout* système contenant les axiomes 1) $x' \neq 0$ et 2) $x' = y' \rightarrow x = y$ de Ax_0 repose implicitement sur l'hypothèse de l'infini dénombrable actuel. Le premier résultat

---

1. Comme le montre Gödel (1931), toutes les fonctions primitives récursives peuvent être définies au moyen de 0, ', +, et ., et les équations récursives qui les définissent sont dérivables dans le sous-système de PA obtenu en ne considérant que les formules de ce sous-langage. Cependant il est plus commode ici de formuler PA comme nous le faisons de façon à ce qu'elle contienne directement PRA.

2. Selon l'analyse de Tait (1981), l'arithmétique finitaire coïncide avec l'arithmétique récursive primitive ; si l'on admet cette analyse, un finitiste tiendrait chaque théorème de PRA pour justifié d'un point de vue finitaire, mais pas PRA en tant que système.

donnant une réduction partielle du cadre infinitaire dénombrable à des principes finitaires fut obtenu par Ackermann (1924) : le système QF-IA est réductible au sens de la théorie de la démonstration à PRA [1]. Des années plus tard, Parsons (1970) améliora ce résultat par le théorème suivant

Théorème 1 $\sum_1^0\text{-}IA \leqslant PRA$

La réduction ici est conservative pour les formules $\prod_2^0$ en ce sens que si $\sum_1^0\text{-}IA \vdash \forall x \, \exists y \, \psi(x, y)$ avec ψ dans QF, alors il existe un terme $t(x)$ tel que $PRA \vdash \psi(x, t(x))$.

Remarques. (i) Ici, comme dans ce qui suit, seules des références sont données pour les démonstrations. (ii) Le théorème 1 ne peut être amélioré en termes de hiérarchie arithmétique, car le système $\sum_2^0\text{-}IA$ permet de démontrer la consistance de $\sum_1^0\text{-}IA$ [2]. Toutefois, un résultat plus fort, décrit dans la section 2.6, est obtenu en passant par le langage de l'analyse comme on le verra après ce qui suit.

2.5. *Le langage*
et les axiomes de base de l'analyse

Le langage L_1 de l'analyse, ou arithmétique du deuxième ordre, est obtenu en ajoutant à L_0 des variables pour des objets de type 1. Dans certaines présentations, ceux-ci sont des ensembles, dans d'autres ce sont des fonctions et dans

---

1. En fait, Ackermann croyait avoir obtenu beaucoup plus, à savoir une démonstration de consistance de l'analyse par des moyens finitaires ! L'erreur dans son argument fut découverte par von Neumann (1927) et seul ce résultat relativement modeste a pu en être tiré. Herbrand (1930) a apporté une clarification supplémentaire en donnant des conditions suffisantes auxquelles doivent satisfaire des preuves de consistance finitaires.

2. Voir Sieg (1985), en particulier p. 46-47.

d'autres encore ces deux catégories de variables sont admises. Dans un souci de simplicité, nous choisirons la première possibilité, en ajoutant à L_0 des variables d'ensemble X, Y, Z, ... et le symbole de relation binaire $\in$ entre les individus et les ensembles. Ainsi, parmi les formules atomiques se trouve $t \in X$, pour tout terme t et toute variable d'ensemble X. (On considère que l'égalité entre ensembles est définie de façon extensionnelle, c'est-à-dire par $X = Y \leftrightarrow \forall x\,(x \in X \leftrightarrow x \in Y)$). Les formules sont alors construites au moyen des connecteurs propositionnels et des quantificateurs appliqués à la fois aux variables d'individu ($\forall x$, $\exists x$), et aux variables d'ensemble ($\forall X$, $\exists X$). La logique sous-jacente est maintenant celle du calcul des prédicats à deux domaines de variables, avec égalité (pour le premier domaine). La façon de caractériser les | classes QF, **197** $\sum_n^0$, $\prod_n^0$ dans L_1 est la même que celle donnée pour L_0 dans la section 2.3, mais en comprenant que des formules dans ces classes peuvent contenir des variables d'ensemble du fait que la classe des formules atomiques a été élargie. Une formule est dite *arithmétique* si elle ne contient aucune variable d'ensemble liée et la classe de ces formules est notée *Arith* [1]. Dans le prolongement de la définition des classifications $\sum_n^0$ et $\prod_n^0$, les classes $\sum_n^1$ et $\prod_n^1$, sont définies de la façon suivante : une formule ϕ de L_1 est dite dans $\sum_n^1$ si elle est donnée par une suite de n quantificateurs alternés portant sur des variables d'ensemble, commençant par « $\exists$ » suivie d'une matrice arithmétique. Par exemple, $(\exists Y)\psi \in \sum_1^1$ et $(\exists Y_1)(\forall Y_2)\psi \in \sum_2^1$ quand $\psi \in Arith$. (Désormais l'exposant dans « $\sum_n^1$ » nous indique que la complexité d'une formule ϕ est mesurée en termes de quantificateurs portant

---

1. Chaque formule ϕ de *Arith* est logiquement équivalente à une formule dans la classe $\cup_n \prod_n^0$, qui est notée aussi $\prod_\infty^0$.

sur des variables de type 1). De façon duale, ϕ est dans la
classe $\prod_n^1$ si elle est donnée par une suite de n quantificateurs
alternés portant sur des variables d'ensemble, commençant
par « $\forall$ » suivie d'une matrice arithmétique. Par exemple,
$(\forall Y)\psi \in \prod_1^1$ et $(\forall Y_1)(\exists Y_2)\psi \in \prod_2^1$ quand $\psi \in Arith$.

L'axiome qui nous assure en général de l'existence
d'ensembles est donné dans L_1 par le schéma d'*axiome de
compréhension* :

CA $\exists X \forall x\, (x \in X \leftrightarrow \phi(x))$

où ϕ est une formule de L_1 dans laquelle la variable X n'est
pas libre, mais qui peut contenir, en plus de x, des variables
d'individu et d'ensemble libres. Le schéma d'axiome
d'induction *IA* de L_1 prend la même forme que dans L_0,
$\phi(0) \wedge \forall x(\phi(x) \to \phi(x')) \to \forall x\phi(x)$, mais désormais $\phi(x)$
peut être n'importe quelle formule de L_1. Il existe une autre
option pour énoncer l'induction dans L_1, à savoir par un seul
énoncé du deuxième ordre :

I_1 $\forall X\, (0 \in X \wedge \forall x(x \in X \to x' \in X) \to \forall x(x \in X))$

En présence de la forme générale de *CA*, *IA* est
déductible de I_1. Le système général de l'analyse est donné
par Ax_0, *CA* et *IA* (ou, de façon équivalente, I_1). Nous en
envisagerons des sous-systèmes, contenant Ax_0, basés sur
différentes combinaisons de Φ-*CA* et de Ψ-*IA*, où Φ, Ψ sont
des classes de formules de L_1. Pour un Φ-*CA* donné,
nous nous intéresserons tout particulièrement à deux cas
extrêmes, à savoir le système résultant de l'ajout de *IA* dans
sa forme générale ou celui résultant de l'ajout simplement de
I_1. Le premier est noté Φ-*CA*, le second Φ-*CA*$\restriction$ (ce dernier
est aussi noté Φ-*CA*$_0$ dans certaines présentations).
Toutefois, dans les cas intermédiaires obtenus par l'ajout de
Ψ-*IA*, le système obtenu est noté Φ-*CA* + Ψ-*IA*.

QU'EST-CE QUI REPOSE SUR QUOI ?

Les formules $\sum_1^0$ de L_0 définissent les ensembles récursivement énumérables dans le modèle standard [de l'arithmétique] $(\mathbf{N},\ 0',\ +,\ .,\ \ldots)$. De façon générale, les ensembles récursifs S sont exactement les ensembles récursivement énumérables dont le complément $\mathbf{N} - S$ l'est aussi, c'est-à-dire les ensembles qui sont définissables à la fois par une formule $\sum_1^0$ et $\prod_1^0$. Dans L_1, tout ceci se relativise aux variables d'ensemble des formules. Par exemple, si $\phi(x, X)$ est dans $\sum_1^0$, et $\psi(x, X)$ dans $\prod_1^0$, et que $\vert \forall x(\phi(x, X) \leftrightarrow \psi(x, X))$ vaut dans le modèle standard, alors **198** $\{x \vert \phi(x, X)\}$ dénote un ensemble récursif en X et de, plus, tous les ensembles récursifs en X sont définissables de cette façon. Ainsi le schéma d'*axiome de compréhension récursif* (relativisé) se formule dans L_1

RCA $\forall x\,(\phi(x) \leftrightarrow \psi(x)) \to \exists X\,\forall x\,(x \in X \leftrightarrow \phi(x))$,
        pour $\phi \in \sum_1^0,\ \psi \in \prod_1^0$

(X non libre dans ϕ ou ψ). RCA est aussi noté Δ_1^0-CA. De façon immédiate, en prenant $\phi \in \sum_n^0$, $\prod_n^0$, ce schéma se généralise en $\Delta_n^0 - CA$. De façon analogue, nous aurons à prendre en compte le schéma

$\Delta_1^1 - CA$ $\forall x\,(\phi(x) \leftrightarrow \psi(x)) \to \exists X\,\forall x\,(x \in X \leftrightarrow \phi(x))$,
            pour $\phi \in \sum_1^1,\ \psi \in \prod_1^1$

(X non libre dans ϕ ou ψ) et sa généralisation immédiate en Δ_n^1-CA. Les classes Δ_1^1 et Δ_2^1 d'ensembles définissables dans le modèle standard ont une place très importante dans la théorie de la récursivité d'ordre supérieur. En particulier Δ_1^1 coïncide avec la classe des ensembles hyperarithmétiques, obtenus en itérant des définitions arithmétiques (ou simple-

ment $\prod_1^0$ relatives) en parcourant tous les ordinaux
récursifs [1].

　　Remarque. L'arithmétique du second ordre est appelée
l'*analyse*, car la notion de nombre réel peut être exprimée
formellement dans L_1. Tout d'abord on utilise une
représentation standard des nombres rationnels **Q** en termes
d'entiers et, ensuite, les nombres réels peuvent être définis
comme des coupures de Dedekind dans **Q**, c'est-à-dire
comme certains sous-ensembles de **Q** et donc de **N**. Une
alternative est de représenter formellement les nombres réels
comme des suites de Cauchy de nombres rationnels en
prenant des fonctions comme objets de base de type 1. Pour
formuler en toute généralité une théorie des fonctions
numériques de variables réelles, le recours à un langage du
troisième ordre L_2 est nécessaire ; toutefois de nombreuses
classes de fonctions utiles, comme les fonctions continues
des nombres réels, peuvent déjà être employées dans L_1.
Dans la section 3, j'examine la formalisation de l'analyse
mathématique informelle dans des sous-systèmes de *CA*.

　　2.6. *La réduction de l'infinitaire indénombrable
　　　　au finitaire.*

　　L'argument diagonal de Cantor pour démontrer
l'indénombrabilité de tous les sous-ensembles de l'ensemble
des entiers naturels se formalise aisément sous des
hypothèses ensemblistes très faibles. Tout d'abord, une suite
dénombrable d'ensembles X_0, X_1, ..., X_i, ..., X_n, est représentée par un unique ensemble X tel que $y \in X_i \leftrightarrow \langle i, y \rangle \in X$
(où $\langle ., . \rangle$ est une fonction primitive récursive codant ses deux
arguments). Ensuite, *QF-CA* permet de démontrer qu'aucune

---

1. Voir Sacks (1990).

suite dénombrable d'ensembles n'inclut tous les ensembles, c'est-à-dire que $\forall X \exists Y \neg \exists x \forall y (y \in X \leftrightarrow \langle x, y \rangle \in X)$, en prenant $y \in Y \leftrightarrow \langle y, y \rangle \notin X$. Ainsi, si l'on accepte le point de vue hilbertien selon lequel la justification de la logique classique de la quantification sur un domaine d'objets exige que l'on tienne ce domaine pour une totalité complète, alors l'adoption du principe *QF-CA* (et même beaucoup moins) exige comme justification le cadre fondationnel infinitaire indénombrable. Donc si un système T_1 contenant *QF-CA* se réduit (au sens de la théorie de la démonstration) à un système T_2 justifié dans un cadre finitaire, alors nous avons une réduction | partielle de l'infinitaire indénombrable au **199** finitaire. C'est justement une réduction de ce genre qui est donnée par le théorème suivant :

Théorème 2 $RCA + \sum_1^0\text{-}IA \leqslant PRA$

La démonstration s'appuie sur le fait que *RCA* a un modèle-ω dans la collection de tous les sous-ensembles récursifs de **N**. Formellement, on obtient d'abord une traduction directe de $RCA + \sum_1^0\text{-}IA$ dans le système $\sum_1^0\text{-}IA$ exprimé dans le langage L_0, en y employant la formalisation de la théorie élémentaire de la récursion et, ensuite, on applique le théorème 1. Là encore, la réduction est conservative pour les formules $\prod_2^0$.

Un résultat très intéressant, qui renforce le théorème 2, repose sur un principe d'existence d'ensemble, qu'on appelle habituellement le lemme de König (dans sa forme) faible *WKL*, et qui ne peut être interprété récursivement ainsi. Dans sa forme générale, le lemme de König (*KL*) dit que tout arbre infini à branchement fini contient nécessairement une branche infinie ; *WKL* en est la restriction à des arbres à branchement binaire. L'expression formelle de *WKL* dans L_1 prend la forme

WKL $\forall X$ (ArbreBin(X) $\wedge$ Inf(X)) $\rightarrow$ ($\exists Y$)Branche(Y, X)),

Il est bien connu qu'il existe des arbres récursifs à branchement binaire qui ne contiennent aucune branche récursive, de telle sorte que les ensembles récursifs ne forment pas un modèle-ω de *WKL*.

Théorème 3 $RCA + WKL + \sum_1^0\text{-}IA \leqslant PRA$

Une démonstration en théorie des modèles du corollaire de conservation de ce théorème a été donnée tout d'abord par Friedman en 1977[1] ; la réduction (au sens de la théorie de la démonstration) fut prouvée dans Sieg (1985)[2][3]. Comme l'a soutenu Simpson (1988), cette réduction de l'infinitaire indénombrable au finitaire est une contribution importante à H.P. sous sa forme initiale.

Remarque. Au moyen d'axiomatisations formelles de l'analyse employant des variables de fonction(elle) de type supérieur, Feferman (1988, p. 375) donne des extensions du théorème 3 qui fournissent des réductions partielles de l'infinitaire hautement indénombrable au finitaire.

2.7. *Réduction de l'infinitaire*
indénombrable à l'infinitaire dénombrable

Comme cela a été noté dans la section 2.4, $\sum_2^0\text{-}IA$ n'est pas réductible (au sens de la théorie de la démonstration) à

---

1. Voir Simpson (1988).

2. *Cf.* Sieg (1985). Un résultat apparenté fut obtenu plus tôt par Mints (1976).

3. Les démonstrations de conservation en théorie des modèles ne fournissent pas en elles même des réductions au sens de la théorie de la démonstration. Friedman a montré que certaines démonstrations dans la théorie des modèles peuvent être transformées en des réductions de ce genre, mais ce n'est en aucun cas immédiat. *Cf.* l'analyse dans Feferman (1988, p. 378-381).

PRA. Sans pour autant s'engager à tenir *PRA* pour la limite des principes de raisonnement admissibles d'un point de vue finitiste en arithmétique, il est permis de dire que nous n'avons pas de justification finitaire évidente (que ce soit directement ou par réduction) pour $\sum_2^0$-*IA* ou au-delà.
| Toutes les instances du schéma d'induction au premier **200** ordre contenues dans *PA* sont justifiées dans le cadre infinitaire dénombrable. Cette sous-section est consacrée à des résultats qui réduisent partiellement l'infinitaire indénombrable au finitaire dénombrable au moyen de théorèmes prenant la forme $T \leq PA$ où T est un système du deuxième ordre. Le premier porte sur le système *ACA*, cette notation étant une abréviation pour *Arith-CA*. Rappelons notre convention selon laquelle *ACA* utilise tout le schéma *IA* dans L_1, tandis que *ACA*⌐ n'emploie que l'axiome d'induction restreint I_1. *ACA*⌐ contient *PA* du fait que *Arith-CA* entraîne que toute formule arithmétique dans L_0 définit un ensemble.

Théorème 4   *ACA*⌐ $\leq PA$

Toutes les formules de L_0 sont conservées. Ce résultat fait partie du folklore ; la première référence que je connaisse à une démonstration (d'un résultat plus général, mais similaire) est Schoenfield (1954) ; voir aussi Feferman et Sieg (1981, p. 112).

Remarques. (i) Ici il est essentiel que *ACA*⌐ n'utilise que l'axiome d'induction du second ordre I_1 et pas tout le schéma d'induction *IA* dans L_1 car *ACA* (avec tout *IA*) prouve Con_{PA}.

(ii) Les sous-ensembles de **N** définissables dans l'arithmétique forment un modèle-ω de *ACA* mais, par la remarque (i), ceci ne peut être employé dans un raisonnement reposant sur une traduction pour démontrer le théorème 4, comme c'était le cas pour le théorème 2. Toutefois, dans la théorie des modèles, il existe une démonstration de conservation facile du fait que tout modèle M de PA peut être étendu en un modèle de $ACA\restriction$ en prenant pour ensembles exactement ceux qui sont définissables par des formules de L_0 à partir d'éléments de M.

Tandis que le théorème 4 pourrait ne pas être inattendu (quoique les remarques précédentes montrent que le point est délicat), celui qui suit *est* bel et bien inattendu.

Théorème 5 $\Delta_1^1\text{-}CA\restriction \leq PA$

Là encore, toutes les formules de l'arithmétique sont conservées. La démonstration initiale de ce corollaire de conservation est due à Barwise et Schlipf (1975) et, indépendamment, à Friedman (1976) et à chaque fois par des méthodes de la théorie des modèles. Une réduction au sens de la théorie de la démonstration fut esquissée dans Feferman (1977, p. 967); pour une démonstration détaillée, voir Feferman et Sieg (1981, p. 108-112).

Dans la prochaine section, nous verrons ce que l'on peut dire du système non-restreint $\Delta_1^1\text{-}CA$ qui est beaucoup plus puissant que PA.

2.8. *Réduction de l'imprédicatif au prédicatif*

La définition d'un ensemble S est dite *prédicative* si, pour le dire rapidement, toutes les notions et la portée des variables qui y apparaissent préexistent à S; sinon elle est dite *imprédicative* (*cf.* Feferman 1964). Par conséquent, une définition qui isole S dans une totalité d'ensembles en faisant référence, au moyen d'une quantification, à cette totalité est en première analyse imprédicative. En particulier, ceci vaut pour $S = \{x|\phi(x)\}$ où ϕ est une formule de L_1 contenant des variables d'ensemble liées; l'existence de S étant donnée par

CA. Ainsi $\prod_1^1$-*CA* (ou de façon duale $\sum_1^1$-*CA*) n'est justifié qu'en supposant que les définitions imprédicatives ont une signification, | et ceci à son tour suppose implicitement que **201** les sous-ensembles de **N** forment une totalité bien déterminée existant indépendamment de toutes les méthodes de définition ou de construction (humaines).

La partie des raisonnements portant sur des ensembles d'entiers naturels qui est admissible d'un point de vue prédicatif a été caractérisée axiomatiquement, et de façon indépendante, par Feferman (1964) et Schütte (1965). Une façon de décrire cette caractérisation est de dire qu'elle permet d'itérer le système basé sur *ACA* en parcourant tous les ordinaux inférieurs à un certain ordinal récursif Γ_0 pour obtenir un système noté $ACA_{<\Gamma_0}$. Il n'est pas difficile de montrer que $\prod_1^1$-*CA* prouve la consistance de $ACA_{<\Gamma_0}$ (au moyen d'une preuve qu'un système de notation pour Γ_0 est bien fondé), donc qu'il ne peut être réduit à des principes tenus pour prédicatifs selon cette caractérisation. Ce qui ne décide pas du statut de Δ_1^1-*CA* qui affirme l'existence de $\{x|\phi(x)\}$ lorsque ϕ est $\prod_1^1$ et que, pour une formule ψ dans $\sum_1^1$, on a $\forall x(\phi(x) \leftrightarrow \psi(x))$, car ceci est, à première vue, encore imprédicatif. Le théorème qui suit règle la question, puisque $\varepsilon_0 < \Gamma_0$ et qu'ainsi $ACA_{<\varepsilon_0}$ est un système justifié d'un point de vue prédicatif; il constitue ainsi une réduction partielle de l'imprédicatif au prédicatif.

Théorème 6 Δ_1^1-*CA* $\leq ACA_{<\varepsilon_0}$

Le corollaire de conservation de ce résultat (pour les formules $\prod_2^1$) fut d'abord démontré par Friedman (1970). Une réduction dans la théorie de la démonstration fut décrite dans ses grandes lignes dans Feferman (1971) et une démonstration complète par une autre méthode a été donnée dans Feferman et Sieg (1981, p. 119 *sq.*).

2.9. *Réduction du non-constructif au constructif*

Lorsque T est une théorie axiomatique, nous notons $T^{(i)}$ la théorie obtenue en remplaçant la logique classique dans T par la logique intuitionniste et en conservant par ailleurs les axiomes et les règles non-logiques de T. (Pour une formalisation appropriée de la logique classique, ceci peut être obtenu simplement en abandonnant la loi du tiers exclu). Tandis que la logique intuitionniste est considérée comme justifiée pour des raisons constructives, ceci ne nous assure en aucun cas que toute théorie $T^{(i)}$ de ce genre est constructivement admissible; par exemple, il n'existe aucune justification constructive connue de $ZF^{(i)}$. La traduction de Gödel de PA dans HA (1933) fournit un exemple de réduction (par une traduction) d'un système T en $T^{(i)}$. Depuis, un grand nombre de résultats de ce genre ont été obtenus en étendant la traduction de Gödel; pour une présentation plus détaillée, voir la note d'introduction de Troelstra à Gödel (1933) dans Gödel (1986, p. 286-287). Des analyses plus poussées sont nécessaires à chaque fois afin de déterminer si cette traduction constitue une réduction du non-constructif au constructif. Il existe des réductions fondationnelles qui ne peuvent même pas être obtenues par cette méthode relativement simple. Par exemple, le résultat suivant

Théorème 7. $\Delta_2^1\text{-}CA \leq (\prod_1^1\text{-}CA)_{<\varepsilon_0}^{(i)}$

Ici les formules $\prod_1^1$ sont conservées, comme l'a démontré pour la première fois Friedman (1970). La réduction au sens de la théorie de la démonstration, qui en fait parvient | à un résultat plus fort, c'est-à-dire à une réduction de $\Delta_2^1\text{-}CA$ à une théorie constructive $ID_{<\varepsilon_0}^{(i)}$ des définitions inductives itérées, fut obtenue en une série d'étapes dues à Pohlers, Sieg et moi-même et décrites dans mon introduction à Bucholz *et al.* (1981). Des travaux prolongeant ce résultat sont présentés dans Feferman (1988, p. 377-378).

Remarque. Il se trouve que les théorèmes 5-7 peuvent être directement renforcés en employant des formulations dans L_1 de l'axiome du choix :

$$AC \qquad \forall x\, \exists y\, \phi(x, y) \to \exists X\, \forall\, x\phi(x, X_x)$$

De façon immédiate, nous avons $\sum_n^1\text{-}AC \vdash \Delta_n^1\text{-}CA$. Donc « $\Delta_1^1\text{-}CA$ » peut être remplacé par « $\sum_1^1\text{-}AC$ » dans les théorèmes 5 et 6 et « $\Delta_2^1\text{-}CA$ » par « $\sum_2^1\text{-}AC$ » dans le théorème 7.

2.10. *Que dire de toute l'analyse, des types supérieurs et de la théorie des ensembles ?*

L'objectif de H.P. sous sa forme initiale était de conquérir l'arithmétique, l'analyse, et la théorie des ensembles, plus ou moins dans cet ordre. Les exemples donnés dans les sections précédentes semblent bien loin de donner une réduction fondationnelle de l'analyse qui soit instructive, sans même mentionner une réduction à des principes finitistes. En effet, les travaux actuels en théorie de la démonstration dans le style de Gentzen-Schütte-Takeuti portant sur des sous-systèmes de l'analyse n'ont pas réussi jusqu'à présent à fournir une réduction significative (au sens de la théorie de la démonstration) de $\prod_2^1\text{-}CA$, et pourtant ce n'est pas faute d'avoir essayé. Il est impossible de dire aujourd'hui si c'est là un obstacle temporaire [1]. D'une part, il est fort possible que le genre de réductions (au sens de la théorie de la démonstration) comme celles décrites ici afin d'illustrer le schéma (*), ne puisse simplement être étendu à

---

1. Du fait des travaux décrits dans Rathjen (1995), la situation est maintenant différente.

$\prod_2^1$-*CA*, encore moins à *CA* dans sa forme générale. D'autre part, une percée conceptuelle pourrait mener au succès dans le cas de $\prod_2^1$-*CA* et ouvrir la voie à une attaque de front de *CA* dans sa forme générale.

[…]

203 | 3. DES MATHÉMATIQUES VERS LA PHILOSOPHIE
VIA LA THÉORIE RÉDUCTIVE DE LA DÉMONSTRATION

Dans cette dernière section[1], deux points restent à envisager afin de compléter le schéma (*) de la section 1. Tout d'abord, dire quelque chose du passage opéré par la formalisation d'une partie $\mathcal{M}$ des mathématiques à une théorie formelle T, en particulier dans le cas des systèmes présentés dans la section 2. Ensuite, montrer quelle est la signification philosophique de la notion de réduction de T_1 à T_2 dont les résultats donnés en section 2 sont autant d'illustrations. Nous allons reprendre ces points dans cet ordre.

Le schéma (*) demande à $\mathcal{M}$ d'être directement formalisable dans T_1; en même temps, nous devrions attendre de T_2 qu'elle ne mène en aucune façon essentielle au-delà de $\mathcal{M}$. Il est bon de préciser ce qui est requis ici en suivant le critère de formalisation présenté dans Feferman (1979, p. 171-172), pour tous $\mathcal{M}$ et T :

> (i) T est une *formalisation adéquate* de $\mathcal{M}$ si chacun des concepts, raisonnements et résultats de $\mathcal{M}$ peut être représenté, respectivement, par un concept (primitif ou défini), une preuve et un théorème dans T.

---

1. En m'excusant auprès de Hao Wang pour cet emprunt du titre de Wang (1974), mais en lui donnant un autre sens.

(ii) *T* est en *accord avec* (ou est *fidèle à*) *M* si chaque concept primitif de *T* correspond à un concept primitif de *M* et chaque axiome ou règle de *T* correspond à, ou est implicite dans, les hypothèses et les raisonnements menés | dans *M* (en d'autres termes, si *T* ne mène pas **204** au-delà de *M* conceptuellement ou en principe).

L'idée que *T* est *directement adéquate à*, respectivement *directement en accord avec*, *M* est claire. Nous dirons que *T* est *indirectement adéquate* à *M* si une théorie directement adéquate à *M* est réductible à *T* de façon élémentaire (par exemple par une traduction ou une réduction au sens de la théorie de la démonstration), tandis qu'elle est *indirectement en accord* avec *M* si *T* est réductible à une théorie qui est directement en accord avec *M*. Une autre façon de montrer qu'une théorie *T* est *indirectement adéquate à M* est de reformuler les concepts, les démonstrations et les théorèmes de *M* informellement de telle sorte que la partie *M'* obtenue puisse être directement formalisée dans *T*.

Évidemment, ces critères ne sont pas précis et les opinions peuvent différer raisonnablement quant à leur application dans des cas spécifiques. L'idée, là encore, est de nous prononcer sur ce qui nous semble une assignation correcte fondée sur une expérience générale. Une formalisation menée de façon détaillée peut ensuite nous amener à modifier une telle assignation. En particulier, il résulte fréquemment d'un travail de ce genre qu'un système *T* qui nous semble fournir une formalisation adéquate et fidèle d'une partie *M* des mathématiques va bien au-delà de ce qui est vraiment nécessaire pour représenter *M* en pratique.

Considérez, tout d'abord, la théorie des nombres élémentaire (en en excluant ce qui touche à l'analyse et à l'algèbre). En première analyse, celle-ci a une formalisation adéquate et fidèle dans *PA* telle que nous l'avons présentée

dans le langage L_0 avec un symbole pour chaque fonction (et
de là pour chaque relation) primitive récursive. Mais
évidemment en pratique on n'utilise qu'une petite partie
de ces dernières, par exemple, $+$, $.$, exp. Σ, Π, p_i, $<$, $|$, $\equiv$, etc.
Depuis Gödel (1931), le fait que l'on puisse se contenter
seulement de $+$ et $.$ montre l'adéquation indirecte de *cette*
version restreinte de *PA* à l'arithmétique élémentaire. Tandis
que le principe général d'induction est en accord avec cette
partie des mathématiques, une formalisation plus détaillée
montre que la complexité des raisonnements inductifs
employés en pratique est très faible et dépasse rarement
$\Sigma_2^0 - IA$ (ou, de façon équivalente, $\Pi_2^0 - IA$); c'est-à-dire que
des fragments très faibles de *PA* sont encore adéquats à $\mathcal{M}$.
Puis, pour des résultats spécifiques, ou des groupes de
résultats, on peut vérifier que le système $\Sigma_1^0 - IA$ est adéquat
à une partie importante de $\mathcal{M}$ et donc, par le théorème 1, que
PRA est indirectement adéquat à cette partie de la théorie des
nombres élémentaire[1]. Pour des résultats récents et des
références détaillées à des travaux antérieurs, voir Hajek et
Pudlak (1993).

Si l'on se tourne ensuite vers l'analyse, le tableau que
l'on découvre est beaucoup plus complexe, tant en ce qui
concerne la catégorisation de la pratique mathématique que
le choix des langages et des systèmes formels qui lui sont
liés. Distinguer entre l'analyse concrète, fondée sur les
espaces réels et complexes de dimension finie, et l'analyse
abstraite, fondée sur différents genres d'espaces généraux

---

1. Des finitistes convaincus, à commencer par Skolem (1923), se sont
efforcés de déterminer quelle partie de la théorie des nombres élémentaire
pouvait être directement formalisée dans *PRA*; *cf.* également Goodstein
(1957). Cependant, afin de déterminer de qui peut être démontré dans *PRA*, il
est beaucoup plus facile de travailler directement dans $\Sigma_1^0 - IA$.

comme les espaces métriques, de Hilbert, de Banach etc., est | une façon immédiate de fractionner cette pratique afin de **205** commencer à rendre la tâche plus facile.

Lorsque l'on considère la formalisation directe de l'analyse concrète, l'on doit, entre autres choses, prendre en compte

> (i) les systèmes de nombres fondamentaux (entiers, rationnels, réels, complexes),
>
> (ii) des suites finies et infinies de nombres,
>
> (iii) des opérations spécifiques telles que la somme et le produit de suites finies et infinies,
>
> (iv) des ensembles et des fonctions de nombres (d'arité n, pour divers n),
>
> (v) des opérations spécifiques portant sur des fonctions et des suites infinies de fonctions comme la différentiation et l'intégration, et,
>
> (vi) des opérations spécifiques portant sur des ensembles et des suites infinies d'ensembles comme le complément, l'union, l'intersection.

En prenant l'arithmétique du premier ordre (de type 0) comme système de base, en adoptant comme représentation des nombres réels des ensembles, ou suites, de nombres rationnels et, de là, (en ramenant Q à N) des ensembles, ou suites, d'entiers naturels, nous devons tenir les réels pour des objets du deuxième ordre (de type 1). Alors les fonctions ou ensembles de réels occupent le niveau de type suivant (objets du troisième ordre ou de type 2) et les opérations spécifiques portant sur ces derniers se trouvent au type immédiatement supérieur. Ainsi le langage des fonctions et des ensembles de type fini est adéquat à la représentation directe de l'analyse concrète, mais déjà son fragment contenant des variables des premier, deuxième et troisième ordres suffit amplement à la plupart de nos besoins. Se pose alors la question des principes (axiomes et règles) qui conviennent pour cette formalisation.

A première vue, l'analyse concrète emploie les idées d'ensembles et de fonctions « arbitraires » (de n-uplets de nombres) et pour ces derniers, les formes générales de l'axiome de compréhension CA et de l'axiome du choix AC semblent être les principes d'existence d'ensembles ou de fonctions appropriés. Mais seule une étude plus fine des détails de la formalisation peut révéler quelles formes particulières de ces principes sont vraiment nécessaires et/ou s'accordent avec la pratique. En fait, l'analyse concrète porte sur des classes relativement restreintes d'ensembles et de fonctions, comme les fonctions continues par morceaux (ou, plus généralement, les fonctions mesurables au sens de Lebesgue) et les ensembles ouverts ou fermés (ou, plus généralement, les ensembles de Borel de niveau fini), dont les propriétés sont individuellement déterminées par une quantité dénombrable d'information. Les fonctions et ensembles de ce genre peuvent alors être représentés ou « codés » par des objets du deuxième ordre et ainsi le système du deuxième ordre CA (ou AC) est indirectement adéquat à l'analyse concrète. On attribue souvent le mérite d'avoir reconnu cela à Hilbert et Bernays (1939, supplément 4). Pourtant, dans sa monographie de 1918, Weyl avait déjà compris que des hypothèses beaucoup plus faibles sur des objets du deuxième ordre, données par des conditions de clôture arithmétique, c'est-à-dire au même ordre que ACA, rendaient compte au moins de l'analyse concrète familière (au XIXe siècle) portant sur les fonctions continues par morceaux [1].

[…]

---

1. *Cf.* Feferman (1988a). Voir en particulier le chapitre 13, où se trouve une exégèse des principes qui sous-tendent le livre de Weyl.

| Pour finir, que reste-t-il à dire sur la signification **207** philosophique de ces travaux ? Il me semble que l'information que fournit le genre d'études de cas qui sont décrites ici, lesquelles impliquent la formalisation de pans considérables des mathématiques de tous les jours dans des systèmes appropriés, conjointement avec les réductions (au sens de la théorie de la démonstration) telles que celle que nous avons présentées dans la section 2 – il me semble que cette information doit être prise en compte dans l'effort continu visant à développer une philosophie des mathématiques à la fois pertinente et défendable. Pour ne donner qu'un exemple, les arguments d'indispensabilité (scientifique) de Quine-Putnam en faveur d'une forme de réalisme mathématique (*cf.* Maddy 1992) perdent une partie de leur portée lorsqu'on les confronte au genre d'information décrite dans les paragraphes précédents[1]. Ceci conduit à se demander si les arguments d'indispensabilité ont encore assez de force pour mériter d'être conservés dans l'arsenal constitué pour défendre le réalisme en mathématiques, comme le fait, par exemple, Maddy (1990).

En général, des résultats comme ceux présentés ici permettent de préciser ce qui peut être avancé en faveur, ou à l'encontre, de différentes philosophies des mathématiques telles que le finitisme, le prédicativisme, le constructivisme et le réalisme ensembliste. Que l'on prenne, ou non, au sérieux l'une ou l'autre de ces philosophies pour des raisons ontologiques et/ou épistémologiques, il importe de savoir quelles parties des mathématiques peuvent finalement être justifiées dans le cadre de ces philosophies et lesquelles ne peuvent pas l'être. L'opinion communément adoptée par le

---

1. Je développe plus longuement cet argument dans Feferman (1993a).

profane, selon laquelle adopter une des positions non platonistes mène en grande partie à renoncer aux mathématiques
que nous connaissons, doit être radicalement révisée et elle
ne devrait plus tenir lieu d'ultime casemate pour le réalisme
ensembliste. D'un autre côté, ceux qui se veulent non-
platonistes devraient reconnaître les sacrifices, désormais
clairement identifiés, auxquels ils s'engagent et avoir des
raisons mûrement réfléchies pour y consentir. Bien que je
croie à titre personnel que, dans l'ensemble, des résultats
comme ceux décrits ici renforcent la cause d'une philosophie non-platoniste des mathématiques et, de plus,
affaiblissent celle du réalisme ensembliste, leur portée en
208 eux-mêmes ne va pas jusque là, | et c'est précisément ici
qu'une discussion philosophique critique bien informée doit
prendre la suite.

BIBLIOGRAPHIE

ACKERMANN W. (1924), « Begründung des "tertium non datur"
     mittels der Hilbertschen Theorie des Widerspruchsfreiheit »,
     Mathematische Annalen 93, 1-36

BARWISE J., SCHLIPF J. (1975), « On recursively saturated models
     of arithmetic », *Model Theory and Algebra*, Lecture notes in
     mathematics 498, 42-55.

BERNAYS P., (1967) « Hilbert David », *in* P. Edwards (ed.), (1967),
     The Encyclopedia of Philosophy, Mac Millan and the Free
     Press, New York, vol. 3, 496-504.

BUCHHOLZ W., FEFERMAN S., POHLERS W., SIEG W. (1981),
     *Iterated Inductive Definitions and Sub-systems of Analysis :
     Recent Proof-Theoretical Studies*, Lecture notes in
     Mathematics 897.

FEFERMAN S. (1964), « Systems of predicative analysis », *The
     Journal of Symbolic Logic* 29, 1-30

– (1971), « Ordinals and functionals in proof theory », in *Actes du Congrès International des Mathématiciens* (Nice, septembre 1970), vol. 1, Gauthier-Villars, Paris, p. 220-233.

– (1977), « Theories of finite type related to mathematical practice », *in* J. Barwise (ed.) (1977), *Handbook of Mathematical logic*, North-Holland, Amsterdam, p. 913-972.

– (1979), « Constructive theories of functions and classes », *in* M. Boffa, D. van Dalen, K. McAloon (eds) (1979), *Logic Colloquium '78*, North-Holland, Amsterdam, p. 159-224.

– (1988), « Hilbert's program relativized : Proof-theoretical and foundational reductions », *The Journal of Symbolic Logic* 53, 364-34.

– (1988a), « Weyl vindicated : *Das Kontinuum* 70 years later », *in* Feferman (1998), p. 249-283.

– (1989), « Finitary inductively presented logics », *in* R. Ferro *et al.* (eds), *Logic Colloquium '88*, North-Holland, Amsterdam, p. 191-220.

– (1993), « What rests on what ? The proof-theoretical analysis of mathematics », réimprimé dans Feferman (1998), 187-208.

– (1993a), « Why a little bit goes a long way : Logical foundations of scientifically applicable mathematics », in *PSA* 1992, vol. 2, Philosophy of Science Association, East Lansing, p. 442-455, réédité dans Feferman (1998), p. 284-298.

– (1998), *In the Light of Logic*, New York, Oxford University Press.

—, Sieg W. (1981), « Iterated inductive definitions and sub-systems of analysis », *in* W. Buchholz, S. Feferman, W. Pohlers et W. Sieg (1981), *Iterated Inductive Definitions and Sub-systems of Analysis : Recent Proof-Theoretical Studies*, Lecture notes in Mathematics 897, p. 16-77.

FRIEDMAN H. (1970), « Iterated inductive definitions and $\Sigma_2^1 - AC$ », *in* A. Kino, J. Myhill, R. Vesley (eds) (1970), *Intuitionism and Proof Theory*, North-Holland, Amsterdam, p. 435-442.

– (1976), « Systems of second order arithmetic with restricted induction I, II », (Abstracts), *The Journal of Symbolic Logic* 41, 557-559.

254   SOLOMON FEFERMAN

GIRARD J.-Y. (1987), *Proof theory and logical complexity*, Bibliopolis, Naples.

GÖDEL K. (1931), « Über formal unentscheidbare Sätze der *Principia Mathematica* und verwandter Systeme I », *Monatshefte für Mathematik und Physik* 38.

– (1933), « Zur intuitionistischen Arithmetik und Zalentheorie », *Ergebnisse eines mathematische Kollokiums* 4, 34-38 ; réédité avec une traduction anglaise dans Gödel (1986), p. 286-295.

– (1958), « Über eine bisher noch nicht benützte Erweiterung des finiten Standpunktes », *Dialectica* 12, 280-287 réédité avec une traduction anglaise dans Gödel (1990), p. 240-251.

– (1986), *Collected Works, Vol. 1 : Publications 1929-1936*. S. Feferman *et al.* (eds), Oxford University press, Oxford.

– (1990), *Collected Works, Vol. 2 : Publications 1938-1974*. S. Feferman *et al.* (eds), Oxford University press, Oxford.

GOODSTEIN R. L. (1957), *Recursive Number Theory*, North-Holland, Amsterdam.

HAJEK P., PUDLAK P. (1993), *Metamathematics of First-Order Arithmetic*, Springer-Verlag, Berlin.

HERBRAND J. (1930), *Recherches sur la théorie de la démonstration*, thèse de Doctorat, Université de Paris, Travaux de la Société des Sciences et des Lettres de Varsovie, Classe III, sciences mathématiques et physiques, 33.

HILBERT D., BERNAYS P. (1934), *Grundlagen der Mathematik, Vol. 1*, 2e éd. 1968, Springer-Verlag, Berlin.

— (1939), *Grundlagen der Mathematik, Vol. 2.*, 2e éd. 1970, Springer-Verlag, Berlin.

JÄGER J., POHLERS W., (1982), « Eine beweistheoretische Untersuchung von $(\sum_1^2 - CA) + BI$ », und verwandter Systeme », *Sitzungberichte der Bayerischen Akademie der Wissenschaften*, 1-28.

Kreisel G. (1958a), « Mathematical significance of consistency proofs », *The Journal of Symbolic Logic* 23, 155-182.

– (1958b), « Hilbert's programme », *Dialectica* 12, 346-372.

– (1960), « Ordinal logics and the characterization of informal concepts of proof », in *Proceedings of the International*

Congress of Mathematicians, 14-21 August 1958, Cambridge University Press, Cambridge, p. 289-299

– (1968), « A survey of proof theory », *The Journal of Symbolic Logic* 33, 321-388.

MINTS G. (1976), « What can be done in PRA ? », *Zapiski Nauchuyh Seminarov*, LOMI, 60, 93-102, traduction anglaise dans *Journal of Soviet Mathematics* 14, (1980), 1487-1494

NEUMAN von J. (1927), « Zur Hilbertschen Beweistheorie », *Mathematische Zeitschrift* 26, 1-46.

PARSONS C. (1970), « On a number theoretic choice scheme and its relation to induction », *in* A. Kino, J. Myhill, R. Vesley (eds) (1970), *Intuitionism and Proof Theory*, North-Holland, Amsterdam, p. 459-473.

POHLERS W. (1989), *Proof Theory : An Introduction*, Lectures Notes in mathematics 1407, Springer, Berlin.

RATHJEN M. (1991), « Proof-theoretic analysis of KPM », *Archive for Mathematical Logic* 30, 377-403.

– (1995), « Recent advances in ordinal analysis : ($\prod_2^1 - CA$) and related systems", *Bulletin of Symbolic Logic* 1, 468-485.

SACKS G. (1990), *Higher Recursion Theory*, Springer-Verlag, Berlin.

SCHÜTTE K. (1965), « Eine Grenze für die Beweisbarkeit der transfiniten Induktion in der verzweikten Typenlogik », *Archiv für Mathematische Logik und Grundlagenforschung* 7, 45-60.

– (1977), *Proof Theory*, Springer-Verlag, Berlin.

SHOENFIELD J. (1954), « A relative consistency proof », *The Journal of Symbolic Logic* 53, 338-348.

SIEG W. (1985), « Fragments of arithmetic », *Annals of Pure and Applied Logic* 28, 159-200.

SIMPSON S. G. (1988), « Partial realization of Hilbert's program », *The Journal of Symbolic Logic* 53, 349-363.

SKOLEM T. (1923), « Begründungen der elementaren Arithmetik durch die rekurierrende Denkweise ohne Anwendung scheinbarer Veränderlichen mit unendlichem Ausdehnungsbereich », *Skrifter utgit av Videnskapsselskapet i Kristiana, I, Mathematisk-naturvidenskabelig klasse*, num. 6, 1-38.

SMORYNSKI C. (1977), « The incompleteness theorems », *in* Barwise, *Handbook of Mathematical logic*, North-Holland, Amsterdam, p. 821-865.

TAKEUTI G. (1987), *Proof Theory*, North-Holland, Amsterdam, 2ᵉ ed.

TAIT W. (1981), « Finitism », *Journal of Philosophy* 78, 524-526

WANG H. (1974), *From Mathematics to Philosophy*, Humanities Press, New York.

Traduction Jean Fichot

PERSPECTIVES

PRÉSENTATION

La logique, la méthode axiomatique et la théorie des ensembles constituent-elles nécessairement le point de départ et l'horizon de toute philosophie des mathématiques ? Si c'est en effet dans ce cadre conceptuel que les problèmes posés par les mathématiciens au philosophe se sont cristallisés, avec la crise des fondements, les mathématiques se sont depuis développées à l'écart de ces questions fondationnelles, et ont hérité de cette période troublée soit de nouvelles disciplines mathématiques à part entière, détachées de toute inquiétude épistémologique, soit de nouveaux outils leur permettant d'affronter des questions proprement mathématiques – on pense par exemple à l'apport décisif de la théorie des modèles non seulement en algèbre, mais aussi plus récemment en géométrie algébrique.

Mais la question se pose alors de savoir comment ces mathématiques « concrètes » peuvent venir informer une philosophie qui chercherait à être plus attentive aux pratiques des mathématiciens. Une première voie se dessine si l'on considère les outils que les mathématiciens ont eux-mêmes élaborés afin de répondre par des concepts généraux et unificateurs aux exigences de situations et de problèmes mathématiques particuliers. De ce point de vue, la théorie des catégories, langage maniable, permettant de relier les théories mathématiques les plus hétérogènes, devenu champ de recherche autonome où le « *working mathematician* » vient puiser ses nouveaux outils, apparaît comme le lieu d'une telle articulation, par le biais du concept spécifique de structure qu'elle permet de développer, et dont le philosophe peut se saisir. Une tout autre situation se présente lorsque les mathématiques mettent en évidence l'inadéquation d'un concept philosophique, son incapacité à rendre compte d'un fait mathématique inédit : les mathématiques du XXe siècle semblent avoir ébranlé des notions aussi bien établies que celle de « preuve », en faisant réapparaître par là même, dans un contexte original, la question du rapport entre les mathématiques et les sciences naturelles

Les deux articles de Steve Awodey et Thomas Tymoczko qui constituent ce chapitre illustrent ainsi ce changement de perspective que les mathématiques paraissent imposer à la philosophie.

LES CONCEPTS DE STRUCTURE : LA THÉORIE DES CATÉGORIES ET LE STRUCTURALISME

Au cours de la première moitié du XXe siècle, une place sans cesse plus importante a été accordée à la notion de structure dans le paysage mathématique, et cela devait conduire les mathématiciens à élaborer les outils théoriques nécessaires tant à la mise en œuvre qu'à l'étude formelle de tels objets. Parmi ces entreprises théoriques se trouvent en particulier l'Algèbre Universelle, la Théorie des Modèles et la Théorie des Catégories, mais aussi les premiers travaux du groupe Bourbaki[1]. Ces diverses approches ont ainsi fait

---

1. Pour un aperçu historique général de l'émergence des structures dans certaines branches des mathématiques, voir l'ouvrage de Leo Corry,

apparaître différents usages des concepts structurels, mais aussi différentes définitions de la notion.

Du côté de la Théorie des Modèles en effet, les structures mathématiques apparaissent comme les corrélats des systèmes axiomatiques qui les caractérisent, les « réalisations » dans l'univers ensembliste d'un certain vocabulaire, *via* la définition de la vérité pour les langages formels introduite par Alfred Tarski en 1930 : le cœur de l'approche model-théorique des structures mathématiques est donc l'articulation du niveau syntaxique, des formules et des preuves, et de la sémantique, dans le cadre restreint de la logique du premier ordre – restriction s'expliquant en partie par le rôle crucial du théorème de compacité dans les premières applications mathématiques de la Théorie des Modèles. Une structure dans ce contexte est ainsi définie comme un ensemble muni de relations entre ses éléments ou de fonctions opérant sur ceux-ci. W. Hodges souligne cependant que la définition formelle de la notion de vérité dans une structure mathématique, liant logique formelle et mathématiques structurales, ne sera proposée par Tarski qu'en 1953, du fait notamment du problème posé par le statut des constantes non-logiques [1].

Parallèlement, c'est en septembre 1936, lors du « Congrès de l'Escorial », que fut discutée au sein du groupe Bourbaki la place qu'il fallait accorder à la notion de structure dans une entreprise générale de reconstruction des

---

Modern algebra and the rise of mathematical structures, Basel-Boston, Birkhauser, 1996.

1. W. Hodges, « Truth in a structure », *Proceedings of the Aristotelian Society*, New series, vol. 86, 1985. Pour une étude approfondie des premiers moments de la Théorie des Modèles, voir l'ouvrage d'Hourya Sinaceur, *Corps et modèles*, Paris, Vrin 1991.

mathématiques. Selon Jean Dieudonné[1], c'est d'abord par son utilité mathématique et son caractère transversal que, dans ce contexte, s'est imposée l'idée de structure : l'ouvrage que les membres du groupe cherchaient à produire « devait d'abord être un *outil*. Cela devait être quelque chose d'utile non seulement dans une petite partie des mathématiques, mais aussi dans le plus grand nombre possible de domaines. Ainsi cela devait se concentrer sur des idées mathématiques de base et des recherches essentielles. [...] C'est là qu'une nouvelle idée entra en jeu : celle de *structure mathématique* ». L'influence du travail accompli en algèbre par van der Waerden fut aussi déterminante, tout comme, plus largement, celle de l'école de Göttingen. La définition « bourbakiste » de la notion de structure sera ainsi publiée en 1939 par J. Dieudonné et J. Delsarte dans le *Fascicule de résultats* de théorie des ensembles. L'article intitulé « L'architecture des mathématiques »[2] devait par la suite préciser ce statut fondamental de la notion, en l'articulant au tournant méthodologique décisif que constitue la méthode axiomatique : « une fois que [le mathématicien] a discerné, entre les éléments qu'il étudie, des relations satisfaisant aux axiomes d'une structure d'un type connu, il dispose aussitôt de tout l'arsenal des théorèmes relatifs aux structures de ce type [...]. Chaque structure apporte avec elle son langage propre, tout chargé de résonances intuitives particulières, issues des théories d'où l'a dégagée l'analyse axiomatique » ; les structures particulières apparaissent alors comme le résultat

---

1. J. Dieudonné, « The work of Nicolas Bourbaki », *American Mathematical Monthly* 51, 1975.
2. N. Bourbaki, « L'architecture des mathématiques », dans F. Le Lionnais (éd.), *Les grands courants de la pensée mathématique*, Cahiers du Sud, 1948.

de la combinaison « organique » de trois « structures-
mères » : la structure algébrique, la structure d'ordre et la
structure topologique [1]. Cette description structurale de
l'édifice mathématique y est cependant nuancée, car « schématique, idéale et figée » [2] : d'une part en effet certains
résultats mathématiques apparaissent sans lien avec un
contexte structural, d'autre part ces structures-mères « ne
sont immuables ni dans leur nombre ni dans leur essence » [3].
De plus, tout au bas de cette hiérarchie « commencent enfin
à proprement parler les théories particulières, où les
éléments des ensembles que l'on considère, jusqu'ici totalement indéterminés dans les structures générales, reçoivent
une individualité plus caractérisée » [4]. La définition formelle
de la notion de structure sera finalement publiée au chapitre
4 du premier tome des *Eléments*, consacré à la Théorie des
Ensembles, et malgré le rôle apparemment central de la
notion, cette définition formelle ne sera mise en œuvre à
aucun moment dans l'œuvre de Bourbaki.

Tout au contraire, les outils et notions développés par
S. Eilenberg et S. MacLane dès 1942 trouveront rapidement
un grand nombre d'applications, avant même d'être explicitement définis en 1945 [5]. Eilenberg et MacLane furent initia-

---

1. On trouvera une présentation plus tardive de cette hiérarchie des
structures chez Bourbaki par Henri Cartan dans « Nicolas Bourbaki and
contemporary mathematics », *Mathematical Intelligencer*, 2, 1980.
2. « L'architecture des mathématiques », *op. cit.*, p. 44.
3. *Ibid.*, p. 45.
4. *Ibid.*, p. 44.
5. S. MacLane, S. Eilenberg, « A general theory of natural
equivalences », *Transactions of the AMS*, 58, 1945. Pour une étude détaillée
de l'histoire de la théorie des catégories et sa mise en perspective philosophique : R. Krömer, *Tool and objects*, Basel-Boston, Birkhauser, 2007 ;
J.-P. Marquis, *From a geometrical point of view*, Springer, 2009.

lement amenés à élaborer ces outils afin d'utiliser des méthodes algébriques pour résoudre un problème de topologie algébrique : le calcul de groupes d'homologie pour certains espaces topologiques. Dans ce contexte une propriété apparut décisive : la « naturalité » de certains homomorphismes, propriété présente dans différents domaines mathématiques mais dont la définition précise devait encore être formulée. En 1942 ils établirent ainsi « les bases pour une théorie générale appropriée », introduisant les notions de foncteur et d'isomorphisme naturel, généralisées en 1945 dans un cadre axiomatique permettant de rendre compte de la transversalité de ces concepts. Comme le précise MacLane, « nous devions découvrir la notion de transformation naturelle. Cela nous a ensuite contraints à considérer les foncteurs, ce qui nous a ensuite amenés à considérer les catégories »[1]. Le concept de catégorie a plus précisément été introduit en raison de la représentation ensembliste que McLane et Eilenberg se faisaient des foncteurs : « le concept de catégorie est essentiellement auxiliaire ; nos concepts de base sont essentiellement ceux de foncteur et de transformation naturelle [...] L'idée de catégorie est requise seulement par le précepte exigeant que toute fonction doive avoir une classe définie comme domaine et une classe définie comme codomaine »[2].

Le développement de la théorie des catégories devait ensuite être favorisé par deux ouvrages d'Eilenberg, en collaboration avec N. E. Steenrod en 1952, *Foundations of Algebraic Topology*, puis avec H. Cartan en 1956,

---

1. S. MacLane, « The development and prospects for category theory », *Applied categorical structures* 4, 1996.
2. S. MacLane, S. Eilenberg, « A general theory of natural equivalences », art. cit.

Homological Algebra, la théorie des catégories se présentant alors, selon MacLane, comme « un langage maniable, à l'usage des topologues et d'autres, [qui] offrait une perspective conceptuelle sur certaines parties des mathématiques » ; néanmoins les mathématiciens « ne la considéraient pas alors comme un domaine pour de plus amples efforts de recherche, mais seulement comme un langage d'orientation »[1]. C'est tout d'abord avec l'article d'A. Grothendieck paru dans le journal de Tôhoku[2] que la théorie des catégories parut acquérir son autonomie mathématique. Alors que Cartan et Eilenberg étudiaient des foncteurs définis sur la catégorie des modules, Grothendieck explicita les propriétés que doit satisfaire une catégorie pour servir de « contexte » homologique, en proposant l'axiomatisation des « catégories abéliennes ». La méthode de Grothendieck est exemplaire des possibilités offertes par la théorie des catégories : au lieu de s'intéresser aux groupes ou aux modules, il s'agit de formuler les propriétés que la catégorie des groupes et celle des modules ont en commun, en tant que catégories, et de montrer que ces propriétés suffisent pour développer une partie importante de l'algèbre homologique. Comme le remarque Colin McLarty : « conceptuellement cela ne ressemble pas aux axiomes des groupes abéliens. C'est une description axiomatique de la catégorie tout entière des groupes abéliens et d'autres catégories similaires. On ne s'intéresse pas à ce que sont les objets et les flèches, seulement aux patrons (*patterns*) des flèches existant entre

1. S. MacLane, « Concepts and categories in perspective », *in* R. A. Askey, « A century of mathematics in America Part I », *American Mathematical Society*, 1988.

2. A. Grothendieck, « Sur quelques points d'algèbre homologique », *Tôhoku Mathematics Journal* 9, 1957.

les objets » [1]. Le second apport décisif, qui devait constituer la théorie des catégories comme champ de recherche autonome, fut la définition en 1958 par D. Kan de la notion de « foncteur adjoint » [2]. En effet, comme le souligne Jean-Pierre Marquis, « tous les concepts fondamentaux de la théorie des catégories peuvent être décrits comme les adjoints de certains foncteurs donnés. L'adjonction est clairement le concept fondamental et central de la théorie », et en dehors du contexte proprement catégorique, « chercher l'adjoint d'un foncteur donné peut être fructueux et […] fait souvent apparaître la bonne opération avec les bonnes propriétés. En effet, l'adjoint d'un foncteur totalement trivial se révèle souvent être une opération mathématique fondamentale » [3]. Ainsi par exemple, les quantificateurs existentiel et universel sont adjoints à gauche et à droite de l'opération de « substitution », et dans certains cas le foncteur construisant un objet libre est adjoint à gauche du foncteur « d'oubli » de la structure correspondante.

Entre 1945 et 1960, la théorie des catégories s'est donc développée comme un domaine mathématique autonome et a montré l'efficacité de ses outils en algèbre, en topologie algébrique, en géométrie algébrique et différentielle. Mais c'est avec les travaux de William Lawvere que ces notions allaient être employées en logique et théorie des ensembles. D'une part sous la forme de la sémantique fonctorielle : une théorie formelle étant vue comme une catégorie particulière, ses modèles sont des foncteurs de cette catégorie vers une autre. Par exemple, la théorie des groupes peut être décrite

---

1. C. McLarty, « The uses and abuses of the history of topos theory », *British Journal for the Philosophy of Science* 41, 1990.

2. Décrite par S. Awodey, cf. *infra*, p. 218.

3. J.-P. Marquis, *From a geometrical point of view*, *op. cit.*, p. 159.

comme une catégorie et un groupe devient alors un foncteur de cette catégorie vers la catégorie des ensembles (ou un groupe de Lie un foncteur de cette catégorie vers la catégorie des espaces lisses). Lawvere proposa d'autre part une axiomatisation élémentaire de la catégorie des ensembles, montrant notamment comment la notion « d'élément » pouvait être capturée en contexte purement catégorique, seulement à l'aide de flèches. Enfin, après la définition en 1963 par Grothendieck de la notion de topos, comme catégorie de faisceaux sur un « site » (généralisation catégorique de la notion de topologie), dans le contexte de la géométrie algébrique, Lawvere, en collaboration avec M. Tierney, proposa une axiomatisation en premier ordre de cette notion (les « topos élémentaires ») dont la catégorie des ensembles devait être un exemple, et dont la logique « interne » se révéla intuitionniste [1].

Telles sont donc les principales étapes du développement de la théorie des catégories, qui s'enracine dans des questionnements proprement mathématiques, portant sur les liens entre méthodes algébriques et problèmes topologiques, et trouve par la suite une application dans un grand nombre de champs. Une telle évolution conduit Steve Awodey, dans ce premier article, à défendre l'idée selon laquelle parmi les trois approches évoquées de la notion de structure, seule la conception catégorique apparaît compatible avec la pratique structurale effective des mathématiciens. Plus flexible que le concept model-théorique, détachée du formalisme ensembliste de la notion bourbakiste, le cadre catégorique, « utilisant les applications pour isoler, décrire et comparer

---

1. Pour une description de l'émergence de la notion de *topos*, et une bibliographie détaillée, *cf.* C. McLarty, « The uses and abuses of the history of topos theory », *op. cit.*

différentes espèces de structures mathématiques »[1], fournit en effet une compréhension précise de la notion de structure, en accord avec ce qu'Awodey caractérise comme le « structuralisme *mathématique* », tradition qui relie Dedekind, Noether et les fondateurs de la théorie des catégories[2]. C'est donc au cœur de la pratique mathématique même que les philosophes pourraient trouver un concept de structure susceptible de rendre compte de l'idée selon laquelle une « structure mathématique est déterminée par un système formé d'objets et des applications entre ces objets, plutôt que par quelques caractéristiques particulières que ce soit d'objets mathématiques pris isolément »[3]. Il serait par ailleurs possible de souligner ce point en notant que l'approche catégorique ne repose pas sur une définition explicite de la notion de structure, telle qu'elle apparaît par exemple dans l'œuvre de Bourbaki. Dans ce contexte en effet une structure est implicitement définie par le fait de pouvoir être source ou but d'une flèche « préservant la structure » : toute l'attention se trouve ainsi déplacée du côté des morphismes, d'autant plus que la donnée dans la définition d'une catégorie de la classe d'objets est en un certain sens redondante, cette classe étant en bijection avec celle des flèches identité.

On peut cependant remarquer, avec S. MacLane, qu'ont été développées des approches de la notion de structure distinctes de ces trois courants, et qui ont échappé au regard du philosophe : ainsi, « durant le premier XXᵉ siècle, le mot

---

1. S. Awodey, cf. *infra*, p. 212.

2. C. McLarty, « Emmy Noether's "Set Theoretic" Topology : From Dedekind to the rise of functors », *in* J. Gray, J. Ferreirós, *The Architecture of Modern Mathematics : Essays in history and philosophy*, Oxford, Oxford University Press, 2006.

3. S. Awodey, cf. *infra*, p. 209.

"structure" a aussi été utilisé avec une signification mathématique différente [...]. La "structure" d'un objet mathématique est décrite par le procédé suivant lequel cet objet peut être reconstruit à partir d'objets plus simples du même type »[1]. La « théorie des espèces de structures » développée par C. Ehresmann se présente elle aussi comme une approche catégorique de la notion de structure, mais repose sur des méthodes de description issues de la géométrie différentielle[2]. En outre, les liens entre les trois approches que confronte Awodey ont été largement explorés par les mathématiciens : MacLane note ainsi qu'il est possible de démontrer qu'une classe de structures au sens de Bourbaki constitue une catégorie, et qu'à l'inverse la définition bourbakiste trouve une expression naturelle en contexte catégorique[3]. De la même façon les liens entre théorie des modèles et théorie des catégories ont été mis en lumière et étudiés de façon systématique par M. Makkai.

Il n'en reste pas moins que le développement de la théorie des catégories et de ses nombreuses applications dans les mathématiques « concrètes » ont amené les philosophes à interroger le lien entre ce contexte et les positions structuralistes en philosophie des mathématiques, qui reposaient jusque-là de façon essentielle sur les outils de la théorie des modèles. Outre l'article d'Awodey, ce débat a été

1. S. MacLane, « Structures in mathematics », *Philosophia Mathematica* 4, 1996.

2. C. Ehresmann, « Gattungen von lokalen Strukturen », *Jahresbericht der Deutschen Mathematiker-Vereinigung* 60, 1958.

3. Concernant les réticences du groupe Bourbaki à admettre le langage catégorique, malgré les prises de positions individuelles en ce sens, *cf.* R. Krömer, « La "machine de Grothendieck" se fonde-t-elle seulement sur des vocables métamathématiques ? Bourbaki et les catégories au cours des années cinquante », *Revue d'histoire des mathématiques* 12, 2006.

notamment lancé par des travaux antérieurs de
C. McLarty[1] : la théorie catégorique des ensembles
développée par Lawvere fournirait une réponse satisfaisante
d'un point de vue structuraliste au problème soulevé par
Benacerraf en 1965 sur la nature des nombres (pour une
traduction, voir le tome 1 du présent volume). Les « progres-
sions » de Benacerraf deviennent en effet, dans un tel
contexte, les objets d'une catégorie quelconque satisfaisant
certaines propriétés structurelles, exprimées en termes de
morphismes (une flèche '0' et une flèche 'successeur'), dont
la nature intrinsèque n'est pas spécifiée et présentant
l'avantage sur les objets définis dans un cadre ensembliste
d'être non seulement isomorphes, mais aussi « prouvablement indiscernables ». Par la suite, G. Hellman remit en
question la possibilité de prendre appui sur la théorie des
catégories pour développer une position *philosophique* structuraliste, déplaçant ainsi sensiblement la question soulevée
par Awodey vers des perspectives fondationnelles, dans la
lignée des critiques formulées par S. Feferman à l'égard de
la théorie des catégories comme théorie des fondements
alternative au cadre ensembliste, et alors même qu'Awodey
affirmait se tenir à l'écart de cette perspective[2]. La question
soulevée par Awodey concerne en effet une certaine pratique

1. C. McLarty, « Numbers can be just what they have to », *Noûs* 27,
1993.
2. G. Hellman, « Does category theory provide a framework for
mathematical structuralism? », *Philosophia Mathematica* 11, 2003; et
S. Feferman, « Categorical foundations and foundations of category theory »,
in R. Butts, J. Hintikka, *Logic, Foundations of Mathematics and Computability Theory*, Dordrecht, Reidel, 1977. Pour une réponse catégorique à ces
objections fondationnelles : C. McLarty, « Exploring categorical structuralism », *Philosophia Mathematica* 12, 2004. Pour un aperçu général sur ce
débat fondationnel : J.-P. Marquis, *From a geometrical point of view, op. cit.*

structurale des mathématiciens, dont la théorie des catégories serait l'expression la plus adéquate. Dès lors, le « structuralisme catégorique » vise à rendre compte non pas de la question des fondements des théories, mais des « ponts » entre les domaines, à privilégier « la forme sur le contenu ; les descriptions sur les constructions ; la spécification des hypothèses sur les fondations déductives ; la caractérisation des propriétés essentielles sur la constitution d'objets ayant ces propriétés »[1]. Selon Awodey, la pertinence des concepts catégoriques vient de ce qu'ils sont en accord avec l'aspect « schématique » de la plupart des théorèmes des mathématiques contemporaines : la nature spécifique des structures, ou de leurs éléments, n'importe pas, et cette indétermination ne peut être capturée par les moyens logiques de la quantification universelle, mais se rapproche bien plutôt des phénomènes décrits par Russell au moyen de « l'ambigüité typique ». Cependant, l'apport propre du structuralisme catégorique est de permettre une compréhension « *top-down* » des objets mathématiques, c'est-à-dire du point de vue de l'organisation générale des domaines mathématiques, et non à la manière de la théorie des types de Russell, « *bottom-up* », à partir du niveau le plus simple[2]. S. Shapiro propose d'ailleurs d'établir un parallèle entre ce débat et celui qui opposa Hilbert et Frege

---

1. S. Awodey, « An answer to Hellman's question : "Does category theory provide a framework for mathematical structuralism?" », *Philosophia Mathematica* 12, 2004.

2. Une analyse détaillée des liens entre le structuralisme catégorique et les structuralismes philosophiques est proposée par E. Landry et J.-P. Marquis dans « Categories in context : Historical, Foundational and Philosophical », *Philosophia Mathematica* 13, 2005.

sur la nature des définitions[1] – les structuralistes catégoriques se trouvant placés dans la lignée hilbertienne.

La théorie des catégories semble donc conduire le
philosophe des mathématiques à questionner les implications
et les présupposés des points de vue et des méthodes qu'il a
hérités de la crise des fondements, afin de prendre en compte
les pratiques effectives, l'organisation générale et la richesse
des mathématiques contemporaines. A la question fondationnelle semble ainsi se substituer celle des connexions entre
domaines mathématiques, ce que Mac Lane décrit comme le
caractère « protéiforme » des mathématiques.

LE PROBLÈME PHILOSOPHIQUE DU THÉORÈME
DES QUATRE COULEURS : VERS UN AUTRE CONCEPT
DE « PREUVE » EN MATHÉMATIQUES

En 1976, K. Appel et W. Haken[2] proposèrent la
première « preuve » de ce qui était connu jusqu'alors comme
la « conjecture des quatre couleurs », et les moyens mis en
œuvre pour élaborer cette preuve constituent le cœur de
l'argumentation de Tymoczko, dans ce second article, en
faveur d'une position philosophique originale.

Le théorème des quatre couleurs en lui-même mérite
l'attention du philosophe. Son énoncé est le suivant : *"Toute
carte est coloriable avec quatre couleurs sans que deux
régions frontalières ne soient colorées de la même
manière* ». Un tel énoncé peut en effet être rattaché au

---

1. S. Shapiro, « Categories, Structures, and the Frege-Hilbert
Controversy : The Status of Meta-mathematics », *Philosophia Mathematica*
13, 2005.

2. K. Appel, W. Haken, « Every map is four colorable », *Bulletin of the
AMS*, 82, 1976, 711-712.

champ des mathématiques combinatoires, dont les méthodes et résultats se trouvent appliqués dans de nombreux autres domaines, de la topologie à la logique et à la théorie des catégories. En ce sens les réponses apportées aux difficultés conceptuelles soulevées par un tel théorème présentent une portée bien plus générale, en tant qu'elles concernent une partie importante du travail mathématique, d'ordinaire peu traitée par la philosophie : les dénombrements et les combinaisons discrètes.

En outre, l'histoire mouvementée de cette conjecture apparaît elle-même riche et significative. La première mention explicite de cet énoncé apparaît, selon Kenneth O. May[1], en 1852, lorsque A. de Morgan, dans une lettre à W. R. Hamilton, mentionne un problème posé par l'un de ses étudiants, Francis Guthrie. Elle réapparaît en 1878 dans les *Proceedings of the London Mathematical Society*, mentionnée par A. Cayley, avant qu'une première « preuve » en soit proposée l'année suivante par A. B. Kempe, et réfutée en 1890 par P. J. Heawood. Nombre de mathématiciens vont se confronter à cette conjecture, tels O. Veblen en 1912, dans le contexte de l'*Analysis situs*, qui en fait un problème de géométrie projective, et G. D. Birkhoff, introduisant en 1913 la notion, cruciale dans ce contexte, de *réductibilité*. Ces travaux devaient dans le même temps tirer profit du développement d'un cadre théorique autonome : la théorie des graphes – la première monographie consacrée à ce domaine étant publiée en 1936 par D. König. Outre ces tentatives très diverses de démonstration, un autre versant de l'histoire de cette conjecture apparaît singulier : la conquête

---

1. K. O. May, « Origins of the four colour conjecture », *Isis*, vol. 56, 1965, 346-348. Voir aussi O. Ore, *The four-colour problem*, New York, London, Academic Press, 1967.

progressive du domaine de validité du théorème. En 1922
P. Franklin démontre en effet que toute carte contenant au
plus 25 régions pouvait être 4-coloriée. Il va s'agir dès lors
de repousser cette borne : 36 régions en 1940 (C. E. Winn),
40 en 1970 (O. Ore et G. J. Stemple). Mais la solution
définitive devait se présenter en 1976, et avec elle de
nouvelles difficultés.

La « preuve » d'Appen et Haken qu'analyse Thomas
Tymoczko s'appuie essentiellement sur des méthodes de
théorie des graphes, et opère une synthèse des tentatives
antérieures et des outils introduits tout au long de l'histoire
de cette conjecture, indépendamment du moyen informatique : le raisonnement par cas à partir de la formule de
Euler et la stratégie des chaînes de Kempe, la réductibilité de
Birkhoff, la procédure de décharge et l'ensemble inévitable
définis par H. Heesch en 1969. Elle prend ainsi la forme
d'un raisonnement par récurrence sur le nombre de sommets
du graphe considéré, associé à un raisonnement par cas sur
le degré minimal de ses sommets, nécessairement 3, 4 ou 5.
C'est ce dernier cas que la démonstration de Kempe en 1879
n'était pas parvenu à résoudre, et qui va nécessiter
l'application de nouveaux outils.

En effet, ce n'est plus sur les propriétés d'un sommet
d'un degré donné que repose la démonstration, mais sur un
sous-graphe G' du graphe de départ G, une *configuration*.
Afin d'appliquer l'hypothèse de récurrence, il s'agit de
montrer que les configurations considérées sont *réductibles* :
si G est un graphe planaire et G' une configuration contenue
dans G, on dira que G' est réductible si la possibilité de
4-colorier le sous-graphe $G \backslash G'$, complémentaire de G' dans
G, implique la possibilité de 4-colorier le graphe total G. La
première étape consiste donc à trouver un ensemble de
configurations réductibles. Pour ce faire, Appel et Haken

vont s'appuyer sur la procédure introduite par Heesch, et devenue par la suite essentielle en théorie des graphes : le *déchargement*. Cette procédure consiste à attribuer une « charge » à chaque sommet d'un graphe planaire maximal, à savoir un nombre rationnel, de sorte que la somme des charges soit égale à 12. Une règle de déchargement consiste alors à déplacer les charges positives d'un sommet à l'autre, en diminuant la charge du premier sommet et en augmentant d'autant celle du second, de sorte que la charge totale reste égale à 12. On dira alors qu'un graphe est déchargé si l'application successive des règles de déchargement conduit à une situation où il ne reste plus aucun sommet présentant une charge positive. Ce qui est impossible, étant donné que par définition la procédure préserve la charge totale. Un algorithme de déchargement permet ainsi de définir des configurations qui font obstacle à ce déchargement global, et la liste de ces obstructions constitue l'ensemble *incontournable*.

La démarche est la suivante : en partant de la procédure de déchargement de Heesch, on construit l'ensemble incontournable correspondant. Une première question se pose alors : chaque configuration de cet ensemble peut-elle être soumise à un test de réductibilité implémenté sur un ordinateur, et en particulier avoir une taille « raisonnable » ? Dans le cas contraire, on modifie l'algorithme de déchargement. Si toutes les configurations sont testables, on les soumet au test – la seconde question est posée : chaque configuration de l'ensemble est-elle réductible ? Si ce n'est pas le cas, l'algorithme de déchargement est à nouveau modifié. Si toute configuration est réductible, alors la conjecture des quatre couleurs, par hypothèse de récurrence, est résolue par l'affirmative. La méthode adoptée apparaît donc construite en plusieurs moments, étroitement corrélés :

l'élaboration d'un algorithme, la construction d'un ensemble incontournable, l'application du test de réductibilité.

Une difficulté se présentait cependant au préalable : comment savoir que cette procédure « assistée par ordinateur » conduirait à un résultat significatif, que l'algorithme ne produirait pas des ensembles de plus en plus grands, ou des configurations trop grandes pour être testées ? C'est le rôle de l'argument probabiliste décrit par Tymoczko : montrer qu'une preuve de réductibilité assistée par ordinateur pourrait aboutir. Cela supposait tout d'abord d'établir qu'il existe un certain n tel que toute configuration R dont le cercle d'emboîtement dans le graphe de départ est de taille supérieure ou égale à n sera *vraisemblablement* réductible. On en conclut qu'un algorithme de déchargement suffisamment complexe pourrait produire un ensemble inévitable de configurations dont la taille d'anneau dépasserait la valeur critique n. Mais un obstacle pouvait encore apparaître : si ce nombre critique est très élevé, sera-t-il possible de vérifier la réductibilité de ces configurations en un temps « informatiquement » raisonnable ? Appel et Haken montrèrent donc que cette valeur critique était certainement inférieure ou égale à 17, et probablement inférieure ou égale à 14, cette dernière approximation faisant gagner entre quatre et six mois de temps de calcul, pour effectuer le test de réductibilité.

Outre l'usage de méthodes propres à la théorie des graphes, l'originalité de cette preuve repose donc sur le recours à l'informatique, intervenant à plusieurs niveaux : afin tout d'abord de développer une procédure de déchargement produisant un ensemble incontournable de configurations vraisemblablement réductibles, l'énumération des obstructions au déchargement étant produite par l'ordinateur, fonctionnant alors selon P. Kainen et T. Saaty « *via* une interaction homme-machine, comme un "bloc-notes" »[1] ; ensuite afin d'effectuer le test de réductibilité des configurations de l'ensemble : « alors que le calcul automatisé était un outil commode pour accélérer et systématiser la recherche du bon algorithme de déchargement, il est devenu absolument indispensable pour tester la D-réductibilité d'une configuration dont la taille d'anneau est de 14. Le calcul humain est tout simplement trop lent. »[2] Plus généralement, selon ces auteurs, toute preuve fondée sur la stratégie de Kempe et la réductibilité rend nécessaire le recours à l'informatique. Certes, « on ne peut pas totalement exclure la possibilité d'une preuve complètement nouvelle utilisant des théorèmes géométriques plus puissants que la formule de Euler. Cependant [des] travaux ont montré qu'une grande famille d'invariants topologiques potentiellement distincts apparaît polynomiale sur l'invariant de Euler et ainsi ne semble pas vraisemblablement conduire à de nouvelles informations ou de nouvelles preuves »[3]. L'usage de l'informatique semble donc inévitable.

La suite de l'histoire articule trois moments : la correction de la « preuve », sa simplification et sa vérification. Un certain nombre d'erreurs furent en effet repérées dans le programme élaboré en 1976, minimes pour la plupart, certaines plus importantes. Cela conduisit Appel et Haken à revenir sur leur preuve en 1989 en explicitant leur démarche et la portée réelle des erreurs relevées[4]. Mais une

---

1. P. Kainen, T. Saaty, *The Four Colour Problem : Assaults and conquest*, New York, McGraw Hill, 1977, p. 95.

2. *Ibid.*

3. *Ibid.*

4. K. Appel, W. Haken, *Every map is four colorable*, Cont. math. 98, American Mathematical Society, 1989.

étape significative fut franchie en 1995 avec les travaux de
N. Robertson, D. Sanders, P. Seymour et R. Thomas[1] :
reprenant les idées fondamentales d'Appel et Haken, ils
élaborèrent un programme en *C*, beaucoup plus « lisible »
que le langage « assembleur » utilisé en 1976[2], produisant
un ensemble inévitable de 633 configurations réductibles
(contre 1476 en 1976) au moyen de 32 règles de déchargement (contre 487 pour Appel et Haken). Cela devait d'une
part faciliter la mise en œuvre de la preuve sur d'autres
ordinateurs, d'autre part rendre possible la vérification de la
preuve par l'outil informatique lui-même. En 2005 en effet,
G. Gonthier a proposé une formalisation de cette preuve
simplifiée dans le langage du calcul des constructions, une
logique constructive typée d'ordre supérieur, dont les traits
spécifiques sont l'utilisation de propositions comme types,
de types dépendants et d'un principe de réflexion[3]. La
logique typée et le passage à l'ordre supérieur, au-delà du
calcul des prédicats du premier ordre usuel, permet en effet
de formaliser le raisonnement mathématique combinatoire
initial et le programme informatique dans un même cadre, et
d'expliciter non seulement le contenu calculatoire du programme mais aussi les « circonstances » de son exécution[4].

1. N. Robertson, D. Sanders, P. Seymour et R. Thomas, « The four-
colour theorem », *J. Combinatorial Theory*, Series B70, 1997, 2-44.

2. Un langage assembleur est un langage « du plus bas niveau » : il est
utilisé pour associer le comportement physique, électronique, de l'ordinateur
aux opérations logiques fondamentales. Il est au plus près de la dimension
matérielle de l'outil informatique, mais par-là même difficile à vérifier pour
quelqu'un d'autre que le programmeur.

3. T. Coquand, G. Huet, « The calculus of constructions », *Information
and computation*, 76(2/3), 1988, 95-120.

4. G. Gonthier, « Formal proof – The four-colour theorem », *Notices of
the AMS*, 55(11), 2008, 1382-1395.

Ce « script formel » est ensuite vérifié mécaniquement par le logiciel d'assistant de preuve *Coq*, et cette vérification peut alors constituer un argument en faveur de la validité de la preuve d'Appel et Haken : certes la vérification dépend encore de plusieurs composants informatiques matériels et logiciels (le processeur, son système d'exploitation, le vérificateur *Coq*), mais aucun de ces composants n'étant plus spécifique à la preuve du théorème en question, en tant qu'ils ont été élaborés dans des perspectives beaucoup plus générales, leur fiabilité peut donc être testée sur de nombreuses autres tâches. En outre, la vérification par *Coq* produit un « témoin de preuve », décrivant les étapes logiques (et non calculatoires) de la preuve formalisée, sous la forme d'un lambda-terme d'une taille « raisonnable ». On voit ici apparaître le rôle crucial que joue dans cette entreprise de vérification la correspondance de Curry-Howard entre lambda-termes et preuves.

Les outils nécessaires à la démonstration de la conjecture des quatre couleurs, les méthodes mises en œuvre et les résultats obtenus dans ce contexte, introduisent donc dans le champ de la réflexion philosophique sur les mathématiques des questions originales et jusque-là inédites. En effet, peut-on considérer que l'article de 1976 constitue à proprement parler une « preuve » de ce résultat ? Le recours à l'outil informatique modifie-t-il le statut de la connaissance mathématique ? La réponse de Tymoczko à ces questions est radicale : l'utilisation de moyens informatiques doit conduire le philosophe à modifier son concept de preuve et à accueillir dans le domaine mathématique des énoncés d'un type particulier : dans la mesure où le « théorème » des quatre couleurs, en tant que résultat *mathématique* énonçant une vérité *nécessaire*, ne présente pas pour autant le degré de certitude que l'on accorde d'ordinaire à ce genre de connaissance – ce degré dépend en effet de deux facteurs empiriques (la fiabilité de l'ordinateur, relevant de la compétence de l'ingénieur ou du physicien, et du programme) et peut être modifié par la multiplication des « expérimentations » –, cet énoncé ne saurait être connu qu'*a posteriori*. Conduisant à dissocier de façon radicale deux propriétés essentielles, selon Tymoczko, à toute preuve mathématique, la formalisabilité et l'expertisabilité, ce théorème amène à repérer une certaine forme de démarche expérimentale, un recours à la justification empirique, à l'œuvre dans l'élaboration de la connaissance mathématique, à côté de la preuve « traditionnelle » et des manipulations symboliques.

Certains points de cette analyse ont par la suite été largement discutés. Nombre de critiques ont porté sur l'affirmation de Tymoczko selon laquelle le théorème des quatre couleurs ne pouvait être connu qu'*a posteriori*. Du côté des « aprioristes » se trouve par exemple I. Krakowski[1], qui insiste notamment sur le fait que la nécessité du recours à l'outil informatique repose sur une condition purement contingente (la longueur d'une existence humaine), et ne peut donc modifier, en droit, le statut de la connaissance mathématique. La critique développée par M. Detlefsen et M. Luker[2] suit une autre ligne : selon ces auteurs en effet, même si la thèse de Tymoczko selon laquelle une justification de nature empirique est utilisée dans la preuve du théorème des quatre couleurs est acceptable, on peut contester que ce soit là une propriété radicalement nouvelle : « nous considérons que des preuves impliquant des calculs

---

1. I. Krakowski, « The Four-Colour Problem reconsidered », *Philosophical studies*, 38, 1980, 91-96.
2. M. Detlefsen, M. Luker, « The Four-Colour Theorem and Mathematical Practice », *Journal of Philosophy* 77, 1980, 803-820.

dépendent typiquement, ou tout du moins souvent, d'une justification (*evidence*) empirique », en sorte que « la plupart des mathématiques traditionnelles sont de caractère empirique ». Leur argumentation repose sur la mise en lumière de quatre présuppositions de toute acceptation du résultat d'un calcul quelconque : « *a)* que l'algorithme sous-jacent devant être utilisé est mathématiquement adéquat, *b)* que le programme particulier devant être utilisé est une implémentation correcte de cet algorithme […], *c)* que l'agent calculant exécute correctement le programme, *d)* que le résultat rapporté est bien celui qui a été obtenu »[1], ces deux derniers points impliquant une justification empirique. Il est important de noter d'une part que la notion générale de calcul proposée par Detlefsen et Luker est élaborée à partir des concepts d'algorithme et de programme, et d'autre part que les auteurs développent une conception formaliste du calcul : « les calculs, tels que nous les concevons, sont vus comme des ensembles de règles opérant sur des symboles, et *non* sur les choses pour lesquelles valent les symboles »[2]. En outre, Detlefsen et Luker avancent, afin de contester l'idée proposée par Tymoczko que toute preuve du théorème des quatre couleurs devra nécessairement faire appel à l'outil informatique, la possibilité qu'une axiomatisation plus riche de la théorie des graphes puisse rendre un jour possible une preuve courte et convaincante du théorème. La dernière section de leur article critique met enfin en valeur le développement dans le champ mathématique de résultats intrinsèquement probabilistes, non pas dans un perspective heuristique comme dans le cas des travaux de Appel, Haken et Koch, mais dans le cas de

1. *Ibid.*, p. 808.
2. *Ibid.*, p. 813.

problèmes apparemment non prouvables par ordinateur (NP-complets), comme par exemple les travaux de M. Rabin sur la primalité des très grands nombres [1] : selon ces auteurs, de tels résultats doivent conduire le philosophe des mathématiques à réexaminer la question du degré de certitude ou de fiabilité des résultats mathématiques, et la place des méthodes probabilistes dans le canon des méthodes acceptées de preuves mathématiques.

Malgré ces diverses objections, dans l'anthologie qu'il publie en 1986, *New directions in the philosophy of mathematics*, et dans laquelle cet article figure à titre de « case study », Thomas Tymoczko maintient l'idée que le théorème des quatre couleurs constitue un point de rupture pour les philosophies traditionnelles des mathématiques, et un argument décisif en faveur d'une philosophie « quasi-empiriste » des mathématiques. Cette position, développée initialement par Imre Lakatos et Hilary Putnam [2], met en avant le refus d'une réflexion fondationnelle sur les mathématiques, l'élaboration d'une conception mathématique de l'expérimentation, une forme de faillibilisme héritée de Popper et la remise en question du caractère *a priori* de la connaissance mathématique. Lakatos dans cette perspective introduit une distinction entre les théories « euclidiennes » et les théories « quasi-empiriques » en mathématiques : dans un système déductif euclidien (à l'horizon des entreprises formalistes et

---

1. M. Rabin, « Probabilistic algorithms », in *Algorithms and complexity : new directions and recent results*, New York, Academic Press, 1976.

2. I. Lakatos, « A Renaissance of Empiricism in the Recent Philosophy of Mathematics ? », *in* I. Lakatos (ed.). *Problems in the Philosophy of Mathematics*, Amsterdam, North-Holland, 1967 ; H. Putnam, « Mathematics without foundations », *The Journal of Philosophy*, LXIV, 1967 ; « What Is Mathematical Truth ? », in *Philosophical Papers : Mathematics, Matter and Method*, Cambridge University Press, 1975.

logicistes selon Lakatos), la vérité est « injectée » dans les
axiomes, et transmises aux théorèmes (vers le bas), alors
que dans une théorie quasi-empirique la vérité est d'abord
attribuée à certains énoncés particuliers, qu'il va s'agir
d'« expliquer » : dans ce cas, c'est la fausseté qui est trans-
mise de ces énoncés vers les axiomes (vers le haut). Putnam
de son côté, tout en défendant une forme de réalisme sémantique, défend (en utilisant notamment l'image des mathématiques martiennes reprise par Tymoczko) l'idée que « les
différences entre les mathématiques et les sciences empiriques ont été largement exagérées, qu'il existe en mathématiques aussi une interaction entre formulation d'hypothèses,
test quasi-empirique, et révolution conceptuelle conduisant à
la formation de paradigmes contextuellement *a priori*. Les
mathématiques ne sont pas une science expérimentale [...].
Mais l'adoption de l'axiome du choix comme un nouveau
paradigme mathématique *était* une expérience (*experience*),
même si elle n'a pas été menée par des hommes en blouse
blanche dans un laboratoire. »[1] Certes les mathématiques
sont « beaucoup plus *a priori* que la physique », mais « la
connaissance mathématique ressemble à la connaissance
empirique – le critère de vérité en mathématiques, tout
autant qu'en physique, est le succès de nos idées en pratique,
et la connaissance mathématique est rectifiable et non pas
absolue. »[2] On remarque ici que la part « empirique » de la

---

1. H. Putnam, *Mathematics, Matter and Methods*, *op. cit.*, p. XI.

2. *Ibid.*, p. 61. Ce thème des mathématiques expérimentales a aussi
beaucoup intéressé récemment certains historiens des mathématiques – voir
notamment les travaux de Catherine Goldstein, dont on peut citer « How to
Generate Mathematical Experimentation and Does it Provide Mathematical
Knowledge ? », in *Generating Experimental Knowledge*, U. Fest, G. Hon,
H.-J. Rheinberger, J. Schickore, F. Steinle (eds), PMPIWG 340, Berlin,
Max Planck Institute for the History of Science, 2008, p. 61-85.

connaissance mathématique n'est pas exactement de même
nature que celle mise en lumière par Tymoczko dans son
analyse du théorème des quatre couleurs. C'est dans le but
de donner des contours plus précis à la philosophie quasi-
empiriste que Tymoczko constituera son anthologie, en
soulignant la compatibilité de cette position tant avec le
réalisme – telle était en effet la position défendue par
Putnam – qu'avec le constructivisme : « le quasi-empirisme
apparaît dans la continuité du constructivisme; ces deux
positions prennent pour point de départ la pratique
mathématique. La différence entre ces approches est que le
quasi-empirisme considère les constructions des mathématiciens comme des produits sociaux, quand le constructivisme les considère dans des termes plus strictement
mathématiques. »[1] L'accent est donc mis par Tymoczko sur
la *pratique* des mathématiciens – même si ce concept reste
encore largement indéterminé : c'est dans ce cadre que le
rôle croissant de l'informatique en mathématiques mérite
l'attention du philosophe.

En dehors de ce contexte « quasi-empiriste », le
théorème des quatre couleurs et l'analyse que Tymoczko
propose de sa preuve amènent à reprendre à nouveaux frais
la question des liens entre les mathématiques et la logique,
non plus sur un plan fondationnel mais à travers les apports
de l'informatique, tant théorique (via l'étude de logiques
typées d'ordre supérieur) que concrète (ainsi, les contraintes
de « testabilité » ou les propriétés des langages de program-
mation). Par ailleurs, en mettant au premier plan la singu-
larité, dans le champ mathématique, de certains contextes
théoriques, comme la théorie des graphes et les procédures

---

1. *New directions in the philosophy of mathematics*, p. XVI.

combinatoires, lesquels utilisent de façon essentielle les
raisonnements par récurrence et par cas, de tels résultats
conduisent à considérer de façon plus large, au-delà des
systèmes formels, les outils et méthodes mis en œuvre par
les mathématiciens, et à réexaminer le contenu du concept
de « preuve » en mathématiques [1].

---

1. On pourra songer en outre au renouveau récent du problème de
la portée explicative des preuves mathématiques. Voir par exemple :
P. Mancosu, « Mathematical explanation : why it matters ? », in *The
Philosophy of mathematical practice*, Oxford, Oxford University Press,
2008.

STEVE AWODEY

LES STRUCTURES EN MATHÉMATIQUES ET EN LOGIQUE : UN POINT DE VUE CATÉGORIQUE[1]

Depuis Hilbert et Dedekind, nous savons bien que de larges pans des mathématiques peuvent être développés de manière logique et avec fécondité à partir d'un petit nombre d'axiomes bien choisis. Autrement dit, sur la base d'une présentation sous une forme axiomatique, nous pouvons développer une théorie tout entière de façon plus intelligible que nous ne pourrions le faire autrement. C'est ce qui a suscité l'idée générale de la notion de structure mathématique. Disons dès maintenant que cette notion a depuis été supplantée par celle de catégorie et de foncteur, qui l'intègre en lui donnant une forme plus générale et plus maniable.

Jean Dieudonné, *The work of Nicolas Bourbaki.*

Le terme de « structure » est un terme à la mode. Mais en dépit de son usage plutôt relâché dans certaines disciplines, c'est une notion manifestement importante en

---

1. « Structure in mathematics and logic : a categorical perspective », *Philosophia Mathematica*, 4 : 3, 1996, 209-237.

mathématiques, où elle apparaît souvent et pratiquement toujours avec le même sens. Plusieurs philosophes des mathématiques ont récemment attiré l'attention sur la notion de structure mathématique. Cependant, si les fins que l'on se propose sont de nature philosophique, cette notion semble toujours en attente de clarification. Ces fins sont celles qui relèvent de ce que l'on peut appeler le « structuralisme philosophique », en tant que conception de l'ontologie et de l'épistémologie des mathématiques [1].

Ceci étant, ce qu'on peut appeler le « structuralisme mathématique » a d'ores et déjà rencontré un succès considérable, tout au long d'un siècle de travail de la part de mathématiciens recherchant une conception structurale de leur domaine. Ce succès est précisément reflété par la prédominance actuelle de la notion de structure en mathématiques. Mon but dans cet article est de suggérer qu'un concept philosophiquement intéressant de structure mathématique peut être dégagé de cette pratique mathématique elle-même, à la faveur d'une attention accrue portée aux méthodes développées par ces « structuralistes mathématiques ». De Dedekind à Eilenberg et Mac Lane, en passant par Noether, il est clairement apparu qu'une structure mathématique est déterminée par un système formé d'objets *et des applications entre ces objets*, plutôt que par quelques caractéristiques particulières que ce soit d'objets mathé-
210 matiques pris | isolément. Dans une large mesure, la conception structurale des mathématiques modernes est caractérisée par une attention accrue aux (au système d') applications, et par l'idée que les objets mathématiques

---

1. *Cf.* Resnik (1981), (1988); Shapiro (1983), (1989); Hellman (1989), (1990); Parsons (1990); Quine (1992).

sont à chaque fois déterminés par l'ensemble de leurs
« transformations admissibles » [1].

L'essor de cette conception structurale dans les
mathématiques modernes est certainement ce qui a suscité
l'intérêt des philosophes pour le structuralisme. Cependant,
les méthodes actuelles du structuralisme mathématique
semblent avoir été largement ignorées ; les analyses philosophiques partent au contraire souvent de la théorie des
modèles, ou bien de zéro. Cette négligence est malvenue ;
une perspective fondée au contraire sur les méthodes du
structuralisme mathématique serait au moins plus en phase
avec la pratique mathématique actuelle, et pourrait bénéfi-
cier de cette importante tradition en s'inspirant d'un outil-
lage technique désormais bien rodé. J'entends bien sûr par là
la théorie mathématique des catégories : la théorie abstraite
des objets mathématiques et des applications entre ces
objets.

La section 1 ci-dessous indique de quelle manière les
techniques de la théorie des catégories codifient une conception structurale des mathématiques, en fournissant une
notion précise bien que souple de ce qu'est une structure
mathématique. La théorie des catégories est souvent
employée comme outil appliqué à d'autres branches des
mathématiques. La section 2 donne un exemple d'une application de ce genre à un domaine bien connu, à savoir celui
de la logique. Mais si le sujet est bien connu, la conception
structurale qui lui est appliquée, elle, est originale, et

---

1. *Cf.* Mac Lane (1996) sur la notion de structure mathématique ; Stein
(1988) sur le développement de la conception structurale de Dedekind à
Noether ; Corry (1992) sur la notion de structure chez Bourbaki et le travail
de Eilenberg et Mac Lane ; Mac Lane (1986) pour une perspective structurale
générale à propos des mathématiques.

féconde ; elle illustre le rapport étroit qui existe entre la logique et la théorie des ensembles, fournit une théorie abstraite structurale des ensembles, permet de faire apparaître certains rapprochements surprenants entre la logique et la géométrie, et plus généralement traite la logique en la rendant plus homogène au reste des mathématiques modernes.

Il me faut ajouter que mon propos n'est pas de discuter des fondements catégoriques des mathématiques, ou bien d'exposer une philosophie structuraliste de l'ensemble des mathématiques sur la base de la théorie des catégories, mais d'élaborer une notion de structure mathématique d'un point de vue catégorique, de sorte que la discussion des autres enjeux puisse en découler directement. Bien que certaines questions philosophiques élémentaires puissent être, selon moi, examinées au moyen de ce concept de structure mathématique, et que cela serve efficacement les fins du structuralisme philosophique, je me suis cantonné dans la section 1 à de simples indications ponctuelles, au profit de l'unité et de l'utilité de cet essai. L'ensemble de la section 2 peut servir d'illustration détaillée de l'utilité philosophique de cette notion de structure.

1. STRUCTURES MATHÉMATIQUES

Les objets mathématiques sont souvent dits avoir ou admettre différentes espèces de structures. Une variété lisse, par exemple, a des structures ensembliste, topologique et 211 | différentiable, et peut même en avoir d'autres. Les objets algébriques tels que les groupes et les anneaux sont des ensembles munis en outre d'une structure. Le cercle unité S^1 du plan est un groupe (pour la multiplication complexe) qui possède également de nombreuses autres structures ; par exemple, c'est un espace topologique et également une variété lisse de dimension 1. Des applications entre objets mathématiques peuvent préserver leur structure, ou ne pas la préserver. Les applications continues sont celles qui préservent la structure topologique, les régions du plan complexe ont de plus une structure conforme que préservent certaines applications analytiques, et ainsi de suite.

La théorie des modèles fournit des définitions bien connues des notions de structure pour un langage du premier ordre donné et de modèle d'une théorie du premier ordre couchée dans ce langage. Une explication plus générale, valant pour des notions mathématiques non élémentaires telles que « espace topologique », est celle que Bourbaki a proposée[1]. Ce concept modèle-théorique de structure mathématique – appelons-le le « concept bourbakiste de structure » – résulte de l'affûtage de la méthode axiomatique par les mathématiques modernes, et s'est avéré un moyen efficace de distinguer et de décrire des objets mathématiques. En effet, il a modelé notre concept contemporain d'« objet mathématique »[2]. Il a également permis de montrer clairement qu'au moins certaines caractéristiques d'objets mathématiques, et certains faits les concernant, dépendent *uniquement* de leur structure. Par exemple, une fois que nous avons caractérisé les nombres réels comme corps ordonné complet, rien d'autre que la structure commune à tous les corps ordonnés complets n'est pertinente pour les mathématiques des nombres réels. En particulier, peu

---

1. Je fais ici référence à la définition de « structure » telle qu'elle est donnée dans les *Eléments* de Bourbaki, vol. I, § 4, mais uniquement par souci de précision.
2. Voir Bourbaki (1950) sur la méthode axiomatique, la notion de structure mathématique et l'objet des mathématiques.

importe alors que les nombres réels individuels constituent des ensembles distincts qui diffèrent par leurs éléments, même si c'est requis par le concept même de structure qui a permis de parvenir à la caractérisation structurale initiale des réels. De plus, dès que nous disposons d'*une* telle caractérisation, nous découvrons qu'il en existe également d'autres qui feraient tout autant l'affaire. La description bourbakiste des objets mathématiques comme ensembles-munis-de-structure conduit à une perspective structurale féconde, que le langage et les méthodes de la théorie des modèles elle-même ne permettent pas d'articuler de façon très satisfaisante. Cet aspect de la notion bourbakiste de structure mathématique a récemment été discuté de façon tout à fait détaillée; je souhaiterais simplement ici attirer l'attention sur ce point, même si j'en dirai un peu plus par la suite [1].

En mathématiques, le concept bourbakiste de structure éventuellement d'ordre supérieur s'est révélé beaucoup moins utile que l'influence des *Eléments* de Bourbaki pourrait le suggérer. Je ne veux pas dire que les mathématiciens n'ont pas adopté une perspective globalement **212 |** structurale des objets mathématiques, car ils l'ont certainement fait. Peu de mathématiciens modernes s'intéressent à des propriétés, quelles qu'elles puissent être, des objets qu'ils étudient, qui ne correspondraient pas à une notion donnée et bien définie d'isomorphisme. Autrement dit, le topologue se soucie peu de distinguer entre des espaces

---

1. Voir aussi Parsons (1990) pour les difficultés philosophiques que soulève la notion modèle-théorique de structure, p. ex. les problèmes de « réductions multiples » et d'« engagements ontologiques ». Hellman (1990) regarde du côté de la logique modale comme autre voie possible. Resnik (1988) souhaite fonder tout un éventail de structuralismes sur une notion entièrement nouvelle : celle de « patron ».

homéomorphes en examinant la structure ensembliste des points d'un espace, pas plus que le géomètre ne s'occupe du rang ordinal d'une variété lisse donnée. L'objet des études mathématiques modernes est rarement constitué par un ensemble muni d'une structure bourbakiste particulière, mais l'est plutôt par un objet mathématique déterminé à isomorphisme près, à savoir les différentes relations existant entre des objets possédant une structure semblable, les relations existant entre les différentes espèces de structure dont sont susceptibles de tels objets, et ainsi de suite. Tandis que la notion bourbakiste de structure mathématique joue sans doute un rôle dans ces études, la méthode consistant à employer des applications pour isoler, décrire et comparer différentes espèces de structure mathématique s'est imposée comme un outil plus efficace [1]. La théorie des catégories s'est ainsi constituée, non pas comme un schéma fondationnel concurrent, mais en réponse au besoin mathématique d'un langage et de méthodes bien adaptés à des problèmes mettant en jeu différentes espèces de structure mathématique.

Une catégorie fournit un moyen de caractériser et de décrire une structure mathématique d'une certaine espèce, en termes de préservation de cette structure par des applications entre objets mathématiques la possédant. Une catégorie peut être conçue comme consistant en des objets possédant une certaine espèce de structure, en même temps qu'en des applications entre ces objets préservant cette structure. Par exemple, les espaces topologiques et les applications continues entre ces derniers forment une catégorie, appelée **Top**. De même **Groupes** est la catégorie formée par les

---

1. *Cf*. Corry (1992).

groupes et les homomorphismes de groupes, et **Ens** par les ensembles et les applications entre ces derniers[1]. A présent, qu'ont en commun tous ces exemples, ainsi que d'autres semblables et tout aussi évidents ? Pour répondre à cette question, nous souhaitons axiomatiser la notion d'une « espèce de structure mathématique » dans les termes de celle d'un « système d'applications préservant la structure ». Pour qu'une application $f: A \to B$ préserve une certaine espèce de structure, il faut clairement que A et B la possèdent. Si $g: B \to C$ la préserve également, alors il en va de même de l'application composée $g \circ f: A \to B \to C$. Et chaque objet admet une application identité $1_A : A \to A$ qui préserve toute la structure. La notion intuitive d'application préservant la structure peut renfermer bien davantage, mais on peut convenir qu'elle renferme au moins cela.

Une *catégorie* consiste donc par définition en des *objets* A, B, C, ... et en des *morphismes* f, g, h, ... tels que : (i) chaque f admet un unique *domaine* A et un unique *codomaine* B, ce qu'on écrit $f: A \to B$; (ii) étant donné n'importe quel $g : B \to C$, il existe un unique composé $g \circ f: A \to C$, la composition étant associative ; (iii) chaque B admet une identité $1_B : B \to B$ qui est un élément neutre pour la composition, c'est-à-dire que $| 1_B \circ f = f$ et que $g \circ 1_B = g$ pour n'importe quels f et g ainsi définis[2].

Une catégorie est *n'importe quelle chose* satisfaisant ces axiomes. Ses objets peuvent ne pas avoir d'« éléments », et

213

1. Une fonction $f: A \to B$ entre deux ensembles est un sous-ensemble de leur produit cartésien tel que, pour tout $a \in A$, il existe un unique $b \in B$ tel que $<a, b> \in f$; il faut seulement que l'image de f soit contenue dans B, comme il en va des applications dans d'autres branches des mathématiques.

2. Voir Mac Lane (1971) pour des définitions précises des concepts élémentaires de la théorie des catégories.

ses morphismes ne pas être des « fonctions », bien que ce soit le cas pour certains exemples ayant servi de motivation. C'est ainsi également, par exemple, qu'à tout système formel de logique se trouve associée une catégorie, dont les objets sont des formules et les morphismes sont des déductions à partir de prémisses. Nous ne nous occupons pas des propriétés non catégoriques que les objets et les morphismes d'une catégorie donnée peuvent avoir; autrement dit, nous la considérons « abstraitement », en nous restreignant au langage des objets et des morphismes, des domaines et des codomaines, de la composition et des morphismes identités.

De manière générale, supposons que nous ayons d'une façon ou d'une autre spécifié une certaine espèce de structure en termes d'objets et de morphismes, comme dans les exemples donnés plus haut. Alors cette catégorie caracté-rise cette espèce de structure mathématique, indépendam-ment des moyens qui ont permis à l'origine cette spécifi-cation. Par exemple, la topologie d'un espace donné est déterminée par les applications continues de lui vers d'autres espaces et vers lui à partir d'autres espaces, sans que se pose la question de savoir si cet espace a été spécifié à l'origine en termes de sous-ensembles ouverts, de points limites, de l'opérateur de clôture, ou de quoi que ce soit d'autre. La catégorie **Top** sert ainsi à caractériser la notion de « structure topologique ». Dans le cas d'objets algébriques définis sur un ensemble sous-jacent, comme les groupes, les anneaux et les modules, la structure algébrique est donnée au moyen de certaines opérations et de certains axiomes; on retrouve peut-être là de façon paradigmatique le concept bourbakiste. Un morphisme entre de tels objets peut être simplement compris comme une fonction ensembliste respectant certaines opérations. Ainsi un morphisme de groupes n'est-il rien d'autre qu'un morphisme entre les ensembles sous-jacents qui respecte la loi de multiplication du groupe ainsi que l'unité, autrement dit un homomorphisme de groupes. Or, la loi de multiplication définie sur un groupe donné peut être retrouvée à partir de tels homomorphismes, de sorte que la notion de « structure de groupe » est également déterminée par la catégorie des groupes[1]. On peut ainsi réellement différencier l'une de l'autre la structure de groupe et la structure topologique définissables sur S^1 en regardant uniquement, selon le cas, les homomorphismes de groupes ou les fonctions continues qui font intervenir S^1, et c'est bien ainsi que l'on fait dans la pratique. Ce genre de situation donne lieu par analogie à des catégories encore plus générales qui peuvent avec profit être comprises comme des catégories formées par des objets-ayant-une-certaine-structure et des applications-préservant-cette-structure. Par exemple, une variété différentiable est de fait *munie* de sa structure lisse, du fait qu'on spécifie certaines applications continues vers d'autres variétés et à partir d'autres variétés; on peut le faire de bien des manières, qui sont considérées comme équivalentes entre elles dès lors qu'elles donnent toutes les mêmes applications lisses. La catégorie dont les objets sont les espaces topologiques et les morphismes sont les fonctions continues identiques à homotopie près fournit un autre exemple encore d'une espèce de structure mathématique adéquatement définie directement sous la forme d'une catégorie. Bien

---

1. Les résultats techniques concernant la possibilité de retrouver une « structure » syntaxique à partir d'une catégorie de modèles convenable tombent souvent sous l'intitulé de la « complétude conceptuelle », pour reprendre le terme de Makkai et Reyes (1977). Voir également Pitts (1989) et les références supplémentaires qui y sont données.

entendu, il peut | également exister des structures 214
bourbakistes dont les objets d'une certaine catégorie peuvent
être décrits comme des modèles, néanmoins la méthode catégorique présente certains avantages qui expliquent qu'elle ait
été largement acceptée en mathématiques. L'un de ces
avantages peut être précisé dès maintenant ; la présentation
catégorique est « syntaxiquement invariante », c'est-à-dire
qu'elle ne dépend pas du choix particulier d'une description
bourbakiste parmi toutes les descriptions différentes possibles d'une même espèce donnée de structure mathématique.

Intuitivement, deux choses pourvues de la même espèce
de structure peuvent bien avoir la même structure. La notion
catégorique d'isomorphisme peut alors servir de *définition*
pour le fait d'« avoir la même structure d'une certaine
espèce ». Dans n'importe quelle catégorie, un morphisme f :
$A \to B$ est par définition un *isomorphisme* si et seulement
si il existe $g : B \to A$ tel que $g \circ f = 1_A$ et $f \circ g = 1_B$. Dans
ce cas, on écrit $A \simeq B$, et on dit que ces deux objets sont
isomorphes. Il convient donc de remarquer qu'un isomorphisme est toujours relatif à une certaine espèce de structure,
puisque f et g sont des morphismes d'une certaine catégorie
donnée. Un isomorphisme d'ensembles est aussi la même
chose qu'une bijection, un isomorphisme de groupes, la
même chose qu'un homomorphisme de groupes bijectif,
mais un isomorphisme d'espaces topologiques ne se réduit
pas à une fonction continue et bijective ; un homéo-
morphisme requiert quelque chose de plus, à savoir que la
fonction réciproque soit elle aussi continue. L'intérêt qu'a la
théorie des catégories de fournir une notion uniforme de
structure est évidente dès ce niveau élémentaire : étant
donnée n'importe quelle catégorie, on connaît automatique-
ment la « bonne » notion du fait d'avoir la même structure.
À présent, on devrait dire que deux objets possèdent la

même structure exactement lorsqu'ils sont structuralement indiscernables, c'est-à-dire lorsque chacun possède également n'importe quelle « propriété structurale » que possède l'autre. C'est ce qui est garanti si l'on définit la notion vague et intuitive de propriété structurale par le fait de préserver les isomorphismes de la catégorie considérée. Ainsi, par exemple, une propriété structurale des espaces est simplement une propriété qui préserve les homéomorphismes, ce qu'on appelle plus ordinairement une propriété ou encore un invariant topologique, comme le fait d'avoir tel ou tel groupe fondamental.

Il y a une autre raison de défendre l'efficacité de la théorie des catégories pour spécifier et décrire une structure mathématique, et l'on peut désormais l'énoncer tout à fait simplement : n'importe quelle propriété ou construction mathématique définie uniquement en termes d'applications préservant la structure – sous-entendu : dans une catégorie donnée – préservera nécessairement les isomorphismes de cette catégorie, et sera donc structurale [1]. Puisque toutes les propriétés catégoriques sont de ce fait structurales, les propriétés qu'un objet donné dans une catégorie donnée peut avoir, en tant qu'objet de cette catégorie, ne pourront qu'être structurales. En tant qu'ensembles-munis-d'une-structure-bourbakiste, des groupes isomorphes, par exemple, peuvent être complètement différents du point de vue de leurs constitutions ensemblistes, mais ces différences ne sont pas

---

1. « Définir une propriété ou une construction mathématique uniquement en termes d'applications » demande de veiller avec soin à ne pas faire référence à des objets ou des morphismes *déterminés* ; par exemple, la propriété d'être le domaine d'un certain morphisme particulier *f* n'est clairement pas structurale, *cf.* McLarty (1993) pour une formulation précise de la condition pertinente dans un cas particulier.

en général mathématiquement pertinentes, du moins d'un point de vue structural, et ne sont pas même exprimables dans les termes de la catégorie des groupes. Ainsi, faire des mathématiques de manière « flèche-théorique » garantit automatiquement | une conception structurale, qui s'est 215 avérée tout à fait efficace pour attaquer certains types de problèmes mathématiques faisant intervenir la notion de structure mathématique. Il suffit pour s'en convaincre de se rappeler par exemple l'utilité en théorie des groupes des théorèmes élémentaires d'homomorphisme et d'isomorphisme, qui sont des exemples anciens de telles méthodes. Plus anciennement encore, la caractérisation structurale que Dedekind a donnée des entiers naturels, et en fait de « l'infini », montre également de quelle manière les applications peuvent être employées pour déterminer une structure. Un exemple plus moderne est l'efficacité remarquable de l'homotopie et de l'homologie en topologie ; bien entendu, c'est dans ce contexte qu'Eilenberg et Mac Lane ont formulé pour la première fois les notions élémentaires de la théorie des catégories [1].

Un structuraliste zélé soutenant que les mathématiques sont, en un certain sens, intégralement structurales, pourrait défendre sa position en « montrant » d'une manière ou d'une autre que l'ensemble des mathématiques peut être couché dans le langage de la théorie des catégories, tout à fait comme un logiciste tel que Russell aurait pu défendre la sienne en montrant que l'ensemble des mathématiques peut être traduit à l'intérieur d'un système de logique pouvant passer pour vraiment logique. Si l'on peut douter de l'exactitude et de l'utilité de telles perspectives assez étroites

---

1. Eilenberg, Mac Lane (1945).

concernant ce qui fait l'identité des mathématiques, il semble néanmoins important de savoir de quelle richesse ont fait preuve le langage et les méthodes de la théorie des catégories, de façon peut-être à corroborer une « thèse structuraliste » plus modeste[1]. Par exemple, la catégorie abstraite des ensembles, décrite plus bas dans la section 2, fournit un cadre structural dans lequel mener virtuellement n'importe quelle séquence de raisonnement mathématique pouvant être développée dans la théorie axiomatique classique des ensembles (à condition qu'elle ne repose pas sur une reconstruction ensembliste *particulière*). S'il est rare qu'un tel cadre soit le meilleur pour dégager les relations structurales pertinentes, il permet de confirmer que les méthodes de la théorie des catégories suffiront à bien des fins des mathématiques contemporaines intuitivement reconnues comme structurales.

Après avoir ainsi indiqué en quel sens toute catégorie détermine une espèce de structure mathématique, ne laissons aucun malentendu s'installer du fait que la notion bourbakiste, modèle-théorique, de structure, a servi de motivation et fourni toute une batterie d'exemples. L'idée que je souhaite faire valoir ici n'est pas que *cette* notion a été inutilement reformulée dans d'autres termes, mais qu'une notion catégorique différente de la première s'est avérée plus féconde dans le cadre d'une conception structurale des mathématiques, et qu'elle est également plus utile pour des fins philosophiques. En effet, l'utilité du concept catégorique provient en partie de ce en quoi il diffère du concept bourbakiste. Par exemple, étant donnée une spécification bourbakiste d'une espèce d'objet mathématique, on peut

---

1. Voir Marquis (1993) pour une ligne d'analyse voisine de celle-ci.

toujours encore se demander : « quels sont les morphismes ? » Une réponse à cette question ne détermine pas seulement quels aspects de la spécification sont pertinents, mais fournit aussi une seconde dimension, semi-indépendante de la première, qui peut être utile pour déterminer différentes espèces de structure. En outre, de nombreuses catégories très utiles ne sont des « catégories de structures bourbakistes » en aucun sens que ce soit.

L'exemple des espaces topologiques suffira à illustrer certaines des | différences entre les deux concepts. Puisque   216 ces espaces peuvent être définis de plusieurs façons également standard, les objets de la catégorie **Top** se trouvent décrits, comme on l'a déjà dit, par de nombreuses structures bourbakistes différentes. Dans certains cas, comme celui où les ouverts de base sont mentionnés, certaines des données utilisées pour la spécification bourbakiste sont perdues lorsqu'on passe à **Top**. De plus, aucun examen de quelque définition que ce soit des espaces topologiques ne révèlera la définition d'une fonction continue, qui ne préserve pas les ouverts, mais les tire en arrière par image réciproque. Il existe en effet également d'autres espèces de structure mathématiquement importantes décrites par les catégories ayant les espaces topologiques pour objets, par exemple la catégorie homotopique indiquée plus haut. Enfin, la catégorie dont les objets sont les ouverts d'un espace particulier et dont les morphismes sont les inclusions entre ces ouverts fournit un exemple simple d'une espèce de structure mathématique définie sur des objets qui ne sont les modèles d'aucune structure bourbakiste au sens classique du terme.

L'étude générale des espaces topologiques implique de considérer toutes ces catégories différentes, et leurs relations les unes aux autres. La topologie fait également intervenir les relations entre les espaces et des structures d'autres espèces très différentes, telles que les groupes. Un autre avantage, très important, de la conception structurale des structures mathématiques devient maintenant évident : représenter différentes espèces de structure sous la forme de différentes catégories fournit une notion *uniforme* de structure, ce qui rend aisé de mettre en relation des structures d'espèces différentes. Par « mettre en relation des structures d'espèces différentes », j'entends, bien entendu, définir des applications entre elles ; de sorte que la théorie des catégories peut s'appliquer en particulier à la théorie des catégories, ce qui s'avère une ressource tout à fait précieuse [1]. Ainsi, on étudie une catégorie particulière, non pas simplement en examinant la « table de multiplication » de ses morphismes, mais en la reliant à d'autres catégories par des applications allant vers celles-ci ou partant de celles-ci, par exemple en reliant **Top** à **Groupes** par une application de la première dans la seconde. De fait, comme le point de vue catégorique va de pair avec un déplacement de l'attention des objets isolés vers les objets accompagnés de morphismes, l'une des notions centrales de la théorie des catégories est celle de foncteur.

Un *foncteur* est un morphisme de catégories, défini comme application d'une catégorie vers une autre préservant la structure attendue de catégorie : il envoie les objets sur des objets, les morphismes sur des morphismes, en respectant les domaines, les codomaines, la composition et les morphismes identités. Ainsi un foncteur $F : \mathbf{C} \to \mathbf{D}$

---

1. Cela permet également de répondre au problème philosophique, mentionné dans la section 1 de Parsons (1990), qui est de savoir comment fournir une analyse structurale des structures.

transporte-t-il un diagramme commutatif tel que celui ci-dessous à gauche vers un autre tel que celui à droite :

$$
\begin{array}{ccc}
A \xrightarrow{\ f\ } B & & FA \xrightarrow{\ Ff\ } FB \\
{\scriptstyle g\circ f}\downarrow \quad \downarrow {\scriptstyle g} \ \text{dans } \mathbf{C}, & & {\scriptstyle F(g\circ f)}\downarrow \quad \downarrow {\scriptstyle Fg} \ \text{dans } \mathbf{D}. \\
C \xrightarrow[\ 1_C\ ]{} C & & FC \xrightarrow[\ 1_{FC}\ ]{} FC
\end{array}
$$

| Un tel foncteur F donne ainsi une « image » de $\mathbf{C}$ dans $\mathbf{D}$. Ce qui précède indique simplement que $F(1_C) = 1_{FC}$ et que $F(g \circ f) = F(g) \circ F(f)$, de sorte que les foncteurs envoient également les isomorphismes sur des isomorphismes. Un unique foncteur $F : \mathbf{C} \rightarrow \mathbf{D}$ donne ainsi lieu à de très nombreuses « propriétés structurales » sur $\mathbf{C}$; pour considérer l'un des cas les plus simples, pour tout $\mathbf{D}$-objet D, la propriété $FC \simeq D$ est clairement structurale en C (il suffit par exemple de prendre pour F le foncteur groupe fondamental). En effet, n'importe quelle propriété structurale de $\mathbf{D}$-objets peut ainsi être « composée » avec F pour en donner une sur les $\mathbf{C}$-objets. Il faut remarquer qu'un foncteur dépend seulement de la « table de multiplication » des morphismes de la catégorie-domaine, et ne dépend d'aucune propriété non catégorique des objets ou des morphismes. Voilà qui « explique » l'utilité des foncteurs pour étudier une catégorie donnée, de la même manière qu'une catégorie particulière est utile pour décrire une espèce particulière de structure sur un objet donné. Un foncteur usuel est le foncteur « d'oubli » U : **Groupes** → **Ens** qui envoie tout groupe sur l'ensemble de ses éléments, et tout homomorphisme de groupes sur la fonction sous-jacente. Par ailleurs, tout groupe particulier est lui-même une catégorie ne possédant qu'un seul objet, chacun de ses éléments devenant un morphisme, l'élément neutre le morphisme identité, et la loi de multiplication la composition de morphismes; un

217

foncteur entre de telles catégories est exactement la même chose qu'un homomorphisme de groupes. Et un foncteur d'un groupe G vers la catégorie des espaces vectoriels (disons des espaces vectoriels réels) et des transformations linéaires est exactement la même chose qu'une représentation linéaire de G. Les foncteurs sont omniprésents en mathématiques. Reconnaître une construction particulière comme étant fonctorielle permet à chaque fois d'appliquer la théorie générale des foncteurs à ce cas particulier, de même que reconnaître quelque part une action de groupe fournit une profusion d'information en provenance de la théorie des groupes.

Bien entendu, il n'y a aucune raison de s'arrêter là; ayant défini les foncteurs, on peut se demander ce que sont *leurs* morphismes. Etant données deux catégories **C** et **D**, on souhaite pouvoir définir la catégorie de foncteurs **D**^{C} ayant les foncteurs de **C** vers **D** pour *objets*. Qu'est-ce qu'est censé être un morphisme de foncteurs? Etant donnés deux foncteurs F et G de **C** vers **D**, un morphisme $\alpha : F \to G$, appelé une *transformation naturelle*, consiste en un morphisme $\alpha_C : FC \to GC$ dans **D** pour chaque C dans **C**, de telle façon que, pour tout $j : C \to D$ dans **C**, on a $\alpha_D \circ Fj = Gj \circ \alpha_C$ (autrement dit, un carré commutatif). Sur la catégorie **V** des espaces vectoriels réels et des transformations linéaires entre ceux-ci, il existe par exemple une transformation naturelle α allant du foncteur identité (évident) sur **V** vers le foncteur envoyant tout espace vectoriel sur son bidual, et toute transformation linéaire sur la transformation biduale; la composante $\alpha_V : V \to V^{**}$ de α en l'espace vectoriel V est la transformation linéaire envoyant tout vecteur x dans V sur la transformation linéaire $x^\wedge : V^* \to R$ donnée par l'évaluation en x. Ainsi, α est un morphisme dans la catégorie de foncteurs **V**^{V}, et il est bien connu qu'il s'agit d'un isomorphisme si **V** est restreinte aux espaces vectoriels de dimension finie. Aucune transformation naturelle de ce genre n'existe vers le dual simple, bien que chaque espace vectoriel de dimension finie soit également isomorphe à son dual simple. C'est exactement ce qu'on veut dire lorsqu'on dit qu'un tel espace vectoriel est « naturellement » isomorphe à son bidual, mais non à son dual simple.

| L'une des notions les plus fécondes que le point de vue **218** catégorique permette de dévoiler est celle de paire de foncteurs adjoints, ou encore d'« adjonction », qui, entre autres choses, généralise la notion d'isomorphisme de catégories. Un foncteur $F : \mathbf{C} \to \mathbf{D}$ est un isomorphisme de catégories s'il existe un foncteur de retour $U : \mathbf{D} \to \mathbf{C}$ vérifiant $1_{\mathbf{C}} = U \circ F$ et $F \circ U = 1_{\mathbf{D}}$. Une paire de foncteurs allant ainsi en sens contraires sont dits *adjoints* si, au lieu de cela, il existe des transformations naturelles $\eta : 1_{\mathbf{C}} \to U \circ F$ et $\varepsilon : F \circ U \to 1_{\mathbf{D}}$ satisfaisant en plus une condition spéciale qui, franchement, paraît un peu compliquée à première vue.

Considérons tout d'abord le foncteur « groupe libre » $F :$ **Ens** → **Groupes**, qui est adjoint au foncteur d'oubli U. Si S est un ensemble, UG l'ensemble des éléments d'un certain groupe G et $f : S \to UG$ n'importe quelle fonction, alors il existe un unique homomorphisme de groupes $h : FS \to G$ qui fasse commuter le triangle ci-dessous

$$S \xrightarrow{f} UG \qquad G$$
$$\eta_S\downarrow \quad \nearrow_{Uh} \qquad \nearrow_h$$
$$UFS \qquad FS$$

où η_S est l'application qui envoie tout élément de S sur lui-même en tant que « mot » dans le groupe libre FS sur S. Nous avons ainsi une bijection entre les homomorphismes de groupes $h : FS \to G$ et les fonctions ensemblistes $f :$

$S \to UG$, bijection que nous pouvons représenter schématiquement ainsi :

$$FS \to G \text{ dans } \mathbf{Groupes}$$
$$\overline{\qquad\qquad\qquad\qquad\qquad}$$
$$S \to UG \text{ dans } \mathbf{Ens.}$$

À présent, dans le cas général mentionné ci-dessus, nous prenons deux objets quelconques, C dans $\mathbf{C}$ et D dans $\mathbf{D}$, et demandons que les morphismes $FC \to D$ correspondent bijectivement aux morphismes $C \to UD$, cette correspondance se faisant par l'intermédiaire de $\eta : 1_\mathbf{C} \to U \circ F$ comme dans l'exemple. On appelle alors F l'*adjoint à gauche*, U l'*adjoint à droite*, et η l'*unité*, en écrivant l'adjonction ainsi :

$$FC \to D \text{ dans } \mathbf{D}$$
$$\overline{\qquad\qquad\qquad\qquad\qquad}$$
$$C \to UD \text{ dans } \mathbf{C}.$$

Si dans ce schéma on remplace partout D par FC et le $\mathbf{D}$-morphisme du haut par 1_{FC}, on obtient un $\mathbf{C}$-morphisme $C \to UFC$ en bas qui est exactement l'unité η_C en C. Dans l'exemple, l'insertion de générateurs dans le (ensemble sous-jacent au) groupe libre est le « morphisme universel de S dans un groupe », car tout morphisme f comme dans le diagramme se factorise de manière unique selon ce morphisme et (la fonction sous-jacente à) un homomorphisme de groupes. Dans le cas général, chaque η_C est, de manière analogue, un « morphisme universel de C vers (les objets dans l'image de) U ». Cette condition sur F, G et η suffit à déterminer de manière unique la transformation naturelle $\varepsilon : F \circ U \to 1_\mathbf{D}$, appelée *counité* de l'adjonction ; la composante $\varepsilon_D : FUD \to D$ dans $\mathbf{D}$ s'obtient dans le schéma ci-dessus comme le morphisme du haut lorsque C a partout été remplacé par UD et qu'on a pris le morphisme identité sur UD en bas. On pourrait tout autant donner la définition d'une adjonction entre deux foncteurs dans les termes de la counité plutôt que dans ceux de l'unité, et chaque ε_D a la propriété analogue d'être une application universelle dans **D**. La counité de l'adjonction libre / oubli, par exemple, est l'homomorphisme de groupes qui présente tout groupe comme un quotient du groupe libre engendré par ses éléments. Il convient de remarquer que si un foncteur donné possède un adjoint, alors il est déterminé de manière unique à un isomorphisme naturel unique près, comme on peut le voir aisément. Ainsi, par exemple, le groupe libre FS sur un ensemble S est caractérisé à isomorphisme près par la propriété d'application universelle qui vient d'être énoncée plus haut.

On trouve des foncteurs adjoints partout en mathématiques, et leur adjonction exprime souvent des relations d'une grande portée entres espèces différentes de structure. La « correspondance de Galois » en algèbre exprime une adjonction, et le compactifié de Stone-Cech en topologie est caractérisé à isomorphisme près par un foncteur adjoint[1]. Les théorèmes de dualité tels que la dualité de Gelfand en analyse fonctionnelle et la dualité de Stone sous ses formes variées sont des exemples d'adjonctions[2].

[...]

223 | 2. STRUCTURE LOGIQUE

Notre perspective a jusqu'ici été la suivante : une catégorie détermine une espèce particulière de structure, que

1. Voir Mac Lane (1971) pour ces exemples, ainsi que de nombreux autres.
2. Voir *ibid.* et également Johnstone (1982).

possède chacun de ses objets. À présent, les objets de n'importe quelle catégorie, et de fait tous les objets mathématiques, peuvent être dits admettre une « structure logique » supplémentaire ; c'est ce que nous voudrions préciser à présent. Étant donnée la discussion qui a occupé la section 1, la façon de spécifier une espèce de structure est assez claire : on va donc déterminer une espèce [*species*] de catégories, dont chacune consistera en (i) des objets pourvus d'une certaine structure arbitraire, c'est-à-dire de morphismes entre eux, et (ii) « tout ce qui peut être construit à partir d'eux par des moyens logiques ». Une telle catégorie sera appelée un « topos ». Nous parviendrons à la définition d'un topos à travers un simulacre d'analyse de la « structure logique » ; bien entendu, une telle analyse est purement rhétorique [1].

La notion de topos s'écarte nettement des catégories considérées jusqu'ici ; nous n'avons plus affaire à une catégorie particulière, mais plutôt à une espèce [*kind*] 224 | de catégorie, caractérisée directement en des termes structuraux plutôt que par la spécification d'objets et de morphismes. Il s'agit donc d'une notion d'un autre ordre, qui reflète la différence existant entre une structure logique générale et une espèce particulière de structure mathématique.

Un objet X d'un topos sera considéré comme un type, ou comme une sorte, ou comme une espèce, ou comme un ensemble généralisé, ou comme une classe de choses – les X. Ainsi un objet X est-il l'« objet des x », de la même manière qu'un produit $X \times Y$ dans n'importe quelle catégorie est l'objet des paires $<x, y>$, où x est un X et y un Y. On peut de

---

1. Voir McLarty (1990) pour un méticuleux compte rendu historique.

manière générale parler d'un objet dans un topos comme étant un « type ». Les outils élémentaires de construction logique dans un topos seront la définition par compréhension de sous-objets au moyen de « propriétés », notion que nous allons préciser. Les principes suivants sont admis comme fondamentaux :

> i) *Les propriétés sont locales*. Une propriété est toujours la propriété de *x* d'un certain type *X*, et par conséquent toute propriété admet un domaine fixe de pertinence [*fixed domain of significance*].

> ii) *Les propriétés sont des propositions variables*. Si *Φ* est une propriété de domaine de pertinence *X*, et que *a* : *1 → X* est un élément constant de type *X*, alors *Φ(a)* est une proposition.

Bien entendu, on retrouve exactement la notion russellienne de « fonction propositionnelle »[1]. Ce terme exprime, mieux que les termes de « propriété » ou de « prédicat », l'aspect fonctionnel de la notion que nous cherchons à dégager. Ainsi, dans un topos, on appellera une propriété de domaine de pertinence *X* une *fonction propositionnelle sur X*. Mais toute « fonction » doit bien entendu

---

1. Cf. *Principles of Mathematics*, § 22 : « On peut expliquer ... [ce qu'est une fonction propositionnelle] de la façon suivante : *Φx* est une fonction propositionnelle si, pour chaque valeur de *x*, *Φx* est une proposition, déterminée si *x* est donné. » Voir aussi *Principia Mathematica*, p. 14 : « Soit *Φx* un énoncé contenant une variable *x* de façon à devenir une proposition lorsque n'importe quelle signification déterminée fixe est donnée à *x*. Alors *Φx* s'appelle une "fonction propositionnelle" ... » et p. 161 : « ... pour certains arguments *x*, *Φx* sera dénué de signification, c'est-à-dire que pour ces arguments *Φx* sera dénué de toute valeur. Les arguments pour lesquels *Φx* acquiert des valeurs forment ce que nous appellerons le "domaine de pertinence" [domain of significance] de *Φx*. Un "type" est défini comme le domaine de pertinence d'une certaine fonction [propositionnelle] ».

aussi avoir un codomaine; un topos devra donc contenir un
objet des propositions P, dont les points $p : 1 \rightarrow P$ (s'il y en
a) seront des propositions et dont les éléments généralisés
$\Phi : X \rightarrow P$ seront des propositions variables, et ainsi des
fonctions propositionnelles. Par conséquent, si la proposition
p se factorise selon $p = \Phi a : 1 \rightarrow X \rightarrow P$, alors c'est que p
résulte de l'évaluation de la fonction propositionnelle Φ au
point a de X.

Nous disons ensuite ce qui fait de P un objet des
propositions en disant, non ce que c'est, mais comment cela
fonctionne. Et nous le disons bien entendu en termes de
morphismes. S'il doit y avoir des propositions, quelles
qu'elles soient, $p : 1 \rightarrow P$, dans un topos, alors devra figurer
également la proposition *vraie* « $p = p$ » : $1 \rightarrow P$. Par suite,
nous admettrons qu'il existe au moins la proposition *Vrai* :
$1 \rightarrow P$, et, pour cela, qu'il existe un objet terminal*.
Alors, pour n'importe quel objet X, la composée *Vrai*
$\circ !_X : 1 \rightarrow X \rightarrow P$ est la fonction propositionnelle constante,
ayant toujours pour valeur le vrai sur X, et que nous noterons
Vrai$_X$. Les fonctions propositionnelles servent à définir des
sous-objets, de la manière suivante. Etant donnée une
225 fonction propositionnelle $\Phi : X \rightarrow P$, | nous voulons avoir le
sous-objet des x pour lesquels Φ est vraie. Mais nous savons
comment l'obtenir : comme l'égalisateur* de Φ et de

---

* Rappelons que dans une catégorie donnée **C**, un *objet initial* est
un objet 0 tel que pour tout objet C, il y ait exactement un morphisme
$o_c : 0 \rightarrow C$, et qu'un *objet terminal* est un objet 1 tel que pour tout objet C, il
y ait exactement un morphisme. $!_c : C \rightarrow 1$ Deux objets initiaux (respectivement terminaux) sont toujours isomorphes. (N.d.T.)

* L'égalisateur de Φ et de *Vrai*$_X$ est un morphisme $i : Y \rightarrow X$ vérifiant
(1) $\Phi \circ i = Vrai_X \circ i$; (2) pour tout morphisme $j : X' \rightarrow X$ tel que
$\Phi \circ j = Vrai_X \circ j$, il existe un unique morphisme $k : X' \rightarrow Y$ tel que
$j = i \circ k$. (N.d.T.)

Vrai$_X$. On a alors, en particulier, pour n'importe quel point a de X, $a \in_X \{x \in X \mid \Phi x = Vrai_X\}$ ssi $\Phi a = Vrai$. Nous appellerons (le sous-objet déterminé par) cet égalisateur l'*extension* de la fonction propositionnelle Φ, et le noterons simplement $\{x \in X \mid \Phi\} \to X$. Cette extension est vue comme la forme « réifiée » de la fonction propositionnelle correspondante [1].

Nous n'avons pas précisé quelles sont les fonctions propositionnelles qui existent en dehors de toutes les fonctions *Vrai$_X$* pour les différents objets X. Et nous ne le ferons d'ailleurs pas, sauf pour exiger que n'importe quel sous-objet donné $\sigma \to X$ soit l'extension d'une unique fonction propositionnelle sur X. Cette condition répond au souhait de décrire seulement la structure logique supplémentaire sur des objets susceptibles de comporter une autre structure encore. La condition d'unicité rend dans le même but « extensionnelles » les fonctions propositionnelles. Même si aucune n'a été indiquée précisément, un topos contiendra toujours de nombreuses fonctions propositionnelles non triviales, car tout topos est tenu d'avoir des produits et des exponentiels, et en tant qu'adjoints ces foncteurs apportent avec eux des morphismes universels qui vont donner lieu à d'importantes fonctions propositionnelles. En termes logiques, les produits garantissent l'existence de relations en tant que fonctions propositionnelles sur le

1. *Principles*, § 84 : « Lorsque nous considérons les x tels que Φx, où Φx est une fonction propositionnelle, nous introduisons une notion dont, dans le calcul propositionnel, un usage très vague est fait – je veux parler de la notion de vérité. Nous considérons, parmi toutes les propositions du type Φx, celles qui sont vraies : les valeurs correpondantes de x forment la classe définie par la fonction Φx. Il semble qu'il faille soutenir que toute fonction propositionnelle qui n'est pas vide définit une classe, désignée par "les x tels que Φx". »

produit, et les exponentiels garantissent l'existence de fonctions propositionnelles de fonctions propositionnelles – c'est-à-dire la logique d'ordre supérieur – en tant que fonctions propositionnelles sur PX, qui est l'objet des fonctions propositionnelles sur X.

Tout ceci suffit pour caractériser la notion de structure logique : un *topos* est défini comme étant une catégorie ayant un objet terminal, des produits, des exponentiels, et un objet des propositions. Ce dernier est caractérisé par un « axiome de compréhension » : il existe un morphisme *vrai* : $1 \to P$ tel que pour tout $\Phi : X \to P$ il existe un égalisateur de Φ et de $Vrai_X$, et que tout mono $m : M \to X$ soit un égalisateur de ce genre pour un unique Φ. Dit plus simplement : toute fonction propositionnelle possède une unique extension, et les extensions de fonction propositionnelle sont les seuls sous-objets[1].

[...]

232 | DISCUSSION

Nous en sommes venus plus haut à la notion de topos de manière à préciser une espèce particulière de structure, à savoir la structure logique. Il est donc naturel de se demander maintenant comment la logique qui vient d'être esquissée se rapporte à la logique telle qu'elle est conçue traditionnellement, et si la notion de topos, en un certain sens, « caractérise adéquatement » celle de structure logique. Cependant, il faut se rappeler qu'un topos n'est pas censé décrire la structure logique de quoi que ce soit en particulier,

---

1. Voir Mac Lane, Moerdijk (1992), IV. 1 pour des définitions standard qui sont équivalentes.

mais plutôt la logique générale d'objets susceptibles de comporter une certaine structure supplémentaire indéterminée. Et il existe de fait de nombreux topoi différents, c'est-à-dire de nombreuses catégories non équivalentes qui satisfont les axiomes d'un topos, chacun ayant sa propre « logique interne », c'est-à-dire à chaque fois des propositions différentes qui sont = *Vrai*.

| La logique générale commune à tous les topoi peut se **233** voir codifier dans un système déductif de logique d'ordre supérieur au sens traditionnel* [...]. Ce qu'on obtient est une formulation élégante de la logique d'ordre supérieur, c'est-à-dire la théorie des types simples, à ceci près bien entendu que la logique des topoi est en général intuitionniste [1].

À présent, un théorème remarquable affirme que différents topoi correspondent de manière naturelle à différentes théories (au sens technique de ce dernier terme) de la logique d'ordre supérieur, lorsque celle-ci est formulée comme on vient de le faire. En fait, toute théorie de ce genre engendre un topos dans lequel tous les théorèmes deviennent des propositions vraies et, réciproquement, la logique interne de tout topos détermine une théorie de ce genre qui, en retour, engendre un topos équivalent au topos de départ. Comme on peut le deviner, cette correspondance consiste elle-même en une paire de foncteurs adjoints. Ce théorème confirme fortement que la définition d'un topos est bien

---

* Cette codification s'opère essentiellement en remplaçant les constructions catégoriques générales par la relation de déductibilité, en transformant les adjonctions qui concernent certains opérateurs logiques en règles d'inférence et en posant les adjonctions qui définissent certains objets sous la forme d'axiomes logiques. (N.d.T.)

1. *Cf.* Lambek, Scott (1986) et Fourman (1977), ce qui vaut aussi pour ce qui suit.

propre à « caractériser adéquatement » la notion de structure logique [1].

Le théorème qu'on vient de mentionner souligne également le fait que les caractéristiques structurales des objets d'un topos se reflètent dans la logique interne de ce topos. Par exemple, dans un topos la loi du tiers exclu énoncée sous la forme $\forall_p(p \vee \neg p) = Vrai : 1 \to P$ est équivalente à l'affirmation que, pour tout monomorphisme $m : M \to X$, il en existe un autre $m' : M' \to X$ tel que $M + M' \simeq X$ (+ exprimant le coproduit). De plus, il a été montré que dans les topoi le tiers exclu découle de l'axiome du choix [2]. D'un point de vue structural, l'axiome du choix dit que tout épimorphisme [3] $e : E \to X$ dans le topos « se scinde », c'est-à-dire qu'il existe un $s : X \to E$ tel que $e \circ s = 1_X$. Ceci est à son tour équivalent à l'affirmation que tout objet dans le topos est « projectif », condition qui est courante en algèbre homologique comme moyen de dire que quelque chose a une structure particulièrement simple.

L'interaction qui a lieu entre la logique et la structure des objets d'un topos permet, par exemple, de caractériser simplement de manière logique et structurale la catégorie des ensembles. En effet, **Ens** est un topos, qui est distingué

1. Ce théorème de représentation relie ainsi la conception de la logique d'ordre supérieur en termes de topoi à celle en termes de systèmes déductifs de façon tout à fait comparable à la façon dont le théorème de Cayley relie la théorie abstraite des groupes à l'étude des groupes de transformation. Une des conséquences de ce résultat est que la logique d'ordre supérieur est déductivement complète relativement aux modèles dans les topoi, par opposition à son incomplétude (établie par le théorème de Gödel) relativement aux modèles dans la catégorie des ensembles.

2. Diaconescu (1975).

3. $f : X \to Y$ est par définition un *épimorphisme* ssi pour tous $\alpha, \beta : Y \to Z$, $\alpha \circ f = \beta \circ f$ implique $\alpha = \beta$. Dans **Ens**, les épis coïncident avec les surjections.

par le fait que ses objets comportent une structure logique particulièrement « pure ». En plus de la scission des épis, **Ens** a la propriété d'être bivalent, c'est-à-dire qu'il existe exactement seulement deux propositions *Vrai, Faux* : $1 \to P \simeq 2$. La logique de **Ens** est ainsi la logique classique pure, pour laquelle la « sémantique » suivante* vaut pour n'importe quelles propositions $|$ p, q, et n'importe quelle **234** fonction propositionnelle $\Psi : X \times Z \to P$:

$\neg p = Vrai$ ssi $p \neq Vrai$,

$p \wedge q = Vrai$ ssi $p = Vrai$ et $q = Vrai$,

$p \vee q = Vrai$ ssi $p = Vrai$ ou $q = Vrai$,

$p \Rightarrow q = Vrai$ ssi si $p = Vrai$, alors $q = Vrai$,

$\exists_x \Psi(x, z) = Vrai_Z$ ssi il existe $u : Z \to X$ tel que $\Psi(u, z) = Vrai_Z$,

$\forall_x \Psi(x, z) = Vrai_Z$ ssi pour tout $u : Z \to X$, $\Psi(u, z) = Vrai_Z$.

Réciproquement, tout topos dans lequel vaut la « sémantique » décrite ci-dessus est bivalent et valide l'axiome du choix, c'est-à-dire a des épis scindés[1].

Nous aboutissons ainsi à deux caractérisations équivalentes, logique et structurale, de la catégorie des ensembles (l'axiome de l'infini n'importe pas ici). Si l'on ajoute la bivalence et l'axiome du choix aux axiomes des

---

* Cette sémantique est notamment fondée sur l'interprétation des quantificateurs cpùùe foncteurs adjoints. Ainsi, à toute fonction propositionnelle $\Psi : X \times Z \to P$ sont associées par adjonction ses quantifications existentielles $\exists_x \Psi : Z \to P$ et universelles $\forall_x \Psi : Z \to P$. (N.d.T.)

1. On le montre par une preuve routinière qui utilise le théorème de Diaconescu qu'on a cité. En particulier, la clause pour $\exists_x \Psi(x, z)$ fait que les épis se scindent ; car, pour n'importe quel épi $e : X \to Z$, le « graphe » $<1_X, e> : X \to X \times Z$ est un mono, auquel correspond une fonction propositionnelle $\Psi(x, z)$ telle que $\exists_x \Psi(x, z) = Vrai_Z$. En appliquant la clause, on obtient un morphisme $u : Z \to X$ qui scinde e.

topoi, la relation locale $\in_X$ se prête alors à une théorie des ensembles de style logique qui convient pour la plupart des entreprises mathématiques impliquant des ensembles (en dehors de la théorie des ensembles elle-même), et est en fait équivalente en un sens fort à une variante de la théorie des ensembles de Zermelo-Fraenkel classique[1]. Ces axiomes fournissent donc une caractérisation structurale de la catégorie des ensembles à travers une axiomatisation élémentaire de la théorie des ensembles en termes de fonctions entre ensembles, la composition étant prise comme notion primitive, contrairement à la théorie élémentaire des ensembles classique, fondée sur la relation $\in$ comme relation primitive[2]. Étant donnée la discussion de la section 1, c'est là, bien entendu, exactement la façon dont nous souhaiterions caractériser l'espèce de structure « ensemble ». Il convient de remarquer qu'une telle conception ne donne lieu à aucun ensemble distingué comme $1 = \{\varnothing\}$, $P = \{\varnothing, \{\varnothing\}\}$, etc., ni à aucun produit ou ensemble de parties distingué, car de tels ensembles sont déterminés seulement à isomorphisme près, et que des ensembles isomorphes sont structuralement indiscernables. La conception structurale ne produit ainsi que des ensembles consistant en des *lauter Einsen*, qui ne sont eux-mêmes que de simples points dépourvus de toute structure interne.

1. Voir Johnstone (1977), 9.3 pour un énoncé et une preuve précis du théorème d'« équiconsistance », établi par une correspondance entre modèles.

2. Une théorie des ensembles catégorique équivalente à cette caractérisation structurale fut formulée pour la première fois par Lawvere (1964). Bien que nous ne l'ayons pas souligné, tous les axiomes concernés (ceux des catégories, des topoi, etc.) sont bien élémentaires, c'est-à-dire qu'ils peuvent être directement énoncés dans la logique du premier ordre classique.

CONCLUSION

À la réflexion, il n'est guère surprenant que la théorie des ensembles, et de façon générale la logique, se prêtent à un tel traitement structural. La conception frégéo-russellienne de la logique était fondée sur une analyse « fonctionnelle » de la prédication, or la conception structurale a simplement recours à une analyse plus poussée de la « fonctionnalité », reposant sur la notion de catégorie. Dans cette analyse, le ∈ ensembliste est relié à la prédication, et la notion d'ensemble à celle de propriété, d'une manière très claire. | De façon peut-être inattendue, toutefois, les « types 235 logiques » font leur réapparition; la nature locale de l'appartenance dans un topos – ainsi que celle de la quantification, de la lambda-conversion, et des autres opérations logiques – aboutit à un concept plus proche de l'ancienne conception type-théorique que de la théorie axiomatique des ensembles.

Qu'ils soient interprétés comme ceux d'une logique d'ordre supérieur classique « pure » ou comme ceux d'une théorie des ensembles « structurale », les axiomes des topos bivalents validant l'axiome du choix (et contenant éventuellement les entiers naturels comme indiqué dans la section 1) fournissent une axiomatisation structurale de la catégorie des ensembles, et par là des « fondements des mathématiques » de nature structurale, pour autant qu'on considère ainsi la théorie des ensembles. Je ne pense pas qu'il faille faire trop grand cas de cela. Tout d'abord, le point de vue structural contredit l'idée que tous les objets mathématiques existent dans un unique univers de tous les ensembles. La méthode des topoi rend plus naturelle l'idée d'étudier les logiques « locales » des différentes espèces de structure, plutôt que celle de forcer toutes les espèces de structure à entrer dans une même logique « globale », disons celle de la catégorie des ensembles. De plus, l'idée même de « fondements des mathématiques », d'un point de vue catégorique, devient moins importante que celle, disons, d'organiser et d'unifier le langage et les méthodes des mathématiques. Une telle unification met souvent en évidence des phénomènes structuraux comparables dans des domaines pourtant disparates, ce qui suggère de fructueuses directions de recherche.

À titre d'exemple frappant, on peut citer l'invention de la théorie des topoi elle-même, qui a mis en lumière des connexions inattendues entre logique et géométrie. Notre conception des topoi a été motivée par la logique, mais ce n'est pas là leur seule interprétation possible ; en fait, ce n'est pas même la principale ! Les topoi ont en effet été inventés par l'école de géométrie algébrique de Grothendieck, où ils sont apparus sous la forme d'espaces topologiques généralisés. Leurs aspects logiques ont été étudiés pour la première fois par F. W. Lawvere et M. Tierney, qui ont alors employé des topoi pour donner une preuve « géométrique » de l'indépendance de l'hypothèse du continu [1]. La fécondité d'une approche structurale uniforme est également bien illustrée, dans le cas de la logique, par l'analyse si profonde des quantificateurs comme adjoints, qui subsume ce qui est peut-être la découverte la plus importante de la logique moderne sous une notion générale omniprésente en mathématiques.

Le point de vue structural en mathématiques, tel qu'il est codifié au moyen de méthodes catégoriques, peut être résumé par ce slogan : le domaine d'étude des mathématiques pures est une forme invariante, et non un univers

---

1. Lawvere (1970) ; Tierney (1972).

d'objets mathématiques composé d'atomes logiques. Cette formulation banale fait signe vers ce qui, ultimement, pourrait être une saisie de la nature des mathématiques. On peut déjà voir à l'œuvre la tension entre la forme et la substance mathématique dans le débat qui a opposé Dedekind et Frege sur la nature des entiers naturels, le premier les déterminant structuralement, tandis que le second insistait sur le fait qu'ils sont des objets logiques[1]. Mon but dans cet article n'était pas de défendre le structuralisme philosophique, mais de suggérer qu'il peut être approfondi au moyen d'un outillage technique qui diffère de celui que développèrent les atomistes logiques depuis Frege et qui est | doté d'un héritage mathématique suffisamment **236** nourri, et d'applications mathématiques suffisamment uniformes, pour rendre très sérieuse la perspective fondant les mathématiques sur la notion de « structure ».

BIBLIOGRAPHIE

BOURBAKI N. (1950), « The architecture of mathematics », *American Mathematical Monthly* 57, p. 221-232.

– (1968), *Theory of sets*. Paris, Hermann. Traduction anglaise du volume 1 d'*Eléments de Mathématiques*, 10 vol., Paris, Hermann.

CORRY L. (1992), « Nicolas Bourbaki and the concept of mathematical structure », *Synthese* 92, 315-348.

DIACONESCU R. (1975), « Axiom of choice and complementation », *Proceedings of the American Mathematical Society* 51, 176-178.

DIEUDONNÉ J. (1970), « The work of Nicholas Bourbaki », *American Mathematical Monthly* 77, 134-145.

---

1. Voir Tait (1996) pour une discussion détaillée de ce débat.

EILENBERG S., MAC LANE S. (1945), « General theory of natural equivalences », *Transactions of the American Mathematical Society* 58, 231-294.

FOURMAN M. (1977), « The logic of topoi », *in* J. Barwise (ed.), *Handbook of Mathematical Logic*. Amsterdam, North-Holland, p. 1053-1090.

HELLMAN G. (1989), *Mathematics without numbers*. Oxford, Clarendon Press.

– (1990), « Towards a modal-structural interpretation of set theory », *Synthese* 84, p. 409-443.

Johnstone P. (1977), *Topos theory*. London, Academic Press.

– (1982), *Stone spaces*. Cambridge, Cambridge University Press.

LAMBEK J., SCOTT P. (1986), *Introduction to higher-order categorical logic*. Cambridge, Cambridge University Press.

LAWVERE F. (1964), « An elementary theory of the category of sets », *Proceedings of the National Academy of Science* 52, 1506-1511.

– (1968), « Equality in hyperdoctrines and comprehension schema as an adjoint functor », *in* A. Heller (ed.), *Applications of Categorical Algebra*. Providence, R.I., American Mathematical Society, p. 1-14.

– (1969), « Adjointness in foundations », *Dialectica* 23, 281-295.

– (1970), « Quantifiers and sheaves », *Actes du Congrès International des Mathématiques, Nice*, t. I. Paris, Gauthier-Villars, p. 329-343.

MAC LANE S. (1950), « Duality for groups », *Bulletin of the American Mathematical Society* 56, 485-516.

– (1971), *Categories for the working mathematician*, New York, Springer.

– (1986), *Mathematics, form and function*. New York, Springer.

– (1996), « Structure in Mathematics », *Philosophia Mathematica* (3) 4, 174-183.

—, Moerdijk I. (1992), Sheaves *in Logic and Geometry*, New York, Springer.

MAKKAI M., REYES G. (1977), *First-order categorical logic*. Springer Lecture Notes in Mathematics 611. Berlin, Springer.

MARQUIS J.-P. (1993), « Russell's logicism and categorical logicisms », *in* A. D. Irvine, G. A. Wedeking (eds), *Russell and analytic philosophy*. Toronto, University of Toronto Press, p. 293-324.

MCLARTY C. (1990), « Uses and abuses of the history of topos theory », *Brit. J. Phil. Sci.* 41, 351-375.

– (1993), « Numbers can be just what they have to », *Noûs* 27, 487-498.

MIKKELSON C. (1976), « Lattice theoretic and logical aspects of elementary topoi », Aarhus Universität Various Publications Series 25.

PARSONS C. (1990), « The structuralist view of mathematical objects », *Synthese* 84, 303-346.

PITTS A. (1989), « Conceptual completeness for first-order intuitionistic logic : An application of categorical logic », *Annals of Pure* and *Applied Logic* 41, 33-81.

QUINE W. V. (1992), « Structure and nature », *Journal of Philosophy* 89, 5-9.

RESNIK M. (1981), « Mathematics as a science of patterns : Ontology and reference », *Noûs* 15, 529-550.

– (1988), « Mathematics from the structural point of view », *Revue Internationale de Philosophie* 42, 400-424.

RUSSELL B. (1903), The *Principles of Mathematics*. Cambridge, Cambridge University Press ; 2ᵉ éd. 1937, London, Allen and Unwin.

SHAPIRO S. (1983), « Mathematics and reality », *Philosophy of Science* 50, 523-548.

– (1989), « Structure and ontology », *Philosophical Topics* 17, 145-171.

– (2000), *Philosophy of mathematics : Structure and ontology*. Oxford, Oxford University Press.

STEIN H. (1988), « *Logos,* logic and *logistike* », *in* W. Asprey, P. Kitcher (eds), *History and Philosophy of Modern Mathematics*. Minneapolis, University of Minnesota, p. 238-259.

322 STEVE AWODEY

TAITTAIT W. W. (1996), « Frege versus Cantor and Dedekind : On the concept of number », *in* W. W. Tait (ed.), *Frege, Russell, Wittgenstein : Essays in Early Analytic Philosophy (in honor of Leonard Linsky)*, Lasalle, Open Court Press, p. 213-248.

TIERNEYTIERNEY M. (1972), « Sheaf theory and the continuum hypothesis », *in* Springer Lecture Notes in Mathematics 274. Berlin, Springer, p. 13-42.

WHITEHEAD A., RUSSELL B. (1910), *Principia Mathematica*, vol. 1, Cambridge, Cambridge University Press, 2 e éd. 1927.

Traduction Brice Halimi

THOMAS TYMOCZKO

| LE PROBLÈME DES QUATRE COULEURS ET SA SIGNIFICATION PHILOSOPHIQUE[1]

Le problème déjà ancien des quatre couleurs est resté, pendant plus d'un siècle, un pur et simple problème de mathématiques. Les mathématiciens semblent aujourd'hui l'avoir résolu à leur entière satisfaction, mais leur solution soulève pour la philosophie un problème que l'on pourrait appeler le *nouveau problème des quatre couleurs*.

L'ancien problème des quatre couleurs était de savoir si une carte quelconque du plan ou de la sphère pouvait être coloriée sans utiliser plus de quatre couleurs et sans que deux régions voisines soient jamais de la même couleur. Ce problème est si simple à énoncer qu'il est à la portée d'un enfant de six ans. Il n'en a pas moins résisté pendant plus de cent ans aux tentatives des mathématiciens. On a très tôt démontré que cinq couleurs suffisaient à colorier une carte, sans jamais découvrir de carte en nécessitant plus de quatre. Du reste, certains mathématiciens pensaient que quatre couleurs ne suffiraient pas et cherchaient à produire un contre-exemple lorsque Kenneth Appel et Wolfgang Haken,

1. T. Tymoczko, « The Four-Color Problem and Its Philosophical Significance », *The Journal of Philosophy*, vol. 76 (2), (Feb. 1979), 57-83.

avec l'aide de John Koch, démontrèrent dans une publication que quatre couleurs suffisaient[1]. Leur démonstration a été acceptée par la plupart des mathématiciens, et ce qui était le problème des quatre couleurs a cédé la place, en mathématiques, à un théorème des quatre couleurs.

L'objectif des remarques qui suivent est de déterminer si le théorème des quatre couleurs est vraiment un théorème. Cette question est strictement philosophique, puisque la question mathématique peut être considérée comme définitivement résolue. Mon intention n'est en aucun cas d'empié-
58 ter sur le droit des | mathématiciens à déterminer ce qui est ou non un théorème. Mais je suggérerai que si l'on accepte le théorème des quatre couleurs comme un théorème, il nous faut changer le sens du mot « théorème » ou, plus précisément, changer le sens du concept de « démonstration » qui le sous-tend. Ainsi, en examinant si le théorème des quatre couleurs a vraiment été démontré, je m'efforcerai d'élucider le concept de démonstration et nullement de tenter une évaluation du travail mathématique d'Appel et Haken.

Pourquoi pourrait-on dire que le théorème des quatre couleurs n'est pas vraiment un théorème, ou que les mathématiciens n'en ont pas vraiment produit la démonstration? Pour la simple et bonne raison qu'aucun mathématicien n'a vu de démonstration du théorème des quatre couleurs, ni même de démonstration de l'existence d'une démonstration. Il est de surcroît fort peu probable qu'aucun mathématicien puisse jamais en voir une démonstration.

---

1. « Every Planar Map Is Four Colorable », *Illinois Journal of Mathematics*, XXI, 84 (septembre 1977), 429–567. La partie I, sur la décharge, est d'Appel et Haken; la partie II, sur la réductibilité, a été élaborée en collaboration avec Koch. C'est à cet article que renverront les références indiquées entre parenthèses à Appel, Haken et Koch.

Pourquoi, dès lors, le tenir pour démontré ? Parce que les mathématiciens savent qu'il en existe une démonstration respectant les normes de démonstration formelle les plus rigoureuses – et c'est un ordinateur qui le leur a dit ! Pour vérifier certaines étapes cruciales d'un raisonnement, par ailleurs mathématiquement recevable, sur le théorème des quatre couleurs, on a recouru à des ordinateurs modernes ultra-rapides, et à d'autres ordinateurs pour vérifier le travail des premiers.

Savoir si le théorème des quatre couleurs a été démontré revient donc à décrire le rôle des ordinateurs en mathématiques. Même la description la plus naturelle mène à de sérieux problèmes philosophiques. Elle montre que recourir aux ordinateurs, comme on l'a fait dans le théorème des quatre couleurs, c'est introduire en mathématiques des expérimentations empiriques. Que l'on décide ou non de le tenir pour démontré, il faut reconnaître que la démonstration actuelle n'est pas une démonstration traditionnelle, qu'elle n'est pas la déduction *a priori* d'un énoncé à partir de prémisses. C'est une démonstration traditionnelle comportant une lacune, ou un trou, qui est comblé par les résultats d'une expérimentation mûrement réfléchie. Cela fait de ce théorème la première proposition mathématique à être connue *a posteriori*, et ravive le problème philosophique de la distinction entre mathématiques et sciences de la nature.

Notre raisonnement adoptera le plan suivant. Ce texte commence par une analyse préliminaire du concept de « démonstration », dont le but est d'extraire certaines caractéristiques qui nous serviront ultérieurement. Puis l'on décrira le travail d'Appel, Haken et Koch. Je défendrai la thèse selon laquelle l'interprétation la plus naturelle de ce travail est que les démonstrations assistées par ordinateur introduisent dans les mathématiques pures des méthodes expérimentales. Ce constat a de sérieuses implications, non seulement pour la philosophie des mathématiques, mais pour la philosophie en général : nous en examinerons quelques-unes.

59 | 1

Qu'est-ce qu'une démonstration ? Dans cette section, nous détaillerons trois caractéristiques principales des démonstrations :
  – les démonstrations sont convaincantes ;
  – les démonstrations sont expertisables [*surveyable*] [1] ;
  – les démonstrations sont formalisables.

(a) Les démonstrations sont convaincantes. Ce constat est décisif pour comprendre les mathématiques en tant qu'activité humaine. C'est parce que les démonstrations sont à même de convaincre quelque mathématicien que ce soit qu'elles peuvent jouer leur rôle d'arbitre du jugement dans la communauté mathématique. D'un point de vue radical et sceptique, comme celui que suggère parfois Wittgenstein dans les *Remarques sur les fondements des mathématiques*, les démonstrations ne sont rien de plus que ce qui convainc les mathématiciens. Il faut y voir là un fait brut, qu'il n'est pas possible, ni même nécessaire, d'expliquer. Cette position a de quoi laisser sur leur faim bien des philosophes, aux

---

1. Note du traducteur : Le verbe « to survey », traduit ici par « expertiser », contient l'idée d'inspecter, d'examiner, de contrôler une démonstration par des moyens humains et informels afin de rendre un avis consultatif, par opposition aux verbes « to check » et « to verify », que Tymoczko emploie indistinctement l'un de l'autre pour désigner la vérification au sens fort, c'est-à-dire l'usage de moyens formels ou mécaniques permettant d'émettre un avis définitif.

yeux de qui les démonstrations mathématiques doivent bien plutôt posséder des propriétés plus profondes qui expliquent, au moins dans une certaine mesure, leur force de conviction. Le caractère expertisable et formalisable des démonstrations en fait partie.

(b) Les démonstrations sont expertisables. Dans la mesure où les démonstrations sont les garantes de la connaissance mathématique, les mathématiciens doivent pouvoir les embrasser du regard. Une démonstration est une construction qui peut être parcourue, révisée, vérifiée par un agent rationnel. On dit souvent qu'une démonstration doit être limpide, ou vérifiable à la main. C'est une exposition, une dérivation de la conclusion, et elle n'a besoin de rien d'extérieur à elle-même pour être convaincante. Le mathématicien *expertise* la démonstration dans son intégralité et c'est ainsi qu'il finit par *connaître* la conclusion. Un exemple de démonstration, attribué au jeune Gauss, nous aidera à traduire l'idée d'expertisabilité. Il s'agit de la démonstration du fait que la somme des cent premiers nombres positifs est égale à 5050. On note ces nombres sur deux lignes de cinquante colonnes de la manière suivante :

1	2	3	4	...	49	50
100	99	98	97	...	52	51

Remarquons que la somme des deux nombres de chaque colonne est égale à 101 et qu'il y a 50 colonnes. On en conclut que la somme des cent premiers nombres positifs est égale à 5050.

Nous savons maintenant que $1 + 2 + ... + 99 + 100 = 5050$. Nous avons expertisé la démonstration dans son intégralité et en sommes sortis convaincus. Si quelqu'un, en essayant vraiment d'additionner les nombres à la main, parvenait à la

somme de 5048, on dirait qu'il s'est trompé dans l'addition.
60 La construction | que nous avons expertisée ne laisse aucune
place au doute. Il en va ainsi de toutes les démonstrations
mathématiques; dire qu'elles sont expertisables, c'est dire
que des membres de la communauté mathématique peuvent
les vérifier de manière définitive. Certaines démonstrations
expertisables sont évidemment très longues. Même à un
mathématicien aguerri, leur révision et leur résolution
peuvent prendre plusieurs mois – comme l'a montré la
célèbre démonstration, par Walter Feit et John
G. Thompson, du caractère résoluble de tous les groupes
d'ordre impair[1]. [...]

L'expertisabilité est un aspect subjectif important des
démonstrations mathématiques; elle établit un rapport entre
les démonstrations et les mathématiciens, qui sont les sujets
de la recherche mathématique. C'est dans le contexte de
l'expertisabilité que l'idée de « lemme » trouve sa place.
C'est pour la rendre plus limpide que les mathématiciens
organisent la démonstration sous forme de lemmes. La
démonstration établit un rapport entre ce qui est connu
mathématiquement et celui qui connaît mathématiquement,
et c'est l'expertisabilité de la démonstration qui permet de
l'embrasser par le seul pouvoir de l'intellect – de l'expertiser, pour ainsi dire, par l'œil de l'esprit. C'est l'expertisabilité qui vaut aux théorèmes mathématiques d'être crédités
par certains philosophes d'une forme de certitude que les

---

1. « Solvability of Groups of Odd Order », *Pacific Journal of
Mathematics*, XIII (1963), 775–1029. Il est important de relever que, malgré
sa longueur exceptionnelle, cette démonstration a été expertisée du début à la
fin par des mathématiciens, parmi lesquels Feit, Thompson et peut-être des
dizaines de grands spécialistes de théorie des groupes.

autres sciences ne peuvent atteindre. Les théorèmes mathématiques sont connus *a priori*.

(c) Les démonstrations sont formalisables. Selon la définition logique, une démonstration est une suite finie de formules d'une théorie formelle satisfaisant certaines conditions. Elle est une déduction de la conclusion à partir des axiomes de la théorie au moyen des axiomes et des règles de la logique. La plupart des mathématiciens et des philosophes croient que toute démonstration recevable peut être formalisée. On peut toujours trouver un langage formel et une théorie appropriés pour intégrer la démonstration informelle et la « compléter » en une démonstration formelle rigoureuse.

Les démonstrations formelles sont porteuses d'une certaine objectivité. Le fait qu'une démonstration soit formalisable, que les démonstrations formelles possèdent certaines propriétés structurelles déterminées, explique en partie que les démonstrations possèdent aux yeux des mathématiciens force de conviction.

| Nous avons montré que les démonstrations présentaient **61** trois caractéristiques : elles sont convaincantes, expertisables et formalisables. Le premier aspect concerne l'anthropologie des mathématiques, le deuxième l'épistémologie des mathématiques, le troisième la logique des mathématiques. Les deux derniers sont les aspects les plus profonds. C'est parce que les démonstrations sont expertisables et formalisables qu'elles sont convaincantes pour des agents rationnels.

L'expertisabilité et la formalisabilité peuvent être considérées comme deux faces d'une même pièce. La formalisabilité est une idéalisation de l'expertisabilité, elle s'analyse en une réitération finie de structures expertisables. Nul doute que lorsque les deux critères sont satisfaits, les mathématiciens ne transigent pas sur le fait qu'il faille accepter ou rejeter une tentative de démonstration. Les deux idées n'en proviennent pas moins de sources si différentes que l'on peut se demander si elles iront toujours de pair. Des démonstrations expertisables peuvent-elles ne pas être formalisables, ou des démonstrations formelles ne pas être expertisées?

Toutes les démonstrations expertisables sont-elles formalisables? La plupart des mathématiciens et des philosophes s'accorderaient à le penser, mais non leur totalité. Certains intuitionnistes disent que les véritables structures démonstratives des mathématiques ne peuvent pas être intégralement capturées dans des systèmes formels [1]. Du reste, nul besoin d'être intuitionniste pour savoir qu'aucune théorie ne permet à elle seule de formaliser n'importe quelle démonstration. Quelle que soit la richesse d'une théorie donnée, on peut y trouver la démonstration expertisable d'un énoncé qui n'ait pas de démonstration formelle. Un énoncé de ce type peut être un énoncé de Gödel, lequel, correctement interprété, dit de lui-même qu'il ne possède pas de démonstration formelle. La démonstration expertisable peut évidemment être formalisée dans une théorie formelle nouvelle et plus puissante; mais cette théorie livrera à son tour de nouvelles démonstrations expertisables qu'elle ne permettra pas de formaliser.

La formalisabilité est, au mieux, une caractéristique locale, non une caractéristique globale, des démonstrations. Il n'existe pas de système permettant de formaliser n'importe quelle démonstration; en revanche, étant donnée une démonstration, il existe au moins un système formel approprié dans lequel elle peut être formalisée. René Thom a

---

1. *Cf.* par exemple A. Heyting, *Intuitionism*, Amsterdam, North-Holland, 1966, chap. 1.

bien vu le caractère local et non global du phénomène de formalisabilité en soulignant la signification générale de cette distinction pour la philosophie des mathématiques[1]. Cependant, puisque notre propos n'est pas d'étudier les démonstrations expertisables qui ne sont pas formalisables, venons-en à la seconde question.

Toutes les démonstrations formalisables sont-elles expertisables ? Commençons plutôt par une question plus simple : toutes les démonstrations formelles sont-elles expertisables ? La réponse est | évidemment négative. On sait qu'il **62** doit exister des démonstrations formelles que les mathématiciens ne peuvent pas expertiser, ne serait-ce qu'à cause de leur longueur ou de celle des formules qu'elles contiennent. « Trop long » doit ici être entendu dans le sens de « ne pouvant être relu par un mathématicien à l'échelle d'une vie humaine ». Il est donc logiquement possible que des mathématiciens tombent sur un énoncé sans démonstration expertisable mais pour lequel il y a une démonstration formalisée.

Mais si l'on s'arrête un instant pour réfléchir à cette situation, il semble peu vraisemblable que cette possibilité logique soit jamais réalisée. Comment un mathématicien peut-il savoir qu'un énoncé possède une démonstration formelle ? D'une part, le mathématicien peut effectivement expertiser ou parcourir la démonstration formelle pour en vérifier la correction. D'autre part, le mathématicien peut dériver l'existence de la démonstration formelle recherchée, en présentant en fait une démonstration expertisable de l'existence de la démonstration formelle. Ce cas de figure est monnaie courante en théorie de la démonstration, où l'on trouve, par exemple, des raisonnements expertisables

---

1. « Modern Mathematics : An Educational and Philosophical Error ? », *American Scientist*, LIX, 6 (novembre-décembre 1971), 695–699.

montrant en général que toute démonstration, disons, de l'arithmétique élémentaire peut être formalisée dans la théorie des ensembles de Zermelo-Fraenkel. Il commence dès lors à apparaître que, au moins en pratique, les mathématiciens finissent par ne connaître certaines démonstrations formelles que par la médiation de démonstrations expertisables. Soit les démonstrations formelles sont suffisamment simples pour que l'on puisse les expertiser elles-mêmes et vérifier qu'il s'agisse bien de démonstrations, soit leur existence est attestée au moyen de raisonnements expertisables mais informels. [...]

En somme, même si les démonstrations formelles ne se résument pas aux démonstrations expertisables, il n'est pas du tout évident que les mathématiciens puissent tomber sur des démonstrations formelles et les reconnaître comme telles sans être capables de les expertiser.

Nous n'en soutiendrons pas moins dans ce texte que la démonstration actuelle du théorème des quatre couleurs enfonce un coin entre les critères d'expertisabilité et de formalisabilité. De fait, nous ne possédons de ce théorème aucune démonstration expertisable, aucune démonstration au sens traditionnel du terme, et il est peu probable que cette démonstration existe. Le travail d'Appel, Haken et Koch n'en avance pas moins des raisons mathématiquement convaincantes d'accepter ce théorème. Ce qui peut être expertisé, ce qui | est présenté dans le travail qu'ils ont publié, ressemble à une démonstration mathématique dont l'un des lemmes décisifs n'est justifié que par recours aux résultats de certains processus informatiques ou, peut-on dire, « par ordinateur ». Ce recours à l'ordinateur, que nous le considérions comme faisant partie intégrante de la démonstration ou comme appartenant à une composante de la connaissance mathématique qui est ouvertement étrangère à la théorie de la démonstration, est en tout état de cause le compte rendu d'une expérimentation couronnée de succès. Elle permet d'asseoir le théorème des quatre couleurs (plus précisément, l'existence d'une démonstration formelle de ce théorème) sur des fondements partiellement empiriques.

Qu'une proposition particulière des mathématiques pures puisse et même doive être attestée en recourant à des preuves empiriques, voilà une idée pour le moins surprenante. Elle a pour conséquence que bien des croyances généralement partagées sur les mathématiques doivent être abandonnées ou amendées. À savoir[1] :

1. Tous les théorèmes mathématiques sont connus *a priori*.

2. Les mathématiques n'ont, contrairement à la science de la nature, aucun contenu empirique.

3. Les mathématiques ne s'appuient que sur des démonstrations, contrairement à la science de la nature, qui recourt à des expérimentations.

4. Les théorèmes mathématiques ont un degré de certitude qu'aucun théorème de la science de la nature ne peut atteindre.

---

1. Certes, tous les philosophes ne soutiennent pas ces croyances, mais elles sont suffisamment partagées pour justifier la critique. Certains philosophes les ont combattues, à commencer par Imre Lakatos dans *Proofs and Refutations* (New York, Cambridge, 1976) et Hilary Putnam dans *Mathematics, Matter and Method* (New York, Cambridge, 1975). Putnam, en particulier, rejette explicitement la conception traditionnelle des mathématiques comme discipline absolument *a priori* distincte de la science de la nature. Il propose de la remplacer par la conception des mathématiques comme *quasi empiriques*. Notre texte est une contribution à la thèse selon laquelle les mathématiques sont quasi empiriques.

Afin de soutenir ces thèses, parcourons rapidement la démonstration du théorème des quatre couleurs.

2

Puisque, à un moment ou à un autre, toute discussion sur le théorème des quatre couleurs doit commencer à parler de graphes plutôt que de cartes, autant commencer tout de suite[1]. On peut concevoir un *graphe planaire* comme une 64 collection finie de points du | plan, appelés *sommets*, reliés par des lignes appelées *arêtes*, celles-ci ne se croisant nulle part ailleurs qu'aux sommets. On appelle *degré* d'un sommet le nombre d'arêtes qui s'y croisent, et l'on dit *voisins*, ou adjacents, les sommets reliés entre eux par une arête. Un graphe est *coloriable en quatre couleurs* si tout sommet peut recevoir l'une des quatre couleurs sans qu'aucun des sommets de son voisinage ne porte la même.

Si tout graphe planaire est coloriable en quatre couleurs, alors c'est également le cas de toute carte planaire. À chaque carte correspond en effet un graphe, son *graphe dual*,

---

1. Pour un compte rendu simple de la démonstration, *cf.* K. Appel, W. Haken, « The Solution of the Four Color Map Problem », *Scientific American*, CXXXVII, 8 (octobre 1977), 108–121. (Les références entre parenthèses à Appel et Haken renvoient à cet article; il en va de même pour les auteurs cités ci-dessous.) On peut trouver des résumés plus détaillés dans Haken, « An Attempt to Understand the Four Color Problem » et F. Bernhart, « A Digest of the Four Color Theorem », tous deux publiés dans le *Journal of Graph Theory*, I (1977), respectivement p. 193–206 et p. 207-225. P. Kainen et T. Saaty ont rédigé un compte rendu du théorème, accompagné des connaissances de base requises en théorie des graphes, dans *The Four Color Problem : Assaults and Conquest* (New York, McGraw Hill, 1977). L'exposition définitive de la démonstration figure dans K. Appel, W. Haken et J. Koch, « Every Planar Map... », *op. cit.*.

construit de la manière suivante : on place un sommet (la capitale) dans chaque région (pays) de la carte et l'on relie les capitales des régions voisines par une arête (route) qui traverse leur frontière commune. De toute évidence, le graphe qui en résulte est coloriable en quatre couleurs si et seulement si c'est le cas de la carte originale.

Concentrons maintenant toute notre attention sur les graphes possédant une forme standard. On peut effacer toute arête parallèle à une autre, c'est-à-dire toute arête rejoignant deux sommets déjà reliés par une autre arête, et ce sans affecter la coloriabilité du graphe en quatre couleurs. Les graphes sans arêtes parallèles ni boucles sont appelés *graphes simples*. Par ailleurs, on peut ajouter des arêtes selon un procédé de triangulation. Toute région ou tout polygone du *graphe* délimité par quatre arêtes ou plus aura à ses frontières au moins deux sommets non adjacents. On peut relier les sommets de ce type par une nouvelle arête, qui traverse la région sans croiser d'autre arête (si ce n'est aux sommets). En poursuivant ainsi, on peut intégralement trianguler un graphe jusqu'à ce que toutes les régions aient trois côtés. Et puisque la triangulation, qui réduit le nombre des coloriages possibles d'un graphe, ne peut que compliquer le coloriage en quatre couleurs, il nous suffit de démontrer le théorème des quatre couleurs pour les graphes triangulés.

Or une triangulation planaire n'a jamais qu'un nombre fini de sommets ; c'est donc en raisonnant par récurrence sur le nombre v de sommets que l'on démontre la coloriabilité en quatre couleurs de tous les graphes de ce type. Dans le cas où $v \neq 4$, la triangulation est coloriable en quatre couleurs. On pose donc l'hypothèse de récurrence selon laquelle toute triangulation planaire G' d'au plus n sommets est coloriable en quatre couleurs. Nous voulons montrer que, si G est une triangulation planaire à $n + 1$ sommets, alors G est coloriable en quatre couleurs.

Il existe une formule célèbre qui relie le nombre de sommets qu'une triangulation peut avoir aux degrés des sommets individuels. Si v_i est le nombre des sommets de degré i et si m est le degré maximal des sommets de la triangulation, alors la formule d'Euler stipule que

$$3v_3 + 2v_4 + v_5 + 0.v_6 - v_7 - 2v_8 - 3v_9 - \ldots - (m-6)v_m = 12$$

Au moins l'une des valeurs v_3, v_4 et v_5 doit être non-nulle ; tout graphe triangulé a donc un sommet d'au plus cinq arêtes. Incidemment, cela suffit à démontrer, par récurrence, que tout graphe est coloriable en six couleurs. | Cherchons dans la triangulation G un sommet de degré 5 et effaçons-le, ainsi que ses arêtes. Le graphe qui en résulte a un sommet de moins et, une fois triangulé, est coloriable en six couleurs, selon l'hypothèse de récurrence. Mais comme le sommet manquant n'a pas plus de cinq voisins, il restera une couleur pour le colorier.

Pour démontrer que tout graphe G est coloriable en quatre couleurs, examinons les cas suivants.

Cas n° 1. G contient un sommet de degré 3 ; en d'autres termes, $v_3 \neq 0$.

Alors, si l'on efface ce sommet ainsi que ses arêtes adjacentes, on obtient un graphe à n sommets qui est, par hypothèse, coloriable en quatre couleurs. Puisque le sommet manquant n'a que trois voisins, il peut recevoir la couleur restante.

Cas n° 2. $v_3 = 0$ mais $v_4 \neq 0$; le graphe G contient un sommet de degré 4.

Une fois encore, on efface le sommet ayant le plus petit degré, disons v_0, ainsi que les arêtes attenantes, afin d'obtenir un graphe plus petit qui soit coloriable en quatre couleurs.

Sous-cas n° 2a. Si les quatre voisins du sommet manquant ne portent que trois couleurs différentes, alors v_0 peut recevoir la couleur restante.

Sous-cas n° 2b. Chacun des quatre voisins de v_0 possède une couleur différente. Le coloriage de G ne peut être poursuivi directement, mais doit être préalablement modifié. Appelons v_1', v_2', v_3' et v_4' les voisins de v_0, et posons que leurs couleurs sont respectivement a, b, c et d. Regardons le graphe plus petit G' (défini en ôtant v_0 de G), et examinons le sous-graphe de G' composé de tous les sommets coloriés en a ou en c et des arêtes reliant les sommets de ce type. De deux choses l'une : soit il existe une chaîne a–c de points et d'arêtes reliant v_1' à v_3', soit il n'y en a pas.

Sous-cas n° 2bi. S'il n'existe pas de chemin de ce type entre v_1' et v_3', on dit que les composantes de G' de type a–c auxquelles appartiennent v_1', et v_3' sont distinctes. Dans ce cas, on inverse les couleurs dans la composante a–c contenant v_3'. Tous les sommets de cette composante précédemment coloriés en a portent désormais la couleur c, et réciproquement. On préserve ainsi le coloriage de G' en quatre couleurs puisque les sommets voisins ne sont jamais de la même couleur tandis que le sommet v_3' est désormais colorié en a. La couleur c ne recouvrant aucun des voisins de v_0, elle peut servir à colorier v_0.

Sous-cas n° 2bii. S'il existe un chemin a–c reliant v_1' à v_3', alors ces sommets appartiennent à la même composante a–c de G', et inverser les couleurs ne sera d'aucune utilité. Cependant, dans ce cas, il ne peut y avoir de chemin b–d reliant v_2', à v_4', car tout chemin de ce type est bloqué par le chemin a–c reliant v_1' à v_3'. Donc v_2', et v_4' appartiennent à des composantes distinctes b–d de G', et en inversant les

66 couleurs dans la | composante b–d contenant v_4', on obtient un coloriage de G' en quatre couleurs dans lequel v_4' et v_2' sont tous deux de la couleur b, laissant la couleur d pour revêtir v_0.

Dans l'un et l'autre cas, le coloriage de G' en quatre couleurs peut être modifié et étendu en un coloriage de G en quatre couleurs. Le raisonnement utilisé dans le sous-cas n° 2 est appelé *raisonnement de la chaîne de Kempe*. Accessoirement, ce type de raisonnement peut être appliqué à un sommet de degré 5 pour montrer que tout graphe est coloriable en cinq couleurs.

Si G a un sommet de degré 3 ou 4, alors G est coloriable en quatre couleurs ; on peut donc supposer que $v_3 = 0 = v_4$, ce qui nous conduit au cas n° 3.

Cas n° 3. $v_5 \neq 0$, le degré minimal de tout sommet de G est 5. Dans ce cas, la démonstration élémentaire s'effondre ; les raisonnements reposant sur la chaîne de Kempe ne suffisent pas si l'on efface un seul sommet de degré 5. Au lieu d'effacer un seul sommet, on doit essayer d'effacer des configurations, ou des systèmes de sommets interconnectés. Si l'on retire d'une triangulation une configuration, on se retrouve devant un graphe contenant un « trou ». Dans le graphe restant, les sommets adjacents au trou forment un circuit, ou un *anneau* autour de la configuration. La taille de l'anneau est déterminée par le nombre de sommets qu'il contient. Une *configuration* peut être plus précisément définie comme un sous-graphe muni de spécifications relatives au nombre de sommets, aux degrés des sommets, et à la manière dont il est intégré dans la triangulation d'origine.

Une configuration est *réductible* si le coloriage en quatre couleurs de tout graphe planaire qui la contienne est déductible de la coloriabilité en quatre couleurs de tout graphe contenant moins de sommets. Les configurations réductibles transmettent par contagion la coloriabilité en quatre couleurs. Réciproquement, si G est un graphe qui *requiert* cinq couleurs et si G contient la configuration réductible C, alors le sous-graphe *(G-C)* requiert cinq couleurs. Vers 1913, George Birkhoff avait étudié les méthodes générales pour montrer qu'une configuration était réductible[1]. Dans les grandes lignes, ce qu'il faut démontrer est que tout coloriage en quatre couleurs de l'anneau entourant une configuration donnée peut être soit étendu à un coloriage en quatre couleurs de la configuration, soit modifié d'abord par un ou plusieurs échanges de Kempe puis étendu, soit modifié par l'identification adéquate de sommets distincts puis étendu. Un plan d'attaque du théorème des quatre couleurs s'impose tout naturellement. On peut essayer de trouver un ensemble de configurations réductibles qui soit suffisamment vaste pour que n'importe quelle triangulation contienne une configuration de cet ensemble. Un tel ensemble *incontournable* de configurations nous permettrait de compléter l'étape de récurrence du cas n°3. Ce plan soulève deux problèmes liés : la taille potentielle de l'ensemble incontournable et, à l'intérieur de cet ensemble, la taille potentielle des | configurations réductibles. Comme le **67** remarque Haken, la quantité de travail requis pour démontrer qu'une configuration est réductible croît considérablement avec la taille de l'anneau. Pour un anneau de taille 14, le nombre de coloriages possibles est $3^{14} + 3$ (environ 2×10^5). En principe, chacun de ces coloriages doit faire l'objet d'un examen montrant que la configuration est réductible. D'autre part, Edward F. Moore a trouvé une triangulation qui ne contient aucune configuration réductible dans un anneau de

1. « The Reductibility of Maps », *American Journal of Mathematics*, XXXV (1913), 114–128.

taille inférieure à 12. Ainsi, pour trouver suffisamment de configurations réductibles pour remplir un ensemble incontournable, on devra en inclure certains dont l'anneau est de grande taille.

Ensuite, afin d'attester le cas n°3, on doit trouver une liste finie de configurations réductibles telle que n'importe quel graphe contienne au moins une configuration de la liste. En s'appuyant sur un travail de Heinrich Heesch, Appel et Haken ont développé une théorie des procédures de décharge dont chacune produit un ensemble incontournable de configurations, c'est-à-dire un ensemble qu'aucune triangulation ($v_3 = v_4 = 0$) ne peut éviter. Heesch avait remarqué que certains types de configurations faisaient obstacle à la réduction, dans la mesure où ils n'étaient réductibles par aucune méthode connue. Dans une étude préliminaire, Appel et Haken ont développé une procédure de décharge produisant un ensemble incontournable de configurations excluant deux des trois obstacles majeurs à la réduction de Heesch. Ils firent ainsi place nette avant de lancer l'assaut final contre la conjecture des quatre couleurs.

Appel et Haken ont commencé par un algorithme de décharge et, dans l'ensemble incontournable ainsi produit, testé la réductibilité des configurations. À chaque fois que l'on ne pouvait montrer la réductibilité d'une configuration de la liste, on modifiait l'algorithme de décharge pour produire un nouvel ensemble incontournable excluant la configuration récalcitrante, encore qu'elle inclue généralement de nouvelles configurations. La réductibilité des configurations du nouvel ensemble était vérifiée, et ainsi de suite. Même si la procédure de décharge et les vérifications de réductibilité avançaient main dans la main, et si le travail de l'ordinateur était en pratique nécessaire pour développer l'une et l'autre, lorsqu'ils eurent fini, le travail de Appel, Haken et Koch se rangea spontanément en deux parties.

Les auteurs purent spécifier une procédure de décharge et démontrer d'une manière mathématiquement rigoureuse que cette procédure produisait un ensemble incontournable U de 1834 configurations (en fait, seules 1482 de ces configurations sont réellement nécessaires). Même si le travail de l'ordinateur était utilisé pour développer la procédure et l'ensemble U qui en résultait, une fois l'ensemble produit, il pouvait être expertisé, et listé dans les figures 1 à 63 de Appel, Haken et Koch. De plus, on peut donner une démonstration expertisable | du caractère incontournable **68** de cet ensemble U (voir le Théorème de décharge et son corollaire dans Appel, Haken et Koch, p. 460).

Cependant, pour compléter la démonstration du cas n° 3, on a besoin du lemme selon lequel toute configuration de U est réductible (en réalité, on a besoin d'un lemme un peu plus fort, mais cette version suffira à notre propos. *Cf.* Appel, Haken et Koch sur la réductibilité par immersion). La démonstration de ce lemme *ne peut pas* être expertisée dans son détail. On atteste la réductibilité de ces configurations en programmant un ordinateur pour tester la réductibilité et en exécutant le programme sur les configurations de U. Puisque la plupart des configurations comportent des anneaux de grande taille (13 ou 14), l'usage des ordinateurs pour vérifier la réductibilité est « incontournable ». Appel et Haken définissent une mesure de complexité selon laquelle la complexité de la démonstration de D-réductibilité d'une configuration dont l'anneau est de taille 13 dépassera 10^6 quand bien même les autres réductions (C-réductibilité) de la même configuration seraient de complexité largement inférieure (p. 487). En tout cas, aucun ordinateur n'a imprimé la démonstration complète du lemme de réductibilité, impression qui n'aurait d'ailleurs pas grande utilité pour les mathématiciens humains. La démonstration a demandé à l'ordinateur plus de 1200 heures. En raison de la complexité et du temps requis, toute démonstration du lemme de réductibilité, dans cet ordre d'idées, doit inclure un recours à l'analyse informatique. Elle doit donc présupposer la légitimité de ce recours.

Dans son aspect général, la logique de la démonstration des quatre couleurs est facile à discerner. C'est une démonstration par récurrence qui s'appuie sur plusieurs cas. Le premier cas est trivial, le deuxième a plusieurs sous-cas, et le troisième a plus d'un millier de sous-cas, dont la plupart ne peuvent être traités que par des ordinateurs ultra-rapides. N'allons pas imaginer que le travail de Appel et Haken ne soit qu'un raisonnement par « force brute ». Dans une certaine mesure, le recours aux ordinateurs peut être considéré comme de la « force brute », mais il n'a de sens que replacé dans le contexte d'une théorie originale et subtile développée par les auteurs. L'originalité de leur démarche mathématique n'est pourtant pas d'avoir attesté un théorème en créant une théorie originale et subtile. C'est d'avoir recouru aux ordinateurs pour fonder des lemmes cardinaux.

Pour sûr, l'usage des ordinateurs en mathématiques, et même son usage très subtil, n'a rien d'inhabituel. On peut citer des programmes pour résoudre des équations différentielles ou le programme de Hao Wang pour démontrer des théorèmes de logique propositionnelle[1]. Ce qui rend si 69 sensible l'usage des ordinateurs | dans le théorème des

---

1. « Towards Mechanical Mathematics », *in* K. Sayre, F. Cooson (eds), *The Modeling of the Mind*, Notre Dame (Indiana), University Press, 1963, p. 91–120. J. Weizenbaum, *Computer Power and Human Reason*, San Francisco, W. H. Freeman, 1976, p. 230–231.

quatre couleurs est le fait qu'il mène à une véritable extension de notre connaissance des mathématiques pures. Il ne s'agit pas d'un calcul pur et simple, mais de la production d'une démonstration d'un résultat neuf et substantiel.

Concluons cette section par quelques remarques générales sur la complexité du raisonnement mathématique. La démonstration du théorème des quatre couleurs livrée ci-dessus, y compris le travail de l'ordinateur, est-elle la démonstration la plus simple, ou la plus courte, de ce théorème ? Une démonstration expertisable peut-elle être trouvée un jour ?

Naturellement, une certaine simplification est possible. Entre la rédaction de la démonstration et sa publication, on découvrit que 429 configurations pouvaient être éliminées de l'ensemble U. La réduction peut sans doute être prolongée en modifiant la procédure de décharge. Néanmoins, il semble que toute simplification significative d'une partie de la démonstration entraîne une augmentation de la complexité d'une autre partie de la démonstration. Les mathématiciens s'accordent aujourd'hui à penser que la démonstration actuelle s'approche raisonnablement de la démonstration la plus simple [1]. Si c'est le cas, alors le recours aux ordinateurs serait essentiel à toute justification mathématique du théorème des quatre couleurs.

Bien sûr, nul ne peut totalement exclure la possibilité que quelque mathématicien vienne un jour brandir un texte démontrant ce théorème en dix pages, selon un ordre d'idées actuellement inimaginable. (Même s'il existe ici de sérieuses raisons d'en douter ; *cf.* Kainen et Saaty, *p.* 96.) Mais d'un point de vue philosophique, une telle découverte devrait être

---

1. K. Appel, W. Haken et J. Koch, partie I, section 5 ; Bernhart, p. 224.

considérée comme un pur coup de chance. Le véritable enjeu philosophique, de toute évidence, n'est pas simplement le statut du théorème des quatre couleurs, mais le statut des démonstrations assistées par ordinateur en général. Le travail de Appel, Haken, Koch et de l'IBM 370-168 atteste la possibilité de démonstrations assistées par ordinateur.

3

Tous les matériaux nécessaires à notre problème sont maintenant réunis. Nous avons relevé certaines caractéristiques générales des démonstrations et certains détails de la démonstration du théorème des quatre couleurs. Nous pouvons maintenant demander s'il est vraiment un théorème. Abordons la question par les trois caractéristiques des démonstrations.

a) La démonstration du théorème des quatre couleurs est-elle convaincante ? Oui, la plupart des mathématiciens ont accepté ce théorème, et aucun, à ma connaissance, n'y a émis d'objection. Certes, Appel et Haken ont eux-mêmes reconnu que leur travail soulèverait peut-être quelques résistances, notamment de la part de mathématiciens « formés avant le développement des ordinateurs ultra-
70 rapides » (Appel et Haken, p. 121). | Mais en tout état de cause, qu'un raisonnement soit convaincant ne suffit pas à ce qu'il soit accepté comme démonstration.

b) La démonstration du théorème des quatre couleurs est-elle expertisable ? Nous ne pouvons répondre que par la négative. Aucun mathématicien n'a expertisé la démonstration dans son intégralité ; aucun mathématicien n'a expertisé la démonstration du lemme critique de réductibilité. Il n'a pas été vérifié par les mathématiciens étape après étape, comme on vérifie toutes les autres démonstrations. Qui plus est, il ne peut pas être vérifié ainsi. Ceci dit, Appel, Haken et Koch ont *bel et bien* produit quelque chose d'expertisable, dans le sens où il peut être parcouru. Leur travail, comme nous l'avons dit, s'apparente à une démonstration expertisable, mais comportant une lacune dans laquelle un lemme crucial est justifié par des moyens non traditionnels – à savoir par ordinateur. Du reste, méfions-nous d'une confusion verbale. Naturellement, si l'on appelle le recours à l'ordinateur une « nouvelle méthode de démonstration » au sens le plus strict, alors il sera trivial de dire que la démonstration du théorème des quatre couleurs est expertisable. Mais c'est la notion de démonstration elle-même qui aura été déplacée pour convenir à la nouvelle méthode.

Une objection plus sérieuse serait en revanche de dire que le recours aux ordinateurs est tout sauf une méthode de démonstration, et que penser le contraire serait confondre la démonstration et sa description. Il n'est pas rare que les mathématiciens renoncent à une démonstration complète, se contentant d'en donner une description ou une esquisse suffisamment détaillées pour leur propos. Dans de telles descriptions, les mathématiciens peuvent justifier un lemme par référence à un travail déjà publié ailleurs, en indiquant la méthode générale (en disant par exemple « par diagonalisation ») ou en laissant simplement la démonstration du lemme en exercice au lecteur. Naturellement, ce ne sont pas nécessairement là de nouvelles méthodes de démonstration; en fait, ce sont plus des sortes de raccourcis, une manière brève d'indiquer une démonstration. Ces techniques appartiennent à la description de la démonstration et non à la démonstration elle-même. Selon cette objection, il faudrait considérer les textes de Appel, Haken et Koch comme des descriptions d'une démonstration (ce qu'ils sont en effet) et assimiler le recours aux ordinateurs à tous ces raccourcis pragmatiques dont nous venons de faire état.

L'objection porte à faux parce qu'il existe entre ces cas de figure une différence majeure. Traditionnellement, tout raccourci de ce type a été justifié par une démonstration expertisable, si ce n'est effectivement expertisée. Au moins un mathématicien, en général plusieurs, ont expertisé et vérifié l'original. En principe, cette justification expertisable est accessible à tout membre de la communauté mathématique, soit directement, lorsque les mathématiciens peuvent l'examiner pour eux-mêmes, soit indirectement, lorsqu'ils fouillent dans les archives, pour reprendre les mots de Wittgenstein. Mais c'est précisément cette justification 71 expertisable qui | fait défaut au théorème des quatre couleurs ! Les mathématiciens ne peuvent pas examiner les étapes manquantes pour eux-mêmes, fût-ce en une vie de travail ; et ce n'est enregistré nulle part dans les archives. La seule trace existante est l'attestation du fait qu'un ordinateur, un jour, a examiné les étapes manquantes. Ce serait donc une grave erreur que de considérer le recours aux ordinateurs comme une commodité théoriquement dispensable, comme l'est le recours aux articles d'une revue publiée. Naturellement, le recours à la locution « par ordinateur » marque bel et bien une abréviation, et nous l'examinerons plus loin sous une forme plus développée. Mais l'essentiel est le fait que les descriptions traditionnelles des démonstrations préservent l'expertisabilité, ce qui n'est pas le cas du recours aux ordinateurs.

Un exemple imaginaire donnera du recours aux ordinateurs une bien meilleure analogie. Il s'agit de la découverte, dans la communauté fictive des mathématiciens martiens, de la nouvelle méthode de démonstration « Simon dit ». Supposons que les mathématiciens martiens aient développé des mathématiques assez proches des mathématiques terriennes, jusqu'à ce qu'arrive sur Mars un génie mathématique du nom de Simon. Simon a démontré de nombreux résultats nouveaux par des méthodes plus ou moins traditionnelles, mais au bout d'un moment a commencé à justifier ses nouveaux résultats par des phrases du genre « La démonstration est trop longue pour figurer ici, mais je l'ai vérifiée moi-même ». Au début Simon ne faisait appel à ce procédé que pour des lemmes, qui, quoique cruciaux, possédaient un caractère fondamentalement combinatoire. Mais dans son œuvre ultérieur, ce recours commença à s'étendre à des lemmes de plus en plus abstraits, jusqu'aux théorèmes eux-mêmes. Souvent, les autres mathématiciens martiens pouvaient reconstruire les résultats de Simon, au sens où ils trouvaient des démonstrations satisfaisantes ; mais parfois ils ne le pouvaient pas. Le prestige de Simon était cependant tel que les mathématiciens martiens acceptaient ses résultats ; ceux-ci intégraient le corpus des mathématiques martiennes à la rubrique « Simon dit ».

Les mathématiques martiennes sont-elles, avec l'aide de Simon, une extension à part entière des mathématiques standard ? Je ne crois pas ; je pense que c'est quelque chose d'autre, qui usurpe le nom de mathématiques. Si ce n'est pas immédiatement évident, cela peut le devenir en poursuivant la parabole de Simon de plusieurs manières. Par exemple, imaginons que Simon soit un mystique religieux et qu'il enseigne dans sa doctrine religieuse que le Martien vertueux, lorsqu'il formule correctement une question mathématique, peut toujours en voir la réponse correcte. Dans ce cas, le recours au « Simon dit » ne peut être traité dans un contexte purement mathématique. Et si Simon était un chef politique adulé comme le Président Mao ? Dans ces circonstances, il serait délicat de décider où finissent les mathématiques martiennes et où commence la théorie politique martienne. 72 | L'enjeu de la parabole de Simon est de montrer que la logique des recours au « Simon a dit » et au « par ordinateur » sont remarquablement proches. Il n'y a pas grande différence formelle entre ces thèses : les ordinateurs sont, dans le contexte des démonstrations mathématiques, un autre type d'autorité. Si l'on décide de considérer l'un des recours comme bizarre et l'autre comme légitime, ce ne peut être que parce que l'on a des indices solides sur la fiabilité du second et non du premier. Les ordinateurs ne sont pas une simple autorité, mais une autorité garantie. Puisque l'on a tendance à accepter le recours aux ordinateurs dans le cas du théorème des quatre couleurs et à rejeter le recours à Simon dans l'exemple imaginaire, on doit admettre des indices de la fiabilité des ordinateurs pour rendre compte philosophiquement des démonstrations assistées par ordinateur. Nous traiterons plus tard de la nature précise de ces indices. Il suffit pour l'instant de remarquer que, quelle qu'elle soit, elle ne peut prendre la forme d'une démonstration traditionnelle et expertisable. Sans quoi Appel et Haken auraient donné la démonstration et se seraient passés du recours aux ordinateurs.

La conclusion est que le recours aux ordinateurs inaugure en mathématiques une méthode nouvelle. Le recours est expertisable, mais ce à quoi l'on recourt ne l'est pas.

(c) La démonstration du théorème des quatre couleurs est-elle formalisable ? La plupart des mathématiciens s'accorderaient à dire qu'il existe une démonstration formalisée du théorème des quatre couleurs dans une théorie des graphes appropriée. On peut décrire quelques détails de la démonstration formelle, en produire effectivement des sections, calculer sa longueur totale, etc. Néanmoins, cette croyance en l'existence d'une démonstration formelle ne peut justifier le recours aux ordinateurs. Nous croyons bien plutôt que la démonstration formelle n'existe que parce que l'on a d'abord accepté le recours aux ordinateurs. Certains peuvent être tentés d'accepter le recours aux ordinateurs sous prétexte qu'il permet d'élargir sans dommage les facultés humaines. Selon eux, l'ordinateur ne fait que retracer les étapes d'une démonstration formelle complexe qui existe réellement quelque part. En réalité, le seul indice à notre disposition de l'existence de cette démonstration formelle présuppose la fiabilité des ordinateurs.

Pour éclaircir ce point, revenons à la parabole de Simon. Les mathématiciens martiens pourraient dire que le « Simon dit » n'introduit pas de nouvelle méthode | de démonstration, **73** et que toute démonstration martienne reste formalisable. Ils pourraient prétendre que toute l'œuvre de Simon est formalisable, et qu'eux-mêmes n'étaient simplement pas toujours capables de fournir la formalisation. C'est à peu près la position que nous revendiquons pour le recours aux ordinateurs. La comparaison montre que la formalisation n'arrive qu'après coup. Elle ne peut servir de critère pour accepter des démonstrations assistées par ordinateur.

En résumé, la démonstration du théorème des quatre couleurs, quoique fort proche d'une démonstration traditionnelle, s'en distingue par certains aspects cardinaux. Elle est convaincante, et il en existe une démonstration formelle. Mais aucune démonstration connue de ce théorème n'est expertisable, et il n'existe aucune démonstration connue de l'existence d'une démonstration formelle. La différence cruciale entre la démonstration du théorème des quatre couleurs et les démonstrations traditionnelles est que le théorème des quatre couleurs exige le recours aux ordinateurs pour combler la lacune d'une démonstration qui, par ailleurs, reste traditionnelle. Le travail de cet ordinateur n'est lui-même pas expertisable. Mais il y a de bonnes raisons de penser que ce travail informatique possède certaines caractéristiques, par exemple, qu'il a appliqué le schéma de la démonstration formelle du lemme de réductibilité. Passons ces raisons en revue.

Que signifie avoir recours aux ordinateurs ? Rappelons que nous ne traitons pas d'un tel recours dans le contexte de la justification d'un résultat mathématique, ni même dans un contexte de découverte. Soit une question mathématique : les configurations de l'ensemble incontournable U sont-elles réductibles ? Dans le cadre de cette question, nous possédons des procédures pour tester la réductibilité des configurations. Deuxièmement, nous avons une machine donnée, qui possède telle et telle caractéristique. Étant données notre question et les caractéristiques de la machine, on construit un programme d'instructions pour la machine. Alors le programme est supposé « inciter » la machine à « chercher » dans l'ensemble U, en testant la réductibilité de chaque configuration et en répondant oui ou non selon les cas. Enfin, on exécute ce programme sur l'ordinateur et l'on note les résultats. Le recours aux ordinateurs, dans le cas du théorème des quatre couleurs, présuppose deux thèses : (1) toute configuration de U est réductible si une machine possédant telle et telle caractéristique, programmée de telle et telle manière, produit un résultat affirmatif pour chaque configuration, et (2) une machine de ce type, programmée ainsi, a produit des résultats affirmatifs pour chaque configuration. La seconde thèse est le compte rendu d'une expérimentation particulière. Il a été attesté expérimentalement qu'une machine du type T, une fois programmée de la manière P, donnera un résultat O.

Mais la conjonction de ces conditions elle-même n'est au mieux qu'une vérité empirique, qui n'est pas passible d'une démonstration traditionnelle. Sa vérité dépend de deux | facteurs liés que sont la fiabilité de la machine et celle du **74** programme. Attester la fiabilité de la machine relève en dernière instance de l'ingénierie et de la physique. C'est une subtile science de la nature qui nous assure que l'ordinateur « fait ce qu'il est censé faire », à peu près comme on dit d'un microscope électronique qu'il « fait ce qu'il est censé faire ». Naturellement, même si l'on garantit que la machine fait ce qu'elle est censée faire – suivre le programme –, reste la question de savoir si le programme accomplit ce que *lui-même* est censé faire. C'est une question difficile. Évaluer les programmes fait partie de l'informatique, mais il n'existe actuellement pas de méthode générale pour l'accomplir à ce niveau. Les programmes eux-mêmes sont écrits dans des « langages » spéciaux, et beaucoup d'entre eux sont assez complexes. Ils peuvent contenir des « bogues », ou des failles qui restent longtemps inaperçues. La fiabilité de tout recours à l'ordinateur repose en dernière instance sur des fondements aussi flous que ceux-ci.

Dans le cas du théorème des quatre couleurs, la plupart des mathématiciens estiment que la fiabilité est suffisante pour justifier l'adoption du théorème en connaissance de cause. D'abord, le problème était réductible à une complexité que l'ordinateur pouvait maîtriser. On a une idée très claire de ce que l'ordinateur est censé faire – une bonne compréhension des techniques de réduction. Ensuite, nous avons accumulé un grand nombre d'indices sur la fiabilité des ordinateurs dans de telles opérations, et le travail des ordinateurs d'origine a été vérifié par d'autres ordinateurs. Enfin, il existe de bonnes raisons de croire que le théorème ne pouvait être atteint d'aucune autre manière. C'est donc

tout naturellement que les mathématiciens, du moins ceux
qui furent formés après le développement des ordinateurs
ultra-rapides et des calculatrices de poche, acceptent la vérité
du théorème des quatre couleurs. Mais ce théorème n'atteint
pas le degré de fiabilité des démonstrations traditionnelles,
car sa fiabilité dépend de l'évaluation d'un ensemble
complexe de facteurs empiriques.

[...]

En conclusion, nous avons vu pourquoi il est raisonnable
d'accepter le théorème des quatre couleurs, y compris le
crucial lemme de réductibilité. Il n'existe pas de démonstration expertisable du lemme, mais nous savons qu'il en existe
une démonstration formelle. Ce savoir est en partie fondé sur
les résultats d'une expérimentation informatique bien
pensée. On a inséré un coin entre les deux explications de la
démonstration en termes d'expertisabilité et de formalisabilité. En outre, nous avons développé une nouvelle technique pour attester des vérités mathématiques. Décider s'il faut
76 décrire la nouvelle technique – le recours aux | ordinateurs –
comme une méthode de démonstration ou refuser de
l'appeler démonstration pour insister sur sa description en
termes d'expérimentation relève principalement d'un
problème de convention d'écriture. Dans le premier cas, on
compterait le théorème des quatre couleurs parmi les
théorèmes *bona fide*. Dans le dernier cas, on ne le compterait
pas parmi les théorèmes au sens strict, mais on l'admettrait
comme une nouvelle sorte de connaissance mathématique.
Mais ce ne sont pas des partis pris de nomenclature qui
suffiront à masquer le phénomène sous-jacent, à savoir que
l'on ne peut établir le théorème des quatre couleurs sans
prendre appui sur des expérimentations informatiques.
Venons-en maintenant aux implications de ce constat pour la
philosophie.

4

L'acceptation du théorème des quatre couleurs est, à maints égards, significative pour la philosophie. D'abord, elle présente un intérêt pour la philosophie en général, en particulier pour la théorie de la connaissance. Ensuite, elle présente évidemment un intérêt sensible pour n'importe quelle philosophie des mathématiques. Enfin, elle présente un intérêt pour certains problèmes de philosophie des sciences.

Naturellement, les mathématiques ont toujours joué un rôle important dans la théorie philosophique de la connaissance et de la raison, à la fois parce qu'elles sont l'un des sommets de la raison humaine et de la pensée rationnelle, et parce que la connaissance mathématique peut paraître déroutante, si ce n'est fort mystérieuse.

> La science des mathématiques pures, dans son développement moderne, peut prétendre au titre de création la plus originale de l'esprit humain [1].
> Le contraste apparent entre le flux indéfini des impressions sensibles et les vérités précises et éternelles des mathématiques a compté parmi les premières causes de perplexité et les premiers problèmes, non seulement de la philosophie des mathématiques, mais de la philosophie en général [2].

Selon une opinion répandue chez les philosophes, il existe un abîme entre, d'une part, les mathématiques et la connaissance mathématique, et, de l'autre, la science de la

1. A. N. Whitehead, *Science and the Modern World*, New York, New American Library, 1959, p. 25.
2. S. Körner, *The Philosophy of Mathematics*, New York, Harper, 1960, p. 9.

nature et la connaissance scientifique. Des empiristes radicaux ont nié l'existence de cet abîme et ont essayé d'expliquer la vérité mathématique, à l'instar de Mill, comme un type très général de vérité empirique. De telles explications n'ont guère emporté l'adhésion et, en général, la philosophie a supposé l'existence de cet abîme entre les mathématiques et la science de la nature, et elle a essayé de caractériser les différentes sortes de connaissance impliquées par des couples d'opposés, tels que *a priori* et *a posteriori*, inné et acquis, formel et empirique, certain et douteux, analytique et synthétique. Une fois posées, ces distinctions deviennent des outils philosophiques applicables dans

77 d'autres domaines de la théorie de la connaissance.. | La connaissance mathématique joue un rôle dans l'élaboration de ces distinctions en servant de paradigme de l'un des pôles de la dichotomie. Mais la démonstration du théorème des quatre couleurs remet ce rôle en question. La connaissance de ce théorème n'a aucune des caractéristiques que le paradigme laisse entendre. Examinons le cas de la distinction entre l'*a priori* et l'*a posteriori*; les autres cas procéderont de la même idée.

Traditionnellement, les vérités *a priori* sont ces vérités qui peuvent être connues indépendamment de toute expérience et les vérités *a posteriori* celles qui ne peuvent être connues qu'en s'appuyant sur des expériences particulières. Une vérité *a priori* peut être immédiatement évidente, stipulée par convention, ou, plus fréquemment, connue par la raison indépendamment de toute expérience sortant du cadre de la pensée pure. On peut vraisemblablement soutenir que des théorèmes comme le mini-théorème démontrant que la somme des cent premiers nombres positifs est égale à 5050 sont connus par la seule raison – nous le savons tous, et pourrions démontrer sa vérité si nous le désirions. Mais il est peu vraisemblable que nous soutenions que le théorème des quatre couleurs est connu par la seule raison.

Par la seule raison, nous savons que le lemme de réductibilité implique le théorème des quatre couleurs ; mais notre connaissance du lemme de réductibilité ne prend pas la forme d'une démonstration. Notre connaissance repose sur des hypothèses empiriques générales sur la nature des ordinateurs et des hypothèses empiriques particulières sur le travail de Appel et Haken. En outre, il est peu probable que l'on puisse connaître le théorème des quatre couleurs par la seule raison. Le seul moyen d'accès à ce théorème dont nous disposions semble passer par des expérimentations informatiques. Ce théorème est donc une vérité *a posteriori* et non *a priori* ; les mathématiciens, me semble-t-il, ne le connaîtront jamais par des moyens *a priori* [1].

En affirmant que le théorème des quatre couleurs n'est pas *a priori*, je m'écarte de la position de Saul Kripke lorsqu'il prend pour exemple la vérification informatique de la primalité d'un très grand nombre [2]. Kripke soutient qu'un tel théorème serait *a posteriori*, en suivant les mêmes raisonnements que moi pour montrer que le théorème des quatre couleurs est connu *a posteriori*. Mais il laisse ouverte la question de savoir si ce théorème peut être connu *a priori*. J'ai soutenu que nous ne pouvions pas le connaître *a priori*.

Le théorème des quatre couleurs est un morceau substantiel des mathématiques pures qui ne peut être connu des mathématiciens qu'*a posteriori*. Notre connaissance doit être nuancée par l'incertitude de nos instruments, l'ordinateur | et le programme. Il y a des vérités d'ingénierie **78**

---

1. Voir les réserves exprimées à la fin de la section 2.
2. « Naming and Necessity », *in* D. Davidson, G. Harman (eds), *Semantics of Natural Language*, Boston, Reidel, 1972, p. 261.

électrique relatives au courant traversant des réseaux d'interrupteurs qui ont sûrement un degré de certitude supérieur à celui du théorème des quatre couleurs. La démonstration de ce théorème n'inclut pas seulement de la manipulation de symboles, mais également la manipulation d'un équipement expérimental sophistiqué : le problème des quatre couleurs n'est pas une question formelle. En fait, le raisonnement du théorème des quatre couleurs s'apparente beaucoup à celui de la physique théorique, où un long raisonnement peut suggérer une expérience cruciale, qui est réalisée et utilisée pour le compléter.

Voilà qui est étrange. En premier lieu, cela brouille la distinction intuitive dont nous étions partis, entre mathématiques et science de la nature. En second lieu, nous nous retrouvons avec la question de savoir comment expliquer le rôle de l'expérimentation dans les mathématiques pures. On voit facilement quel rôle les expérimentations jouent dans la théorie physique. Celle-ci peut prédire des phénomènes de l'espace-temps, que l'équipement peut être conçu pour enregistrer. Est-ce à dire que l'ordinateur aurait enregistré un phénomène de l'espace mathématique ? Si ce n'est pas le cas, quelle autre explication donner au rôle de l'expérimentation en mathématiques ? De telles énigmes sont l'un des aspects de ce que j'ai appelé « le nouveau problème des quatre couleurs ». Sans tenter de les résoudre, je me contenterai de remarquer que ces énigmes figurent parmi les conséquences du théorème des quatre couleurs.

Toutes les manières de caractériser la différence entre les mathématiques et la science de la nature n'incombent pas au théorème des quatre couleurs. On peut, avec Kripke, soutenir que toutes les vérités mathématiques, y compris le théorème des quatre couleurs, sont nécessaires, ou vraies dans tous les mondes possibles. Ce théorème, dirions-nous, indique une propriété essentielle des graphes planaires. (Les vérités des sciences de la nature, en revanche, peuvent être comptées comme contingentes, ou vraies dans notre monde mais fausses dans quelque monde possible.) Dans ce cas, ce serait un exemple important de vérité nécessaire *a posteriori* et, *a fortiori*, un contre-exemple de la thèse selon laquelle toutes les vérités nécessaires connues le sont *a priori*.

Le nouveau problème des quatre couleurs pourrait alors servir d'aiguillon invitant la philosophie générale à repenser les relations communément acceptées entre la connaissance, la raison et l'expérience. Cependant, l'impact le plus significatif du théorème des quatre couleurs en philosophie concernera évidemment les détails de notre philosophie des mathématiques.

Accepter le théorème des quatre couleurs nous contraint à modifier notre concept de démonstration. Nous pouvons le modifier en admettant, en plus des démonstrations, une nouvelle méthode d'attestation de résultats mathématiques (l'expérimentation informatique). Ou nous pouvons le modifier en permettant aux démonstrations d'inclure des démonstrations assistées par ordinateur. Je préfère la dernière terminologie. D'une façon ou d'une autre, les détails de cette nouvelle | méthode peuvent avoir un impact **79** substantiel sur la façon dont les mathématiques sont faites.

Ceci nous mène à l'un des aspects les plus excitants du travail de Appel, Haken et Koch, dont nous n'avons pas encore touché mot. Nous n'avons encore traité du théorème des quatre couleurs que dans le contexte de sa justification : la démonstration visée démontre-t-elle le théorème ? Nous n'avons pas abordé le contexte de la découverte. Ne conclure que sur la découverte serait s'exposer à l'objection fregéenne selon laquelle ce qui importe en philosophie est la justification et non la genèse. Élargissons maintenant notre perspective; car la découverte du théorème des quatre couleurs présente un grand intérêt à la fois pour les mathématiques et pour la philosophie.

Comment finit-on par décider de tenter une expérimentation informatique en mathématiques? Même lorsque des questions de la forme $P(n)$ sont décidables et que nous avons les techniques pour programmer un ordinateur pour en vérifier les occurrences, nous ne pouvons nous contenter de lancer l'ordinateur aussi longtemps que nécessaire dans l'espoir qu'il trouve, par exemple, que $(\exists x)P(x)$ avant d'avoir atteint ses limites. Il doit y avoir quelque raison de s'attendre à ce que l'ordinateur s'arrête avec une réponse dans un délai raisonnable. Dans le cas du théorème des quatre couleurs, on peut se demander pourquoi quelqu'un a pensé que l'on pourrait trouver un ensemble incontournable de configurations réductibles dont l'anneau est de taille inférieure ou égale à 14. Vu de l'extérieur, 14 ne semble pas une borne plus probable que 20, 50 ou même 100. Et pourtant, si la taille minimale de l'anneau était 20 ou davantage, l'expérimentation nécessaire à la démonstration ne serait pas même réalisable aujourd'hui! Dans l'autre sens, nous savons grâce à la carte de Moore que nous devons inclure des configurations dont l'anneau est au moins de taille 12. Peut-être Moore découvrirait-il une carte nécessitant que la taille minimale d'anneau soit 20. Pourquoi Appel et Haken ont-ils pensé qu'une expérimentation informatique pourrait fonctionner?

Ce qui advint fut qu'ils développèrent, non une démonstration, mais un raisonnement probabiliste sophistiqué visant à montrer que la taille de l'anneau pouvait être limitée à 17 ou moins, et que 14 était un bon pari. Ils élaborèrent un raisonnement investissant les énoncés de la forme « il existe un ensemble incontournable de configurations réductibles dont chacune a un anneau de taille inférieure ou égale à *n* » d'une probabilité variant selon le rapport du nombre de sommets de la configuration à la taille *n* de l'anneau (Haken, p. 202). Avec $n = 14$, la probabilité de l'énoncé était considérable. Ce raisonnement était accompagné d'un autre, qui montrait que les techniques requises étaient programmables sur ordinateur. Koch en a programmé la plus grande partie, et dans un article antérieur, Appel et Haken avaient montré qu'il existait un ensemble incontournable de configurations géographiquement correctes d'une taille | raisonnable. Ces deux raisonnements ont permis la **80** réalisation de l'expérimentation.

Le premier type de raisonnement est particulièrement intéressant. C'est un nouveau type de raisonnement munissant d'une probabilité des énoncés mathématiques. Cette probabilité ne doit pas être comprise en des termes ontologiques, selon lesquels un énoncé est vrai ou faux dans tous les mondes possibles. Une fois que l'on a modifié le concept de démonstration pour y inclure les démonstrations assistées par ordinateur, on peut vouloir le modifier à nouveau pour y comprendre le type de raisonnements mathématiques nécessaires pour mener une expérimentation informatique. Cela revient en pratique à permettre aux mathématiciens d'introduire des énoncés de ce type dans leur travail mathématique. On pourrait ainsi considérer comme une avancée mathématique significative de montrer la forte probabilité d'un énoncé donné, en laissant à quelqu'un d'autre le soin de concevoir et de mener l'expérimentation informatique en tant que telle. Il nous faut prendre cette éventualité bien plus au sérieux depuis les travaux de Appel et Haken, qui ont attesté que des raisonnements probabilistes de ce type pouvaient remplir une fonction importante en mathématiques.

D'un autre côté, des raisonnements probabilistes de ce type contiennent inévitablement la possibilité de l'erreur; ce risque d'échec n'a pas d'équivalent dans les démonstrations prises au sens strict du terme.

> Pour utiliser l'ordinateur comme outil essentiel dans leurs démonstrations, les mathématiciens seront contraints d'abandonner tout espoir de vérifier les démonstrations à la main, de même que les observations scientifiques au microscope ou au télescope n'admettent pas de confirmation tactile directe. Mais en même temps, la démonstration assistée par ordinateur peut atteindre une gamme de phénomènes bien plus large. Tel est le prix à payer pour cette sorte de connaissance. Elle ne peut être absolue. Mais la perte de l'innocence a toujours entraîné une conception relativiste du monde; il n'est pas de progrès sans risque d'erreur (Kainen et Saaty, p. 98).

Les glissements provoqués par le théorème des quatre couleurs dans le concept de démonstration nous contraignent, en philosophie des mathématiques, à réévaluer le rôle des démonstrations formelles. Il n'est évidemment nullement question que des glissements de ce type jettent le moindre doute sur la légitimité de la théorie des démonstrations formelles comme branche de la logique mathématique. Les démonstrations formelles jouent encore un rôle, à titre d'abstraction idéalisée, dans notre description du théorème des quatre couleurs. Pour autant, après ce théorème, les démonstrations formelles ne peuvent plus servir à la philosophie des mathématiques de seul et unique paradigme de l'activité mathématique. Les philosophes et les mathématiciens ont déjà pointé du doigt les limitations du paradigme formel, mais ce théorème accentue ces limitations de manière hautement problématique[1]. L'idée n'est pas nouvelle, mais elle semble ici s'imposer : toute démonstration est une expérience de pensée. | Il n'existe pas, entre les **81** expériences de pensée et les expérimentations sur ordinateur, de fossé comparable à celui qui sépare les démonstrations formelles et les expérimentations. D'un autre côté, le fossé entre expériences de pensée en mathématiques et expériences de pensée en physique n'est pas non plus si grand que cela. [...]

Les implications du nouveau problème des quatre couleurs en philosophie des sciences dérivent dans une large mesure des conclusions précédentes. En particulier, elles ne sont pas sans rapport avec cette branche de la philosophie des sciences qui étudie la science d'un point de vue diachronique, ou comme se déployant dans le temps. Elles rappellent notamment le concept de paradigme esquissé par Thomas Kuhn[2]. Les paradigmes, selon Kuhn, sont des accomplissements scientifiques qu'une communauté de chercheurs accepte pour fonder sa pratique future. Pour être reçus comme paradigme, les accomplissements doivent être à la fois « suffisamment remarquables pour soustraire un groupe cohérent d'adeptes à d'autres formes d'activité scientifique cohérente » et « ouvr[ir] des perspectives suffisamment vastes pour fournir à ce nouveau groupe de chercheurs toutes sortes de problèmes à résoudre » (p. 10). Le concept de paradigme joue un rôle important dans l'explication par Kuhn du développement de la science. On

---

1. Voir par exemple Lakatos, *Proofs and Refutations, op. cit.*
2. *The Structure of Scientific Revolutions*, Chicago, University Press, 1962 ; trad. fr. L. Meyer, *La Structure des révolutions scientifiques*, Paris, Flammarion, 1983, p. 29-30.

finit tout naturellement par se demander si la méthodologie qui mène au théorème des quatre couleurs peut servir de paradigme en mathématiques ; Kainen et Saaty ont prétendu que ce serait le cas. « En fait, la méthodologie de Appel et Haken suggère un nouveau paradigme pour les mathématiques. Ce paradigme comprend les éléments traditionnels de l'intuition et de la logique standard, ainsi que des techniques heuristiques et probabilistes combinées aux facultés calculatoires de haut rang d'un ordinateur moderne » (p. 96).

Il peut être très éclairant de regarder le théorème des quatre couleurs du point de vue des paradigmes, et par là même de le situer dans une perspective historique. Je prétends que si l'on avait développé vingt-cinq ans plus tôt une démonstration « similaire », elle n'aurait pas emporté cette large adhésion dont bénéficie actuellement ce théorème. Ce résultat antérieur, s'il avait existé, aurait vraisemblablement été ignoré, voire attaqué (que l'on songe aux premières réactions soulevées par les travaux de Frege et de Cantor). Pour qu'une démonstration assistée par ordinateur soit acceptée, il est nécessaire que les mathématiciens soient 82 largement | familiarisés avec des ordinateurs sophistiqués. Maintenant que chaque mathématicien a une calculatrice de poche et que tous les départements de mathématiques ont un expert en informatique, cette familiarité est acquise. Le monde mathématique était prêt à reconnaître la méthodologie d'Appel et Haken comme des mathématiques à part entière.

Mais avant de pouvoir décrire le théorème des quatre couleurs en termes de paradigme d'une manière satisfaisante, il nous faut surmonter deux obstacles. Le concept de paradigme a été principalement développé pour les sciences de la nature, avec quelques prolongements dans les sciences sociales. Il nous faudrait d'abord étendre aux mathématiques

la notion de paradigme, en donnant à la fois un exemple et
une explication de la nature des paradigmes mathématiques [1]. Évidemment, bien des philosophes rechigneraient à
étendre les paradigmes aux mathématiques. Dans la philosophie actuelle des mathématiques, celles-ci sont exclusivement considérées comme une structure synchronique ou
intemporelle. On pourrait opposer à cette position qu'elle
n'est que la nouvelle version d'un autre paradigme des
mathématiques, le paradigme formel élaboré par Cantor,
Frege, Russell et Hilbert. Pour trancher le débat, il faudra
entre autres savoir si le modèle paradigmatique peut mieux
que le modèle formel rendre compte d'accomplissements
mathématiques comme le théorème des quatre couleurs.

La deuxième difficulté soulevée par l'extension aux
mathématiques de la notion de paradigme est historique.
C'est par leurs performances passées que l'on définit les
paradigmes; ce sont des accomplissements qui ont eu un
effet majeur sur le développement de leurs disciplines. C'est
une chose de qualifier un accomplissement de paradigme en
s'appuyant sur des traces historiques. C'en est une autre de
prédire qu'un accomplissement récent servira de paradigme
en s'appuyant sur le peu de traces actuellement disponibles.
Des prétentions de cette seconde sorte sont évidemment bien
plus provisoires. Mais si des prétentions de ce type sont
légitimes, elles seront vraisemblablement bien plus instruc-
tives pour la métathéorie des paradigmes que la simple
classification s'appuyant sur les traces historiques. Même
s'il y a des obstacles à l'idée de considérer le théorème des
quatre couleurs comme porteur d'un nouveau paradigme en

---

1. On trouvera beaucoup de matériaux utiles à cette entreprise dans les
œuvres de Lakatos et dans R. Wilder, *Evolution of Mathematical Concepts*,
New York, Wiley, 1968.

mathématiques, toutes les tentatives de résolution de ces problèmes peuvent être d'importants exercices en philosophie des sciences.

Les mathématiciens ont résolu leur problème des quatre couleurs, mais un nouveau problème des quatre couleurs a surgi en philosophie. J'ai essayé d'expliquer ce qu'est ce problème et comment il surgit. Je me suis efforcé de montrer sa signification philosophique en relevant ce qu'implique notre acceptation du théorème des quatre couleurs pour 83 la théorie | de la connaissance, la philosophie des mathématiques et la philosophie des sciences.

Traduction Baptiste Mélès

BIBLIOGRAPHIE GÉNÉRALE

AIGNER M., ZIEGLER G., *Raisonnements divins : quelques démonstrations mathématiques particulièrement élégantes*, Paris, Springer, 2002 ; 2ᵉ éd. 2006.

ARKOUDAS K., BRINGSJORD S., « Computers, Justification, and Mathematical Knowledge », *Minds and Machines* 17(2), 2007, 185–202.

ARMSTRONG D., *Universals and Scientific Realism*, Cambridge, Cambridge University Press, 1978.

ARNAULD A., NICOLE P., *La logique ou l'art de penser*, Paris, Vrin, 1993.

ASPRAY W., KITCHER P. (eds), *History and Philosophy of Modern Mathematics*, Minneapolis, University of Minnesota, 1988.

ATTEN VAN M., *On Brouwer*, London, Wadsworth, 2004.

– *Brouwer meets Husserl, On the phenomenology of choice sequences*, Berlin, Springer, 2007.

—, DALEN VAN D., « Arguments for the continuity principle », *The Bulletin of Symbolic Logic* 8 (3), 2002, 329-347.

AVIGAD J., « Computers in mathematical Inquiry », *in* Mancosu (2008), p. 302-316.

—, FEFERMAN S., « Gödel functional ("Dialectica") interpretation », *in* S. Buss, *Handbook of Proof Theory*, Amsterdam, Elsevier, 1995.

AWODEY S., « Structure in Mathematics and Logic : A categorical Perspective », *Philosophia Mathematica*, 4 (3), 1996, 209-237.

—, RECK E. H., « Completeness and Categoricity. Part I : Nineteenth Century Axiomatics to Twentieth Century

Metalogic », *History and Philosophy of Logic* 23 (1), 2002a, 1-30.

—, RECK E. H., « Completeness and Categoricity. Part II : Twentieth Century Metalogic to Twenty-First Century Semantics », *History and Philosophy of Logic* 23 (2), 2002b, 77-94.

BALAGUER M., *Platonism and Anti-Platonism in Mathematics*, Oxford, Oxford University Press, 1998.

BENACERRAF P., Putnam H. (eds.), *Philosophy of Mathematics : Selected Readings*, 1 re 2d., Englewood Cliffs, Prentice Hall, 1964 ; 2 e éd. Cambridge, Cambridge University Press, 1983.

– « What Numbers Could Not Be », *The Philosophical Review*, vol. 74, n°1, 1965, 47-73.

– « Mathematical truth », *The Journal of Philosophy*, vol. 70, n°19, Seventieth Annual Meeting of the American Philosophical Association, Eastern Division, 1973, p. 661-679.

BERNAYS P., « On Platonism in Mathematics » [1935], *in* Benacerraf, Putnam (1964, p. 258–271) ; trad. fr. dans Bernays (2003), p. 83-98.

– *Philosophie des mathématiques*, Paris, Vrin, 2003.

BOLZANO B., *Les paradoxes de l'infini*, Paris, Seuil, 1993.

– *De la méthode mathématique*, Paris, Vrin, 2008.

BOOLOS G., « On Second-Order Logic », *The Journal of Philosophy*, LXXII, n°16, 1975, p. 509-527.

– « The Consistency of Frege's *Foundations of Arithmetic* », *in* J. J. Thompson, *On Being and Saying. Essays in honor of Richard Cartwright*, Cambridge, MIT Press, 1987, p. 3-20.

– « Is Hume's principle analytic ? », *in* Heck (1997a), p. 245-262.

– *Logic, Logic, and Logic*, Cambridge, Harvard University Press, 1998.

—, HECK R. G., « *Die Grundlagen de Arithmetik* § 82-3 », *in* M. Schirn (ed.), *Philosophy of Mathematics Today*, New York, Clarendon Press, 2003, p. 407-428.

BOOLOS G., JEFFREY R., *Computability and logic*, 1 re éd. Cambridge, Cambridge University Press, 1974 ; 3 e éd. augmentée, 1989.

BOURBAKI N., « L'architecture des mathématiques », dans
F. le Lionnais, *Les grands courants de la pensée mathématique*,
Paris, Hermann, 1948 (rééd. 1997), p. 35-47 ; trad. angl.,
American Mathematical Monthly 57, 1950, p. 221-231.

– *Éléments d'histoire des mathématiques*, Paris, Hermann, 1960.

BROUWER L. E. J., *Brouwer's Cambridge Lectures on Intuitionism*,
D. van Dalen (ed.), Cambridge University Press, 1951.

BRUNSCHVICG L. *Les étapes de la philosophie des mathématiques*,
Paris, Félix Alcan, 1912 ; réédition, Paris, A. Blanchard, 1981.

BURGE T., « Computer Proof, A Priori Knowledge, and Other
Minds », *Philosophical Perspectives*, 12, 1998, 1-37.

BURGESS J., ROSEN G., *A Subject with No Object : Strategies for
Nominalistic Interpretation of Mathematics*, Oxford, Clarendon
Press, 1997.

BUZAGLO M., *The Logic of Concept Expansion*, Cambridge,
Cambridge University Press, 2001

CANTOR G., *Abhandlungen mathematischen und philosophischen
Inhalts*, E. Zermelo (ed.), Berlin, Julius Springer, 1932.

CARNAP R., *La construction logique du monde*, Paris, Vrin, 2001.

– *The Logical Syntax of Language*, New York, Routledge, 1951.

– « Empiricism, Semantics and Ontology » (1950), *in* Benacerraf,
Putnam (1964, p. 241–257).

CAVAILLÈS J., *Œuvres complètes*, Paris, Hermann, 1994.

– *Sur la logique et la théorie de la science*, Paris, Vrin, 1987.

CAVEING M., *Le problème des objets dans la pensée mathématique*,
Paris, Vrin, 2004.

CHIHARA C., *Ontology and the Vicious Circle Principle*, Ithaca,
Cornell University Press, 1973.

– *Constructibility and Mathematical Existence*, Oxford, Oxford
University Press, 1990.

CHURCH A., *Introduction to Mathematical Logic*, Princeton,
Princeton U. P., 1956.

COHEN P., « Comments on the Foundations of Set Theory », *in*
D. Scott (ed.) *Axiomatic Set Theory* (Proceedings of Symposia
in Pure Mathematics, Volume XIII, Part 1), American
Mathematical Society, 1971, p. 9–15.

CORCORAN J., « A semantic definition of definition », *The Journal of Symbolic Logic* vol. 36, 1971, 366-367.

– « Categoricity », *History and Philosophy of Logic* 1, 1980, p. 187-207.

– « From Categoricity to Completness », *History and Philosophy of Logic* 2, 1981, p. 113-119.

CORFIELD D., *Towards a philosophy of real mathematics*, Cambridge, Cambridge University Press, 2003.

CORRY L., « Linearity and Reflexivity in the Growth of Mathematical Knowledge », *Science in Context*, 3 : 2, 1989, p. 409-440.

COLYVAN M., *The Indispensability of Mathematics*, New York, Oxford University Press, 2001.

CURRY H., *Outlines of a Formalist Philosophy of Mathematics*, Amsterdam, North-Holland, 1958.

D'AMBROSIO U., SELIN H., *Mathematics Across Cultures : The History of Non-western Mathematics*, Amsterdam, Kluwer, 2000.

DAHAN-DALMEDICO A. PEIFFER J., *Une histoire des mathématiques : routes et dédales*, Paris, Seuil, 1986.

DEDEKIND R., *Stetigkeit und irrationale Zahlen*, Vieweg, Braunschweig, 1872 ; trad. et présentation française dans *La création des nombres*, Paris, Vrin, 2008.

– *Was sind und was sollen die Zahlen ?* Vieweg, Braunchweig, 1888 ; trad. et présentation française dans *La création des nombres*, Paris, Vrin, 2008.

DEHAENE S., *La Bosse des Maths*, Paris, Odile Jacob, 1996.

DEMOPOULOS W., *Frege's Philosophy of Mathematics*, Cambridge, Harvard University Press, 1995.

DESANTI J.-T., *La philosophie silencieuse*, Paris, Seuil, 1975.

DETLEFSEN M., « On Interpreting Gödel's Second Theorem », *Journal of Philosophical Logic*, 8 (1), 1979, 297-313.

– *Hilbert's Program. An Essay on Mathematical Instrumentalism*, Dordrecht, Reidel, 1986.

– « On an Alleged Refutation of Hilbert's Program using Gödel's First Incompleteness Theorem », *Journal of Philosophical Logic*, 19, 1990, 343-377.

– « Brouwerian Intuitionism », *Mind*, 99 (396), 1990, 502-534.

—, LUKER M., « The Four-Color Theorem and Mathematical Proof », *The Journal of Philosophy*, vol. 77, n°12, 1980, 803-820.

DIEUDONNÉ J., *Panorama des mathématiques pures : le choix bourbachique*, Paris, Gauthiers-Villars, 1977.

DUMMETT M., « The philosophical basis of intuitionistic logic », *in* J. Shepherson, H. E. Rose (eds), *Logic Colloquium'73*, Amsterdam, North-Holland, 1975, p. 5-40. Repris dans Benacerraf, Putnam (1983), p. 97-129.

– *Elements of Intuitionnism*, New York, Oxford University Press, 1977.

– *Frege : Philosophy of Mathematics*, Cambridge, Harvard University Press, 1991.

ENDERTON H. B., *A Mathematical Introduction to Logic*, New York-San Francisco-London, Academic Press, 1972.

FEFERMAN S., « Hilbert's program relativized : Proof-theoretical and foundational reductions », *The Journal of Symbolic Logic*, 53, 1988, 364-34.

– « What rests on what ? The proof-theoretical analysis of mathematics » (1993), réimprimé dans Feferman (1998), p. 187-208.

– *In the Light of Logic*, New York, Oxford University Press, 1998.

FERREIROS J., GRAY J. (eds), *The Architecture of Modern Mathematics*, Oxford, Oxford University Press, 2006.

FIELD H., *Science without Numbers : a defense of nominalism*, Oxford, Blackwell, 1980.

– *Realism, Mathematics & Modality*, Oxford, Blackwell, 1989.

FINE K., *Reasoning with Arbitrary Objects*, Cambridge, Blackwell, 1982.

– *The Limits of Abstraction*, Oxford, Oxford University Press, 2002.

FREGE G., *Begriffsschrift : Eine der aritmetischen nachgebildeten Formelsprache des reinen Denkens*, Halle, Louis Nebert, 1879 ;

trad. angl. dans J. van Heijenoort (1967), p. 5-82; trad. fr. C. Besson, *L'idéographie*, Paris, Vrin, 1999.

– *Die Grundlagen der Arithmetik : Eine logischmathematische Untersuchung über den Begriff der Zahl*, Breslau, Wilhelm Koebner, 1884; trad. fr. *Les fondements de l'arithmétique*, Paris, Seuil, 1969.

– *Die Grundgesetze der Arithmetik, begriffsschriftlich abgeleitet*, 2 vol., Jena, Pohle, 1893/1903; réimp. Hildesheim, Olms, 1962; trad. angl. partielle dans Frege (1964).

– *The Basic Laws of Arithmetic*, Berkeley, University of California Press, 1964.

– *Écrits logiques et philosophiques*, Paris, Seuil, 1971.

– *Philosophical and Mathematical Correspondence*, Oxford, Blackwell, 1980.

– *Écrits Posthumes*, Paris, Chambon, traduits de l'allemand sous la direction de Ph. de Rouilhan et de C. Tiercelin, 1994.

GARDIES J.-L., *Du mode d'existence des objets de la mathématique*, Paris, Vrin, 2004.

GAUSS C., *Disquisitiones Arithmeticae* (1801); trad. fr. Poulet-Delisle, Paris, Courcier imp., 1807; réédition Paris, J. Gabay 1989.

GENTZEN G., « Die Widerspruchfreiheit der Zahlentheorie », *Mathematische Annalen* 112, 1936, 493–565; trad. fr. dans Largeault (1992), p. 285-357.

GILLIES D., *Philosophical Theories of Probability*, London, Routledge, 2000.

GÖDEL K., « Über formal unentscheidbare Sätze der *Principia Mathematica* und verwandter Systeme I », *Monatshefte für Mathematik und Physik* 38, 1931, 173–199; trad. angl. dans J. van Heijenoort (1967).

– « What is Cantor's Continuum Problem ? » (1947), *in* Benacerraf, Putnam (1964), p. 470–485.

– « Über eine bisher noch nicht benützte Erweiterung des finiten Standpunktes », *Dialectica*, 12, 1958, p. 280–287; rééd. avec une trad. angl. dans Gödel (1990), p. 240-251; trad. fr. dans Largeault (1992), p. 501-507.

– *Collected Works, Vol. 1 : Publications 1929-1936*, S. Feferman *et al.* (eds), Oxford, Oxford University Press, 1986.
– *Collected Works, Vol. 2 : Publications 1938-1974*. S. Feferman ' *et al.* (eds), Oxford, Oxford University press, 1990.

GOLDFARB W., « Logic in the Twenties : The Nature of the Quantifier », *The Journal of Symbolic Logic* 44 (3), 1979, 351-368.

GRANGER G.-G., *Pour la connaissance philosophique*, Paris, Odile Jacob, 1988.

HACKING I., « What is Logic ? », *The Journal of Philosophy*, LXXVI, n°6, 1979.
– *The Taming of Chance*, Cambridge, Cambridge University Press, 1990.

HALE B., WRIGHT C., *The Reason's Proper Study : Essays Towards a Neo-Fregean Philosophy of Mathematics*, Oxford, Oxford University Press, 2001.

HALLETT M., *Cantorian Set Theory and Limitation of Size*, Oxford, Clarendon Press, 1984.
– « Physicalism, reductionism and Hilbert », *in* Andrew D. Irvine (ed.) *Physicalism in Mathematics*, Dordrecht, Reidel, 1990, p. 183–257.
– « Hilbert's axiomatic method and the laws of thought », *in* Alexander George (ed.), *Mathematics and Mind*, Oxford, Oxford University Press, 1994, p. 158–200.
– « Hilbert and Logic », M. Marion, R. Cohen (eds), *Québec Studies in the Philosophy of Science, Part 1 : Logic, Mathematics, Physics and the History of Science*, (Boston Studies in the Philosophy of Science, Volume 177), Dordrecht : Kluwer Publishing Co., 1995, p. 135-87.

HECK R. G., « The Development of Arithmetic in Frege's *Grundgesetze der Arithmetik* », *Journal of Symbolic Logic*, 58, 1993, 579-601.
– « Definition by Induction in Frege's *Grundgesetze der Arithmetik* », *in* Demopoulos (1995).
– *Language, Though, and Logic : Essays in Honour of Michael Dummett*, Oxford, Oxford University Press, 1997a.

– « The Julius Caesar Objection », *in* Heck (1997a), p. 273-308.
– « Introduction au Théorème de Frege », *in* M. Marion,
    A. Voizard, *Frege : Logique et Philosophie*, Paris,
    L'Harmattan, 1998.
HEIJENOORT VAN J., *From Frege to Gödel : A Source Book in
    Mathematical Logic (1879–1931)*, Cambridge (MA), Harvard
    University Press, 1967.
HELLMAN G., *Mathematics without Numbers*, Oxford, Clarendon
    Press, 1989.
HERBRAND J., *Recherches sur la théorie de la démonstration*, thèse
    de Doctorat, Université de Paris, Travaux de la Société des
    Sciences et des Lettres de Varsovie, Classe III, sciences
    mathématiques et physiques, 33 ; rééd. dans J. Herbrand, *Écrits
    Logiques*, J. van Heijenoort (éd.), Paris, P.U.F., p. 25-135.
HEYTING A., « Die Formale Regeln der intuitionistischen Logik »,
    *Sitzungsberichte der Preussische Akademie von Wissens-
    chaften, Physikalischmathematische Klasse*, 1930, p. 42-56.
– *Mathematische Grundlagenforschung. Intuitionismus. Beweis-
    theorie*, Berlin, Springer, 1934 ; trad. fr. *Les fondements des
    mathématiques. Intuitionnisme et théorie de la démonstration*,
    Paris, Gauthier-Villars, 1955.
– *Intuitionism. An Introduction*, Amsterdam, North-Holland, 1956.
– « Intuitionistic Views on the Nature of Mathematics », *Synthese*
    27 (1974), 79-91.
HEYTING A. (ed.), *L. E. J. Brouwer : Collected Works*, vol. I,
    Amsterdam, North-Holland Publishing Co, 1975.
HILBERT D., *Grundlagen der Geometrie*, Leipzig, Teubner, 1899 ;
    trad. fr, *Les fondements de la géométrie*, Paris, Gabay, 1997.
– « Über das Unendliche », *Mathematische Annalen* 95 (1926),
    161-190 ; trad. fr. dans Largeault (1972, p. 233-247) ; trad. angl.
    dans J. van Heijenoort (1967, p. 367-392).
—, ACKERMANN W., *Grundzüge der theoretischen Logik*, Berlin,
    Springer, 1928.
—, BERNAYS P., *Grundlagen der Mathematik, vol. 1*, 2ᵉ éd.,
    Berlin, Springer-Verlag, 1968 ; trad. fr. dans Hilbert, Bernays

(1934, 1968), *Fondements des mathématiques 1*, Paris, L'Harmattan, 2001.

—, BERNAYS P., *Grundlagen der Mathematik*, Vol. 2., 2ᵉ éd., Berlin, Springer-Verlag, 1970 ; trad. fr. dans Hilbert, Bernays (1939, 1970), *Fondements des mathématiques 2*, Paris, L'Harmattan, 2001.

HINTIKKA J., « On the Development of the Model-Theoretic Viewpoint in Logical Theory », *Synthese* 57, 1988, p. 1-36.

– « Standard vs Nonstandard Distinction : a Watershed in the Foundations of Mathematics », *in* J. Hintikka, *Selected Papers* 3, *Language, Truth and Logic in Mathematics*, Dordrecht, Kluwer, 1998.

– *Les principes des mathématiques revisités*, trad. M. Rebuschi, Paris, Vrin, 2007.

—, SANDU G., « The Skeleton in Frege's Cupboard : The Standard versus non standard distinction », *The Journal of Philosophy* 89 (6), 1992, 290-315 ; repris dans Hintikka (1998), *Selected Papers* 3.

IGNJATOVIĆ A., « Hilbert's Program and the Omega-Rule », *The Journal of Symbolic Logic* 59 (1), 1994, 322-343.

HUSSERL E., *Philosophie der Arithmetik : psychologische und logische Untersuchung*, vol. I, Halle a. d. Saale, Pfeffer, 1891 ; trad. fr. *Philosophie de l'arithmétique : Recherches psychologiques et logiques*, Paris, Vrin, 1992.

KANT E., *Prolégomènes à toute métaphysique future qui pourra se présenter comme science*, (1783), Paris, Vrin, 1986.

KITCHER P., « Hilbert's Epistemology », *Philosophy of Science* 43, 1976, 99-115.

– *The nature of mathematical knowledge*, Oxford, Oxford University Press, 1983.

—, SALMON W. (eds), *Minnesota Studies in the Philosophy of Science*, vol. XIII, Minneapolis, University of Minnesota, 1989.

KREISEL G., « Hilbert's Programme », *Dialectica* 12, 1958, 346-372 ; repris sous une forme révisée dans Benacerraf, Putnam (1983), p. 207-238.

- « Ordinal logics and the characterization of informal notions of proof », *in* J. A. Todd (ed.), *Proceedings of the International Congress of Mathematicians*, Edinburgh, 14–21 August 1958, Cambridge, Cambridge University Press, 1960, p. 289–299.
- « Informal Rigour and Completeness Proofs », *in* I. Lakatos (ed.), *Problems in the Philosophy of Mathematics*, Amsterdam, North-Holland, 1967.
- « Lawless sequences of natural numbers », *Compositio Mathematica* 20, 1968, 222-248.
- « What have we Learned from Hilbert's Second Problem? », *in* F. E. Browder (ed.), *Mathematical Developments Arising from Hilbert's Problems*, Proceedings of the Symposia in Pure Mathematics 28, Providence, AMS, 1976, p. 93-130.
- KRIPKE S., *Wittgenstein on Rules and Private Language*, Cambridge, Harvard UP, 1982.
- KRÖMER R., *Tool and object : a history and philosophy of category theory*, Munchen, Birkhauser, 2007.
- KUHN T., *The Essential Tension*, Chicago, University of Chicago Press, 1977.
- LAKATOS I., *Proofs and Refutations : The Logic of Mathematical Discovery*, ed. by J. Worrall, E. Zahar, Cambridge, Cambridge University Press, 1976.
- *Mathematics, Science and Epistemology : Philosophical Papers*, vol. 2, ed. by J. Worrall, G. Currie, Cambridge, Cambridge University Press, 1978.
- LAKOFF G., NÚÑEZ R. E., *Where Mathematics Comes From. How the Embodied Mind Brings Mathematics into Being*, New York, Basic Books, 2000.
- LARGEAULT J., *Logique mathématique – textes*, Paris, Armand Colin, 1972.
- *Intuitionisme et théorie de la démonstration*, Paris, Vrin, 1992.
- *Intuition et intuitionnisme*, Paris, Vrin, 1993.
- LINDSTRÖM S., PALMGREN E., SEGERBERG K, STOLTENBERG-HANSEN V., *Logicism, Intuitionism, and Formalism : What Has Become of Them ?*, Heidelberg, Springer, 2008.

MADDY P., Perception and Mathematical Intuition, *The Philosophical Review* 89, 1980, 163-196.

– *Realism in Mathematics*, Oxford, Clarendon Press, 1990.

– « Indispensability and practice », *Journal of Philosophy 59*, 1992, 275-289.

– *Naturalism in Mathematics*, Oxford, Clarendon Press, 1997.

– *Second Philosophy* : *A Naturalistic Method*, Oxford, Oxford University Press, 2007.

MANCOSU P., JØRGENSEN K., PEDERSEN S. (eds), *Visualization, Explanation and Reasoning Styles in Mathematics*, Berlin, Springer, 2005.

MANCOSU P., *Philosophy of Mathematics and Mathematical Practice in the Seventeenth Century*, Oxford, Oxford University Press, 1996.

— (ed.), *The Philosophy of Mathematical Practice*, Oxford, Oxford University Press, 2008.

MANDERS K., « Logic and Conceptual Relationships in Mathematics », in *Logic Colloquium'85*, Amsterdam, Elsevier, 1987.

– « Domain Extensions and the Philosophy of Mathematics », *Journal of Philosophy* 86, 1989, 553–562.

MARTIN-LÖF P., « On the Meanings of the Logical Constants and the Justification of the Logical Laws », in *Atti Degli Incontri di Logica Matematica*, II, Université de Sienne, Italie, 1983, p. 203-281.

– *Intuitionistic Type Theory*, Naples, Bibliopolis, 1984.

– « Truth of a Proposition, Evidence of a Judgement, Validity of a Proof », *Synthese* LXXIII, 1987, 407-20.

MOORE G. H., « The Emergence of First-Order Logic », in *History and Philosophy of Modern Mathematics*, Minnesota Studies in the Philosophy of Science, W. Aspray, P. Kitcher, (eds), Minneapolis, University of Minnesota Press, 1988, p. 95-135.

MYHILL J., « On the ontological significance of the Löwenheim-Skolem theorem », in *Academic freedom, logic and religion* (M. White, editor), Philadelphia, American Philosophical Society, 1951, p. 57-70 ; repris dans I. Copi, J. Gould (eds),

Contemporary readings in logical theory, New York, Mac Millan, 1967, p. 40-54.
- « Notes towards an Axiomatization of Intuitionistic Analysis », *Logique et Analyse* 35, 1966, 280-297.
- « Formal Systems of Intuitionistic Analysis, I », in *Logic Methodology and Philosophy of Science* III, van Rootselaar and Stall, (eds), Amsterdam, North Holland Publishing Company, 1968, p. 161-178.

OUMRAOU L., *Pourquoi les mathématiques sont-elles difficiles?*, Paris, Vuibert, 2009.

PANZA M., SERENI A., *Introduction à la philosophie des mathématiques. Le problème de Platon*, Paris, Flammarion, 2013.

PARSONS C., « Frege's Theory of Numbers », in Black (ed.), *Philosophy in America*, Ithaca, Cornell UP, 1965, p. 180-203.
- *Présentation de Brouwer* (1927), « On the domains of definition of functions » in J. van Heijenoort (1967).
- « Mathematical Intuition », *Proceedings of the Aristotelian Society* 80, 1980, 145–168.
- *Mathematics in Philosophy: Selected Essays*, Ithaca, Cornell University Press, 1983.
- « Finitism and intuitive knowledge », in Schirn (1998), p. 249-270.
- *Mathematical Thought and its Objects*, New York, Cambridge University Press, 2008.

PEACOCKE C., « What is a Logical Constant? », *The Journal of Philosophy*, vol. 73 (9), 1976.

PEANO G., « Arithmetices principia, nova methodo exposita », Torino, Bocca, 1889; trad. angl. in H. C. Kennedy (ed.), *Selected Works of Giuseppe Peano*, Toronto, University of Toronto Press, 1973, p. 101–134.

PEIRCE C. S., *Ecrits sur le signe*, Paris, Seuil, 1978.

POINCARÉ H., *La Science et l'Hypothèse* (1902), Paris, Flammarion, 1968.
- *La valeur de la science* (1905), Paris, Flammarion, 1970.

POSY Carl J., « Brouwer's constuctivism », *Synthese* 27, 1974, 125-159.

– « Varieties of Indeterminacy in the Theory of General Choice Sequences », *Journal of Philosophical Logic* 5, 1976, 91-132.

– « The Theory of Empirical Sequences », *Journal of Philosophical Logic* 6, 1977, 47-81.

– « Intuitionism and philosophy », *in* S. Shapiro (ed.), *The Oxford Handbook of Philosophy of Mathematics and Logic*, Oxford, Oxford University Press, 2005, p. 318-386.

POTTER M., *Sets : An Introduction*, Oxford, Oxford University Press, 1990.

– *Set Theory and its Philosophy*, Oxford, Oxford University Press, 2004.

PRAWITZ D., « Philosophical Aspects of Proof Theory », *in* G. Flöistad (ed.), *Contemporary Philosophy, a New Survey*, vol. I, Martinus Nijhoff, La Haye, 1981, p. 235-277.

PUTNAM H., *Philosophy of Logic*, London, George Allen & Unwin, 1972.

– *Mathematics, Matter and Method. Philosophical Papers*, vol. 1. Cambridge (Mass.), Cambridge University Press, 1975.

– « What is Mathematical Truth ? », *in* Putnam (1975), p. 60-78.

QUINE W.V.O., *Word and Object*, London, MIT Press, 1960 ; trad. fr., *Le Mot et la Chose*, Paris, Flammarion, 1977.

– « Epistemology Naturalized », *in* W.V.O. Quine, *Ontological Relativity and Other Essays*, New York, Columbia University Press, 1969, p. 69–90.

– *Philosophy of Logic*, 2ᵉ éd. Cambridge, Harvard University Press, 1970 ; trad. fr., *Philosophie de la Logique*, Paris, Aubier, 1975.

– *From a Logical Point of View*, Cambridge, Harvard University Press, 1980.

RAATIKAINEN P., « Hilbert's Program Revisited », *Synthese* 137, 2003, 157-177.

– « Probabilité conditionnelle et causalité : un problème d'application des mathématiques », dans J. Proust, E. Schwartz (ed.), *La connaissance philosophique. Essais sur l'œuvre de Gilles Gaston Granger*, Paris, P.U.F., 1994, p. 271-293.

RAYO A., UZQUIANO G., *Absolute Generality*, Oxford, Oxford University Press, 2006.

RESNIK M., *Mathematics as a Science of Patterns*, Oxford, Clarendon Press, 1997.

RIVENC F., DE ROUILHAN Ph., *Logique et fondements des mathématiques*, Paris, Payot, 1992.

RUSSELL B., *Letter to Frege* (1902), *in* J. van Heijenoort (1967), p. 124–125.

– *Introduction to Mathematical Philosophy*, London, George Allen and Unwin, 1919 ; trad. fr. *Introduction à la philosophie mathématique*, Paris, Payot, 1991.

SABATIER X., *Les formes du réalisme mathématiques*, Paris, Vrin, 2009.

SALANSKIS J.-M., SINACEUR H. (éd.), *Le labyrinthe du continu*, Berlin : Springer, 1992.

SCHIRN M., *The Philosophy of Mathematics Today*, Oxford, Oxford University Press, 1998.

SHAPIRO S., « Second-order languages and mathematical practice », *The Journal of Symbolic Logic* 50, 1985, 714-42.

– « Second-Order Logic, Foundations, and Rules », *The Journal of Philosophy* 87/5, 1990, 234-261

– *Foundations without Foundationalism : A Case for Second-order Logic*, Oxford, Clarendon Press, 1991.

– *Philosophy of Mathematics : Structure and Ontology*, Oxford, Oxford University Press, 1997.

– « Do Not Claim Too Much : Second-order Logic and First-order Logic », *Philosophia Mathematica* (3) 7, 1999, 42-64.

– *The Oxford Handbook of Philosophy of Mathematics and Logic*, Oxford, Oxford University Press, 2004.

SIEG W., « Foundations for Analysis and Proof Theory », *Synthese* 60 (2), 1984, 159-200.

– « Fragments of arithmetic », *Annals of Pure and Applied Logic* 28, 1985, 33-71.

– « Hilbert's Program Sixty Years Later », *Journal of Symbolic Logic* 53 (2), 1988, 338-348.

– « Relative Consistency and Accessible Domains », *Synthese* 84, 1990, 259-297.
– « Hilbert's Programs : 1917-1922 », *The Bulletin of Symbolic Logic*, 5 (1), 1999, 1-44.
– « Beyond Hilbert's Reach ? », in *Reading Natural Philosophy – Essays in the History and Philosophy of Science and Mathematics*, D. Malament (ed.), New York, Open Court Press, 2002, p. 363-405.
– « Hilbert's Proof Theory » in *Handbook of the History of Logic*, vol. 5, D. Gabbay, J. Woods (eds.), Amsterdam, Elsevier, 2009, p. 321-384.
—, Schlimm D., « Dedekind's analysis of number : systems and axioms », *Synthese* 147 (1), 2005, 121-170.

SIMPSON S. G., « Which set existence axioms are needed to prove the Cauchy/Peano theorem for ordinary differential equations ? », *Journal of Symbolic Logic* 49, 1984, p. 783-802.
– « Partial Realizations of Hilbert's Program », *The Journal of Symbolic Logic* 53, 1988, p. 349-363.
– *Subsystems of Second Order Arithmetic*, 1 re ed., Berlin : Springer, 1999 ; 2 e éd., ASL, Cambridge, Cambridge University Press, 2009.

SINACEUR H., *Corps et Modèles*, Paris, Vrin, 1991.

SKOLEM T., « Logisch-kombinatorische Untersuchungen über die Erfüllbarkeit oder Beweisbarkeit mathematischer Sätze nebst einem Theorem über dichte Mengen » (1920), *Videnskapsselskapets skrifter. I. Matematisk-naturvidenskabelig klasse*, n°4 ; trad. angl. *in* J. van Heijenoort (1967), p. 252-263.
– « Einige Bemerkungen zur axiomatischen Begründung der Mengenlehre » (1922), *Wissenschaftliche Vortrage gehalten auf dem Funften Kongress der Skandinavischen Mathematiker in Helsingfors vom 4. bis 7. Juli 1922*, Akademiska Bokhandeln, Helsinki, 1923, p. 217-232 ; trad. angl. *in* J. van Heijenoort (1967), p. 290-301.
– « Begründungen der elementaren Arithmetik durch die rekurierrende Denkweise ohne Anwendung scheinbarer Veränderlichen mit unendlichem Ausdehnungsbereich »

(1923), *Skrifter utgit av Videnskapsselskapet i Kristiana, I, Mathematisk-naturvidenskabelig klasse*, num. 6, p. 1-38; trad. angl. *in* J. van Heijenoort (1967), p. 302-33.

SMORYNSKI C., « The Incompleteness Theorems », *in* J. Barwise (ed.), *Handbook of Mathematical Logic*, Amsterdam, North-Holland, Elsevier, 1977, p. 821-866.

– *Logical Number Theory I. An Introduction*, Berlin-Heidelberg-New York, Springer, 1991.

STEIN H., « *Logos, logic,* and *logisitikè :* Some philosophical remarks on nineteenth-century transformation of mathematics », *in* W. Aspray, Ph. Kitcher (eds), *History and Philosophy of Modern Mathematics*, vol. 11 of Minesota Studies in the Philosophy of Science, Minneapolis, University of Minnesota Press, 1988, p. 238–259.

STEINER M., « The Application of Mathematics to Natural Science », *Journal of Philosophy*, 86 (9), 1989, 449-480.

– *The Applicability of Mathematics as a Philosophical Problem*, Cambridge, Harvard University Press, 1998.

SUNDHOLM G., « Constructions, Proofs, and the Meanings of the Logical Constants », *Journal of Philosophical Logic* XII, 1983, 151-72.

TAIT W., « Finitism », *Journal of Philosophy* 78, 1981, p. 524-526.

– « Remarks on Finitism », *in* W. Sieg, R. Sommer, C. Talcott (eds), *Reflections on the Foundations of Mathematics. Essays in Honor of Solomon Feferman*, Lecture Notes in Logic 15, ASL and A K Peters, 2002 ; repris dans Tait (2005), p. 43–53.

– *The Provenance of Pure Reason : Essays in the Philosophy of Mathematics and its History*, Oxford, Oxford University Press, 2005.

TAPPENDEN J., « Geometry and Generality in Frege's Philosophy of Arithmetic », *Synthese* 102 (3), 1995a, 319-361.

– « Extending Knowledge and "Fruitful Concepts" : Fregean Themes in the Foundations of Mathematics », *Noûs* 29, 4, 1995b, 427-467.

– « The Caesar Problem in its Historical Context : Mathematical Background », *Dialectica* 59, 2, 2005, 237-264.

– « Proof Style and Understanding in Mathematics I : Visualization, Unification and Axiom Choice », *in* P. Mancosu *et alii* (eds), 2005, p. 147-214.

– « The Riemannian Background to Frege's Philosophy », *in* Ferreiros, Gray, 2006, p. 97-132.

– « Mathematical Concepts and Definitions », *in* P. Mancosu, 2008, p. 359-384.

– « Mathematical Concepts : Fruitfulness and Naturalness », *in* P. Mancosu, 2008, p. 276-301.

TARSKI A., *Logic, Semantics, Metamathematics*, trad. J. H. Woodger, Oxford, Oxford University Press, 1956.

THARP L., « Which logic is the right logic ? », *Synthese* 31, 1975, 1-31.

TIESZEN R., *Phenomenology, Logic, and the Philosophy of Mathematics*, Cambridge, Cambridge University Press, 2006.

TROELSTRA A. S., « The theory of choice sequences », *in* B. van Rootselaar, J. F. Staal (eds), *Logic, Methodology and Philosophy of Science III*, Amsterdam, North-Holland, 1968, p. 201-223.

– *Principles of Intuitionism*, Lecture Notes in Mathematics, N° 95, Berlin, Springer-Verlag, 1969.

– « Aspects of Constructive Mathematics », in *Handbook of Mathematical Logic*, J. Barwise (ed.), Amsterdam, North-Holland Publishing Company, 1977, p. 973-1052.

– « On the Origin and Development of Brouwer's Concept of Choice Sequence », *in* A.S. Troelstra, D. van Dalen (eds), *The L. E. J. Brouwer Centenary Symposium*, Amsterdam, North-Holland, 1982, p. 465-486.

– « Analyzing Choice Sequences », *Journal of Philosophical Logic* 12, 1983, 197-260.

– « Choice Sequences and Informal Rigour », *Synthese* 62, 1985, 217-227.

—, DALEN VAN D., *Constructivism in Mathematics : An Introduction* (volumes I and II), Amsterdam, North-Holland, 1988.

TURING A., « On Computable Numbers, with an Application to the Entscheidungsproblem » (1936), reprinted *in* M. Davis (ed.),

The Undecidable : Basic Papers on Undecidable Propositions and Uncomputable Functions, Hewlett, Raven Press, 1965, p. 116–151.

TYMOCZKO T., « The Four-Color Problem and Its Philosophical Significance », *Journal of Philosophy* 76 (2), 1979, 57–83.

VUILLEMIN J., *La philosophie de l'algèbre*, Paris, P.U.F., 1962, (rééd. 1993).

WEYL H., *Le continu et autres écrits*, trad. J. Largeault, Paris, Vrin, 2002.

WHITE M. J., *The Continuous and the Discrete : Ancient Physical Theories from a Contemporary Perspective*, Oxford, Clarendon Press, 1992.

WIGNER E., The Unreasonable Effectiveness of Mathematics in the Natural Sciences, *Communications in Pure and Applied Mathematics*, vol. 13, n°I, 1960.

WILSON M., « Frege : The Royal Road from Geometry », *Noûs* (26) 2, 1992, 149-180.

– « Can We Trust Logical Form ? », *Journal of Philosophy* 91 (10), 1994, p. 519-544.

– « To Err is Humean », *Philosophia Mathematica* (3) 7, 1999, 247-257.

– « The Unreasonable Uncooperativeness of Mathematics in the Natural Sciences », *The Monist* 83 (2), 2000.

– « Theory Façades », *Proceedings of the Aristotlean Society*, 104 (1), 2004, 273-288.

– « Ghost World : A context for Frege's Context Principle », *in* E. Reck, M. Beaney (eds), *The Routledge Companion to Frege*, London, Routledge, 2006, p. 157-175.

– *Wandering Significance : An Essay on Conceptual Behavior*, Oxford, Clarendon Press, 2006.

WITTGENSTEIN L., *Bemerkungen über die Grundlagen der Mathematik*, Anscombe, Rhees, von Wright (eds), London, Basil Blackwell, 1956 ; trad. angl. *Remarks on the Foundations of Mathematics*, 1956 ; trad. fr., *Remarques sur les fondements des mathématiques*, Paris, Gallimard, 1983.

WRIGHT C., *Frege's Conception of Numbers as Objects* (Scots Philosophical Monographs, vol. 2), Aberdeen, Aberdeen University Press, 1983.

– « On the Philosophical Significance of Frege's Theorem », *in* Heck (1997b), p. 201-244.

YABLO S., « A Paradox of Existence », *in* Everett and Hofweber (eds), *Empty Names, Fiction and the Puzzles of Non-Existence*, Stanford, CSLI Publications, 2000a, p. 275-312.

YABLO S., « Apriority and Existence », *in* P. Boghossian, C. Peacocke (eds.), *New Essays on the A Priori*, Oxford, Oxford University Press, 2000b, p. 197-228.

– « Go Figure : A Path Through Fictionalism », *in* French and Wettstein (eds), *Midwest Studies in Philosophy Volume XXV : Figurative Language*, Oxford, Blackwell, 2001, p. 72-102.

TABLE DES MATIÈRES

TROISIÈME PARTIE
PERSPECTIVES

Dépôt légal : août 2017
IMPRIMÉ EN FRANCE

Achevé d'imprimer le 4 août 2017
sur les presses de l'imprimerie « La Source d'Or »
63039 Clermont-Ferrand
Imprimeur n° 19752K

Dans le cadre de sa politique de développement durable,
La Source d'Or a été référencée IMPRIM'VERT®
par son organisme consulaire de tutelle.
Cet ouvrage est imprimé - pour l'intérieur - sur papier offset 80 g
provenant de la gestion durable des forêts,
produit par des papetiers dont les usines ont obtenu
les certifications environnementales ISO 14001 et E.M.A.S.